미래출현

미래출현

지은이 | 황준원
총 괄 | 송준기

2쇄 발행 | 2022년 4월 29일
3쇄 발행 | 2022년 12월 13일

책임편집 | 최보문

편 집 | 양지원

마케팅 총괄 | 임동건
마케팅 | 이혜연, 김미나, 이현아, 안보라, 한우리, 브루스
경영지원 | 이순미
펴낸곳 | 파지트
디자인 | 빅웨이브
제작지원 | 플랜비디자인

출판등록 | 2021-000049 호
주소 | 경기도 화성시 동탄원천로 354-28
전화 | 031-8050-0508
팩스 | 02-2179-8994
이메일 | pazit.book@gmail.com

ISBN | 979-11-976316-5-8 03320

미래출현

기후위기, 고령화, 첨단기술이 바꿔 놓을 우리의 미래

황준원 지음

P:AZIT

이 책은 무엇에 대한 내용인가

'미래 사회는 무엇이 다를까'

'미래 사회는 무엇을 원할까'

'그래서 나는 무엇을 준비해야 할까'

'미래출현'은 이 질문들에 대한 내용을 담고 있습니다. 큰 축을 이루는 두 내용은 '미래 사회의 변화' 그리고 그로 인해 생겨날 '미래 사회의 새로운 상식들'에 대해서 다루고 있습니다. 다만 국제 정세와 경제적 이야기보다는 정말 우리 일상 생활에서 일어날 미래 변화들에 초점을 두고 책을 구성했습니다. 또한 미래 사회의 변화를 보여주는 중요한 통계 자료들과 수많은 국내외 사례들을 소개해 이러한 현상들이 앞으로도 이어진다면 우리의 미래생활이 어떻게 바뀔지 그 연장선을 그려보는 방식으로 책이 진행됩니다.

이 책을 쓴 사람은 누구인가

저는 미래채널 MyF마이에프를 운영하고 있으며, 미래의 변화를 일기예보의 기상캐스터처럼 쉽게 전달하고자 '미래 캐스터'라는 직업을 창직해 활동하고 있습니다. 주로 미래 사회의 변화를 연구하고 그 내용을 콘텐츠로 만들어 SNS에 올리거나 기업, 관공서, 학교 등에서 강의를 하고 있습니다. 약 10만 명 구독자를 보유한 미래채널 MyF 유튜브 채널과 LG전자, 삼성전자, SK그룹, 현대자동차, 애경그룹, 유플러스 등의 기업, 국가인재개발원, 산업통상자원부, 문화체육관광부 등의 공기관 그리고 그 밖의 여러 곳에서 강연을 해오고 있습니다. 그중에서도 이 책은 최근 제 온오프라인 강의 내용들 중에서도 중요한 내용만을 모아놓은 요약본이자, 가장 반응이 좋았던 내용들을 정리한 하이라이트라고 할 수 있습니다.

이 책의 차별점은 무엇인가

시중에 나와 있는 수많은 미래 트렌드 서적들이 있지만, 인구변화와 1인 가구 증가, 기후위기 그리고 첨단 기술의 발달을 종합적으로 한 권에 담은 책은 많지 않은 것 같습니다. 특히 세상의 변화 중에서도 우리나라에서 펼쳐질 변화들을 중심으로 다루고 있기 때문에 미래 대한민국에서의 우리 일상과 상식이 어떻게 변할지 상상해볼 수 있는 기회가 될 것입니다.

물론 이러한 내용을 저자 한 명이 완벽하게 예측하려는 것은 거만한 생각이며 불가능한 시도이기 때문에 책의 어조는 확정적인 '예언'이 아니라 '수다와 질문'의 형식을 취하고 있습니다. '지금 이런 일들이 펼쳐지고 있는데 너무 놀랍지 않습니까? 만약 이런 일들이 더욱 늘어나면 미래 사회는 어떻게 변할까요? 그렇다면 이러한 변화와 관련해 위기 요소는 무엇이고 기회 요소는 무엇일까요?'와 같은 진행 형식을 책에서 많이 발견하게 되실 겁니다. 그리고 혹시 '나는 이렇게 생각하는데 다른 사람들은 어떻게 생각할까?'에 대한 궁금증을 조금이라도 해소시켜 드리고자 몇몇 챕터에는 제 유튜브 채널이나 각종 언론 기사에 달린 댓글들을 추가해 다른 사람들의 다양한 생각을 엿볼 수 있게 해 두었습니다.

각 파트는 무슨 내용을 담고 있는가

1부는 미래 예측에 있어 가장 기본이 되는 인구 변화로 시작합니다. 한국의 고령화와 인구 감소가 얼마나 심각하며 그로 인해 구체적으로 어떤 점들이 달라지고, 또 어떠한 기회들이 있을지에 대해 살펴볼 겁니다. 예측을 위해서는 주로 대한민국 통계청의 인구조사 자료와 함께 그간 제가 수집해 온 다양한 국내외 사례들을 소개해 드릴 겁니다.

2부는 뉴노멀 인간관계에 대해 다루고 있습니다. 미래 사회의 변화 가운데 가장 확실한 변화 중 하나가 1인 가구의 증가일 텐데요, 2부에서는 1인 가구의 증가뿐만 아니라 나아가 우리의 인간관계가 어떻게 바뀌고 있는지까지 살펴볼 겁니다. 미래의 친구관계는 어떻게 달라질지, 이렇게 사람들이 결혼을 안 하고 있는데 그렇다면 미래의 가족이란 어떤 모습일지, 사람이랑 관계를 안 맺으면 또 어떤 존재와 관계를 맺게 될지 등 다소 도발적인 이야기까지 포함되어 있습니다. 특히 이 내용은 제 강의 내용 중에서도 청중들이 가장 흥미롭게 경청하는 내용이기도 한데요, 미래 사회에 새롭게 형성될지도 모를 새로운 가치관을 여러분은 어디까지 받아들이실 수 있을지 생각해 보는 기회가 되기를 바랍니다.

3부에서 다루는 기후 위기와 환경 위기는 인구 변화와 함께 가장 중요한 미래 변화라고 할 수 있습니다. 보통 강의 현장에서 청중들에게 '앞으로 30년 뒤 환경이 좋아질 것이라고 생각하시나요?'라고 질문하면 거의 모든 분들이 '안 좋아질 것'이라고 답변합니다. 하지만 구체적으로 무엇이 안 좋아지고, 우리의 해결 과제가 무엇인지에 대해 알고 계신 분들은 또 많지 않습니다. 그래서 상황이 얼마나 심각한지에 대한 각종 자료들과 함께 이를 기회로 성장하고 있는 국내외 친환경 산업들의 사례들을 최대한 쉽게 소개해 드릴 겁니다. 뿐만 아니라 많은 분들이 친환경적 생활을 추구하지만 실제로는 왜 지속되기 어려운지, 그렇다면 어떻게 해야 할지 등과 같은 현실적인 이야기도 담았습니다.

4부는 미래 변화에 있어서 절대 빼놓을 수 없는 첨단 기술에 대해 다룹니다. 디지털 휴먼, 메타버스, NFT, AI 등의 내용을 담고 있습니다만 첨단 기술의 경우 변화의 속도가 너무나도 빠르다 보니 모든 변화를 한 권의 책에 담기엔 무리가 있었습니다. 따라서 이 책에서는 모든 첨단 기술을 총망라하거나 원리를 자세히 설명하기보다는 요즘 상식적으로 알아 두면 좋을 굵직한 기술들의 발달 내용과 함께 그와 관련된 의문점과 한계점 등을 이야기하며 다양한 생각거리를 던져 드리는 것을 목표로 하고 있습니다.

마지막 5부는 마무리 파트로써 직업에 대한 내용을 짧게 다룹니다. 자동화 기술이 인간의 일자리를 빼앗아 갈 것이라는 우울한 전망보다는 오히려 미래 트렌드와 관련해 생각하면 앞으로 얼마나 많은 일거리들을 발견할 수 있을지를 말씀드릴 겁니다. 또 남들이 제공해주는 일자리만 생각할 것이 아니라 저처럼 본인이 직접 직업을 만들어 활동하는 '창작'에 대한 이야기, 그리고 노동에 있어 중요한 덕목으로 여겨지던 '성실함'이 미래 사회에는 어떻게 변화할 것인가에 대해 이야기해 보려 합니다.

이 책을 이용하는 방법은?

이 책에는 인구 변화부터 첨단 기술까지 다양한 미래 트렌드를 담고 있는데요. 독자분들은 이러한 변화들과 다양한 국내외 사례들을 보며 계속 이러한 생각을 해 주시기를 바랍니다.

'그렇다면 이러한 미래 트렌드를 내가 어떻게 이용할 수 있을까?'

우리나라의 인구구조가 이렇게 바뀐다면 나에게 어떤 기회가 생겨날지, 인간관계가 달라진다면 나는 앞으로 어떤 관계를 만들어 갈지, 기후 위기 속에 어떠한 투자 기회가 있을지, 계속해서 발전하는 첨단 기술과 경쟁하기보다는 어떻게 이용할지 등을 생각하며 내가 종사하고 있는 분야, 내가 관심있는 분야에 접목하기만 하더라도 여러분들의 미래에 도움이 될 수많은 아이디어들을 떠올리실 수 있을 겁니다.

또한 책은 1부부터 순서대로 읽는 것이 제일 좋지만 관심이 가는 챕터부터 여러분들이 선택해서 읽어도 큰 무리가 없도록 구성되어 있습니다. 한 권을 순서대로 모두 읽어야 한다는 독서의 압박보다는 각 챕터에 담겨 있는 정보와 견해를 즐기며 미래 사회를 상상하는 즐거움을 독자분들과 함께 나누고 싶습니다.

자, 그러면 우리들이 살아갈 미래에 무슨 일이 일어날지, 두렵기도 기대되기도 하는 미래 사회의 출현을 저와 함께 만나 보시겠습니까?

CONTENTS

2 CHAPTER 뉴노멀 인간관계

3 CHAPTER 기후위기 환경위기

CHAPTER 4 첨단 기술

CHAPTER 5 직업

CHAPTER
1

인구 변화

5명 중 1명이 노인이라면 어떤 생각이 드세요?
그 비중이 많은가요? 적은가요? 그나마 지금은
상황이 좀 나은 편입니다. 통계청의 '2020 고령자
통계' 자료에 따르면 2060년에는 65세 이상 인구
의 비율이 43.9%가 될 것이라고 합니다. 거의 두
사람 중 한 사람은 노인이라는 겁니다.

대한민국의 정해진 미래, 초고령 사회

한국의 고령화 상황이 심각하다는 것은 이제 다 알고 계실 겁니다. 어찌 보면 가장 뻔할 수 있는 사실로 책을 시작하는 이유는 미래 사회를 이야기할 때 가장 기본이 되는 요소가 바로 '인구'이기 때문입니다. 사실 인공지능이 앞으로 얼마나 발전할지, 자율주행차가 언제 우리 일상으로 녹아들지 예측하기는 어렵죠. 하지만 인구는 다릅니다. 기존 인구에 대한 정보가 있어 어느 정도 예측이 가능합니다. 이러한 이유로 인구를 '정해진 미래'라고 부르기도 하죠. 예측에 따르면, 대한민국은 급격한 고령화로 인해 큰 인구 변화를 겪게 될 것이라고 합니다. 이러한 인구의 변화는 여러분이 미래에 어디에 취업을 하든, 어떤 사업을 하든 그 성패에 가장 기본적이고 중요한 요소가 될 것입니다.

한국의 고령화, 얼마나 심한가?
65세 이상의 인구가 전체 인구의 7% 이상을 차지할 때 그 사회를 '고령화 사회'라 칭합니다. 그 비율이 14% 이상이면 '고령 사회', 20% 이상이면 '초고령 사회'라고 하죠. 그리고 우리가 잘 알고 있듯이 한국은 곧 초고령 사회로 진입하게 됩니다. 책을 쓰고 있는 시점인 2021년 기준으로 한국은 이미 고령 사회로 진입해 있으며 2025년경에는 초고령 사회에 진입할 것으로 예측되고 있습니다. 한국 사람 5명 중 1명은 65세 이상의 노인이라는 의미가 되겠죠. (물론 현재의 65세를 노인이라고 불러도 되는지에 대해서는 뒤에서 이야기를 하려고 합니다.)

5명 중 1명이 노인이라면 어떤 생각이 드세요? 그 비중이 많은가요? 적은가요? 그나마 지금은 상황이 좀 나은 편입니다. 통계청의 '2020 고령자 통계' 자료에 따르면 2060년에는 65세 이상 인구의 비율이 43.9%가 될 것이라고 합니다. 거의 두 사람 중 한 사람은 노인이라는 겁니다. 상황이 얼마나 심각한지 느껴지나요? 2060년에 여러분은 살아 있을까요? 만약 그렇다면 '옛날에 한국에는 젊은 사람들이 참 많았지'라며 한때 '다이나믹 코리

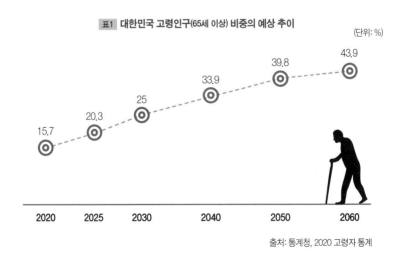

표1 대한민국 고령인구(65세 이상) 비중의 예상 추이

(단위: %)

- 2020: 15.7
- 2025: 20.3
- 2030: 25
- 2040: 33.9
- 2050: 39.8
- 2060: 43.9

출처: 통계청, 2020 고령자 통계

아'라는 별칭을 가지고 있었던 대한민국의 과거를 회상하게 될지도 모르겠습니다.

사실 고령화는 한국뿐만 아니라 선진국에서 쉽게 찾아볼 수 있는 현상입니다. 경제 수준이 높아지면 아이를 적게 낳게 되고 자연스럽게 고령자가 늘어나기 때문이죠. 실제로 일본, 독일, 이탈리아, 프랑스 등 선진국들은 이미 우리보다 먼저 초고령 사회에 진입했습니다. 일본의 경우 2019년 기준으로 고령자 비율이 28.4%였습니다. 그렇다면 이렇게 생각하는 분들도 있을 겁니다. '선진국의 고령화가 당연한 것이라면 한국도 문제될 일이 아니지 않은가'하고 말입니다. 그러나 우리에겐 그렇다고 하기엔 무시할 수 없는 큰 우려 요소가 하나 있습니다. 한국의 고령화 속도는 지나치게 빠르다는 점입니다.

프랑스의 경우 고령화 사회에서 초고령 사회로 진입하는 데에 154년이 걸렸습니다. 사회가 변화에 적응할 충분한 시간이 있었던 겁니다. 반면 일본의 경우 그 기간이 35년밖에 걸리지 않았습니다. 프랑스와 비교했을 때 5배 정도가 빨랐던 겁니다. 그리고 한국의 경우, 2000년에 고령화 사회에 진입했고, 2025년이면 초고령 사회에 접어들 것으로 예상되고 있습니다. 고작 25년만에 고령화 사회에서 초고령 사회로 바뀐다는 이야기입니다. 일본보다도 빠른 속도죠. OECD 가입국 중에서는 가장 빠른 속도로 고령화가 진행되고 있는 겁니다.

▌아이가 태어나지 않는 나라

그런데 한국은 왜 이렇게 빠른 속도로 고령화가 진행되는 걸까요? 원인 중 하나는 바로 저출산입니다. 심지어 인구는 통계청의 예측보다 더 빠르게 감소하고 있는데, 그 이유는 통계청이 예측한 것보다 사람들이 아이를 더 적게 낳고 있기 때문입니다. 1960년대, 심지어 1971년까지도 대한민국에서는 매해 100만 명 가량의 아이들이 태어났습니다. 우리나라에서 아이들이 가장 많이 태어나던 시절입니다. 그러던 것이 한일 월드컵이 열렸던 2002년이 되자 그 절반인 약 49만 명 가량이 되었고 2020년에는 약 27만 명으로 뚝 떨어졌습니다. 약 60년이란 세월동안 태어나는 아이들의 수가 거의 5분의 1 가량으로 줄어든 것이죠.

여성 한 명이 평생동안 낳는 아이의 수를 뜻하는 합계출산율의 경우 60년대 약 4명에서 2020년에는 0.84명까지 떨어졌습니다. 남녀가 만나 2명의 아이를 낳는다면 그 인구가 유지되겠지만, 1명 이하를 낳는다면 인구는 자꾸 줄어들 수밖에 없겠죠. 2017년 우리나라에서 약 37만 명 가량이 태어

표2 대한민국 출생아수와 합계출산율

■ 출생아수 ━ 합계출산율

출처: 통계청, 2020년 출생 통계

낳으니 이들이 약 2047년에 결혼해 아이를 한 명씩 낳는다고 한다면 그때 우리나라의 출생아 수는 10만 명대인 18만 명 정도로 떨어질 수도 있겠습니다. 웬만한 인기 유튜브 구독자 수보다도 적은 수의 아이들이 대한민국에 탄생할 것이라는 거죠.

상황이 이렇다 보니 교실 풍경이 굉장히 낯설어졌습니다. 아이들이 많이 태어났던 70-80년대에는 교실이 부족해 오전반, 오후반으로 나눠 등교를 했습니다. 한 교실에서 약 50명 이상의 아이들이 수업을 함께 들었죠. 요즘은 한 교실에 몇 명의 학생이 들어가는지 아시나요? 물론 지역마다 차이는 있습니다만 약 20명 가량입니다. 교사 1인당 가르치는 학생의 수 역시 초등학교 기준으로 2000년 28.7명에서 2019년 14.6명으로 절반이나 감소했습니다[1].

그렇다면 OECD에 가입된 다른 나라는 어떨까요? 표3 을 보시면 이스라엘처럼 종교, 문화적 특징을 가진 나라를 제외하고는 거의 합계출산율이 2명을 채우지 못한다는 것을 알 수 있습니다. 2019년 기준으로 OECD 합계출산율 평균은 1.61명이며, 복지가 좋기로 유명한 독일, 노르웨이, 캐나다 등도 평균치를 밑돌고 있습니다. 한국은 2019년 자료에서도 합계출산율 0.92명으로 가장 압도적인 초저출산 수치를 보여주고 있습니다. 전 세계적으로 저출산이 심각하지만 한국은 유독 심각한 것이죠.

이번에는 국내의 지역별 차이를 살펴보도록 하겠습니다. 예상한 것처럼 몇몇 비수도권 지역은 수도권보다 더 심각한 고령화 현상을 겪고 있

---

1 통계청, 2019 한국의 사회지표

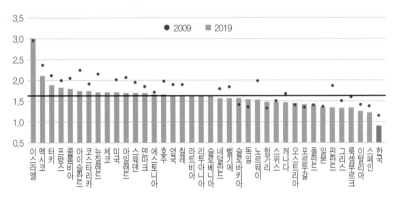

표3 OECD 회원국의 합계출산율 비교

● 2009 ■ 2019

출처: 통계청, 2020년 출생 통계

었습니다. 2020년 기준으로 가장 높은 고령화율을 보이는 곳은 전남으로 23.7%를 기록했고, 경북 21.6%, 전북 21.3%, 강원 20.6% 순으로 고령화율이 높았습니다. 이 지역들은 고령 인구의 비중이 20%를 넘어 이미 초고령 지역으로 볼 수 있습니다. 반면 고령화율이 가장 낮은 지역은 세종시로 9.5%의 수치를 보였고, 그 다음으로는 울산 12.6%, 인천 14.1%, 대전 14.2% 순으로 낮은 고령화율을 보였습니다. (수도인 서울은 16.0%) [2]

▌인구변화는 위기인가 기회인가

▌상황이 이렇다 보니 많은 사람들이 한국의 미래를 걱정하고 있습니다. 젊은 인구가 줄어 역동성과 생산성이 떨어지는 것은 아닐까, 그 많은 고령 인구를 어떻게 부양할 것인가, 세수 부족은 어떻게 할 것인가, 젊은 세대

---

2 통계청, 2020 인구주택총조사

들은 노후에 국민연금을 받을 수 있을 것인가 등의 걱정이죠. 하지만 어찌 됐건 한국의 급격한 고령화 상황은 이미 벌어지고 있는 일이고 늦추기도 힘들 것으로 보입니다. 아직도 한국에서 아이를 낳지 않을 이유는 충분히 있거든요. (이 부분에 대해서는 뒤에서 더 자세히 다루도록 하겠습니다.)

청년이 가득했던 한국에서 노인이 가득한 한국으로의 전환. 이 급격한 인구 구조의 변화로 인해 우리의 미래는 크게 달라질 것입니다. 그리고 새로운 미래를 살아갈 현 세대들은 큰 혼란을 겪을 것입니다. 하지만 이것이 우리가 살아갈 미래이자 한국의 뉴 노멀(New normal: 시대 변화에 따라 새롭게 떠오르는 기준이나 표준)이 될 것입니다. 그렇다면 여기서 우리는 결정해야 합니다. 한국이 고령화 때문에 망했으니 내 인생도 망했다고 자포자기할 것인지, 아니면 주어진 상황에서 새로운 기회를 잡을 것인지에 대한 결정입니다. 즉, 대한민국의 인구 변화는 현재 우리의 결정에 따라 미래의 가장 큰 위기가 될 수도, 또 가장 큰 기회가 될 수도 있습니다.

초고령 사회의
놀라운 현상들

█ 급증하는 노인 수와 복지 부담

　이번 장에서는 우리나라가 초고령 사회가 됐을 때 우리가 겪을지도 모르는 독특한 현상들에 대해서 정리해 보려고 합니다. 그 전에 앞으로 고령자의 수가 얼마나 늘어날지 먼저 짚어 보도록 하겠습니다. '베이비 부머' 세대라고 많이 들어 보셨을 겁니다. 한국 전쟁이 끝난 1955년부터 1963년까지 태어난 사람들을 1차 베이비 부머 세대라고 하는데요. 이들의 수를 합치면 약 727만 명이 됩니다. 이렇게만 이야기하면 이게 얼마나 어마어마한 수인지 가늠이 안 되실 겁니다. 놀라운 사실은 1차 베이비 부머 이전에 태어난 65세 이상 노인의 수를 전부 합친 숫자가 약 765만 명이란 점입니다. 1955-63년까지 약 8년 동안 태어난 사람들의 수와 그 이전에 태어난 전체 노인의 수가 거의 비슷하다는 겁니다. 즉, 앞으로 65세 이상의 고령자들이 거대한 파도처럼 엄청나게 생겨날 것이라는 뜻입니다.

1955~1963년생 인구수 = 약 727만 명

65세 이상 전체 노인의 수 = 약 765만 명

그렇다면 늘어나는 노령 인구에 따라 앞으로 더 많은 노인 복지비용이 필요해질 텐데요. 과연 노인 복지비용은 얼마나 증가할까요? 2020년 중앙일보는 보건복지부, 국민연금공단 등의 도움을 받아 55년 출생자들에게 한 해에 얼마만큼의 복지비용이 들어갈지를 계산했는데, 그 비용이 무려 5~6조원 가량이었다고 합니다.[3] 만 62세부터 이미 국민연금을 받고 있고, 2020년에는 만 65세가 되며 기초연금, 장기요양보험, 진료비 할인, 지하철 및 도시철도 무료 이용 등의 혜택까지 더해지기 때문입니다. 참고로 1955년의 출생아 수는 약 90만 명 정도입니다. 그리고 이후 1971년까지 매해 90~100만 명의 아이들이 태어났습니다. 이들이 모두 노인이 되어 건강에 이상이 생긴다면 그때 드는 의료 관련 비용만 해도 실로 엄청날 것입니다.

노후파산

우리보다 먼저 고령화 상황을 겪은 일본에는 굉장히 신기한 일들이 많이 발생했는데요. 어찌 보면 한국은 일본의 이러한 상황을 미리 보고 대비할 수 있어 다행인 측면도 있는 것 같습니다. NHK 방송국에서는 '노인표류 사회-노후파산의 현실'이라는 다큐멘터리를 제작해 방영한 바 있는데요. 노인이 늘어나며 노인들의 파산 사례가 많아지고 있다는 내용이었습

---

3 중앙일보 '55년 생에 드는 복지비가 6조... "노인 의료비가 폭탄"' 2020.01.06

니다. 600만 명에 이르는 독거노인 중 연금 수입만으로 생활이 빠듯한 사람이 적지 않다는 것이었죠. 해당 다큐멘터리는 일본 사회에 실로 큰 충격을 안겨 주었습니다.

파산을 하는 이유는 다양합니다. 배우자나 부모님의 의료 비용을 감당하다가 결국 파산을 하는 경우, 젊었을 때 충분한 자산을 쌓아 두지 못한 경우, 통장에 기초생활비 지급 기준을 살짝 넘어가는 돈이 있어 정부의 지원을 제대로 받지 못하는 경우 등입니다. 심지어 노후에 수입이 거의 없음에도 불구하고 다달이 월세를 내며 살아가는 사람도 있는데요, 월세가 더 저렴한 지역으로 이사를 하는 수도 있겠지만 문제는 이사 비용이 없어 이사를 하지 못하고 꾸역꾸역 월세를 내며 그나마 모은 자산을 깎아 먹는 사람도 있다는 겁니다. 이런 사례들을 듣다 보면 결국 냉혹한 한 가지 사실이 떠오르게 됩니다. 바로 '장수는 공짜가 아니다'라는 것이죠.

또 노후의 재정 상황을 생각했을 때 부부 중 남겨진 자의 고통도 생각해 볼 수 있습니다. 부부가 늙어 노후생활을 함께 하고 있을 때 결국 두 사람 중 한 사람은 먼저 세상을 떠나게 될 텐데요, 그렇다면 남겨진 자의 경우 아픈 배우자의 병원 비용으로 재산의 상당 부분을 지불해야 함은 물론 병간호까지 맡아서 하게 됩니다. 그러나 정작 자신이 나중에 병에 걸리거나 죽음을 앞두고 있을 때는 배우자가 이미 세상을 먼저 떠나 자신을 간호해 줄 사람이 없고, 심지어 배우자를 치료하기 위해 이미 상당한 돈을 지불한 결과와 자신의 병을 치료할 돈이 부족한 상황이 발생할 수도 있습니다. 이렇듯 남겨진 자의 경제적, 정서적 불행도 미래 초고령 사회에서 우려되는 요소입니다.

참고로 2019년 기준으로 남자의 기대수명은 80.3세, 여자의 기대수명은 86.3세로 여자가 6년 정도를 더 오래 살기 때문에 여성의 경우 확률적으로 노후파산 대비에 조금 더 신경 쓸 필요도 있겠습니다.[4] 물론 여성의 평균 수명이 더 길다고 해서 무조건 남편이 먼저 세상을 떠나는 것은 아니기 때문에 노후파산은 누구에게나 닥칠 수 있는 미래의 문제라는 점은 우리가 기억을 해야 할 것 같습니다.

간병이직

초고령 사회의 경제적 문제는 당사자들만의 문제가 아니라 자식에게도 이어지는데요, '노인표류 사회-노후파산의 현실'을 취재한 NHK 다큐팀에서는 후속편 '노인표류 사회-친자파산을 막아라'를 통해 가족의 파산 상황을 취재했습니다. 상황은 이렇습니다. 부모님의 몸이 아파 간병을 할 사람이 필요한데 간병인을 고용하기에는 돈이 부족하다 보니 결국 독립했던 자녀가 다시 부모님이 계신 집으로 돌아가 간병을 하게 됩니다. 그러나 다니던 직장을 그만두고 새로운 지역에서 일자리를 잡을 때는 안정적으로 급여를 받을 수 있는 정규직이 아닌, 상황이 다소 열악한 비정규직 일자리를 얻게 되는 경우가 많다는 겁니다.

이를 일본에서는 '간병 이직'이라고 부르는데요, 이런 간병 이직을 하는 사람이 일본에서는 이미 연간 10만 명에 이르며, 보통 자녀들이 50대일 때 간병 이직 상황이 많다고 합니다. 적은 월급에 부모님에게 지급되는 연금

---

4 2019 생명표, 통계청

을 합치면 부모님을 간병하며 생활하는 것이 어느 정도 가능하지만 문제는 부모님이 돌아가시고 난 후입니다. 부모님에게 지급되던 연금이 끊기고 50-60대가 된 본인에게 남는 것은 언제 해고될지 모를 비정규직 일자리뿐이라는 것이죠. 이는 가족의 존재가 오히려 노후의 리스크가 될 수도 있다는 끔찍한 사실을 우리에게 보여줍니다.

인인케어

일본에는 '인인케어'라는 말이 있는데요. 인인케어는 인지증 환자 자식이 인지증 환자 부모를 간병하는 사례를 말합니다. 여기서 인지증 환자란 치매 환자입니다. 자식도 부모도 함께 장수의 시대를 살아가다 보니 펼쳐지는 현상인 것이죠. 우리나라도 2018년을 기준으로 치매 환자가 약 75만 명에 달했다고 하는데요. 노인 10명 중 한 명은 치매를 앓고 있는 상황인 것이죠. 어쩌면 가까운 미래에 우리 주변에서도 인인케어 상황을 종종 목격하게 되지 않을까 우려됩니다.

노치원

노인 돌봄 문제는 앞으로 우리가 지속적으로 해결해 나가야 하는 과제일 겁니다. 문제를 해결하기 위한 방법 중 하나로 '노치원'이 거론되고 있는데요. 과연 노치원은 무엇을 하는 곳일까요? 사실 노치원의 정식 명칭은 '노인 데이케어센터'입니다. 24시간 숙식하며 돌봄을 받는 요양원과는 달리 유치원처럼 낮에만 노인을 맡기는 곳이죠. 노치원에 가면 노인들은 친구들도 만나고 노래도 하고 만들기와 같은 두뇌 활동을 하며 시간을 보내게 됩니다.

과거 아이들이 많이 태어나던 시기에 어린이집과 유치원이 많이 필요했다면, 앞으로는 노인들을 위한 노치원이 더욱 많이 필요해질지도 모르겠습니다. 하지만 노치원이 생기면 동네가 지저분해지고 노숙자들도 몰려와 주변 집값이 떨어질지 모른다는 우려로 인해 노치원의 설립을 반대하는 이들도 있다고 하니, 초고령 사회에서 이러한 이해 갈등이 어떻게 해결될지 지켜봐야 하겠습니다.

다시 인형을 안는 노인들

노인들이 노치원에 다닌다고 하면 왠지 노인들이 다시 아이로 돌아가는 듯한 느낌도 드는데요. 아예 노인들을 위한 인형 사업도 그 사례가 더욱 늘어나고 있습니다. 나이가 들어 다시 인형을 안는 겁니다. 대표적인 인형은 '파로paro'라는 물개처럼 생긴 정서치료 인형로봇입니다. 이 인형은 외부의 소리와 자극에 반응해 눈을 깜빡이거나 팔을 휘젓고 물개 소리를 내는

그림1 치유로봇 파로(Paro)

데요. 노인들은 이 인형을 안고 쓰다듬으며 정서적 치유효과를 얻는다는 겁니다.

한국에도 '효돌이', '효순이'이라는 인형로봇이 있습니다. 약 7살 아이의 모습을 한 이 인형은 AI 시스템이 탑재되어 노인과 일상적인 대화를 할 수 있으며, 약 먹을 시간을 알람으로 알려주거나 두뇌 활성화 게임과 체조 프로그램을 통해 노인들의 건강을 관리하는 역할을 합니다. 서울의 한 지자체에서는 지역의 노인들에게 이 '효돌이', '효순이' 인형을 보급하기도 했습니다.

'효돌이', '효순이'뿐만 아니라 이미 세계 각국에서는 이러한 노인용 인형로봇을 제조하고 있는데요. 사실 이에 대한 반응은 엇갈리는 편입니다. 노인들의 외로움을 달래 줄 수 있어 매우 유용하다는 의견이 있는 반면, '노인들에게 인형을 안겨주는 것이 아름답지만은 않다', '늙어서 인형 받고 좋아하느니 그 전에 세상을 떠나겠다'는 등의 부정적인 의견을 내비치는 사람들도 있었습니다.

그림2 **국내 로봇인형 효돌이, 효순이**

흥미로운 점은 질문을 어떻게 하는가에 따라 대답이 상당히 달라진다는 점입니다. '노인들에게 이런 인형을 주는 것에 대해서 어떻게 생각합니까?' 라고 질문을 하면 긍정적인 답변이 많이 돌아오지만, '내가 노인이 됐을 때 누가 이런 인형을 선물해 준다면 어떨 것 같습니까?'라고 질문을 하면 부정적인 답변을 하는 경우가 더 많았다는 것입니다.

▌사람 간병 Vs 로봇 간병

이렇듯 고령자가 많아지는 미래의 초고령 사회에서는 노인 돌봄과 간병에 대한 이슈가 계속 커져갈 텐데요. 문제는 젊은 사람들은 고령자들의 돌봄과 간병을 꺼리는 경향이 크다는 것입니다. 일본의 경우 부족한 간병 인력을 채우기 위해 2018년 베트남에서 간병인 1만 명을 데려오는 일도 있었습니다.[5] 당시 저는 이 기사 내용을 제 SNS 계정에 공유했는데요. 제가 아는 한 기자님께서 이런 댓글을 달아 주셨습니다. "로봇이 빨리 발달해서 돌봐 주었으면 좋겠어요." 그래서 제가 그래도 로봇보다는 사람이 간병해 주는 것이 더 낫지 않느냐고 다시 댓글을 달았는데, 기자님의 대답이 정말 인상 깊었습니다.

"로봇은 판단을 하지 않잖아요. 외국인들이 늙은 나를 불쌍하다고 동정하는 것이 더 싫어요."

사실 저는 인형이나 로봇에 의한 노인 돌봄에 다소 부정적인 생각을 가지고 있었는데요. 이 말을 듣고 난 후 어쩌면 인형이나 로봇이 사람보다

---

5 조선일보 '초고령사회 일본, 베트남서 간병인 1만 명 데려온다' 2018.07.26

나을 수도 있겠다는 생각이 들었습니다.

2015년 일본 도요타에서는 HSR^{Human Support Robot}이라는 환자 돌봄 로봇의 시연영상을 공개하기도 했습니다만, 아직까지 환자를 제대로 케어해 줄 로봇은 존재하지 않는 게 사실입니다. 하지만 지금으로부터 40~50년 뒤의 미래는 어떨까요? 만약 사람만큼이나 나를 제대로 돌봐 줄 수 있는 로봇이 개발된다면, 여러분은 간병이 필요할 때 로봇이 나를 돌봐 주길 바라시나요, 사람이 나를 돌봐 주길 바라시나요?

실버 산업의 성장

우리는 결정해야 합니다. 초고령 사회에서 그저 자포자기하고 있을 것인지, 아니면 이러한 상황에서 새로운 기회를 잡을 것인지에 대한 결정입니다. 예를 들어 우리나라가 고령화 현상이 너무나도 빠르게 진행돼 전 세계에서 가장 먼저 고령화 사회로 접어들게 된다고 가정해 봅시다. 물론 우리는 한 번도 경험하지 못한 다양한 문제들을 직면하게 될 것입니다. 그러나 우리가 이 문제들을 잘 해결하기만 한다면 우리는 곧 이 문제를 맞닥뜨리게 될 다른 나라의 본보기가 될 것입니다. 또한 우리는 문제를 해결함과 동시에 새로운 직업과 창업은 물론, 인생을 보람 있게 살 수 있는 기회까지 잡을 수 있게 될 것입니다. 그래서 이번 장에서는 초고령 사회에 성장할 수밖에 없는 실버 산업에 대한 이야기를 해 보려고 합니다.

실버 산업은 얼마나 커질까?

먼저 실버 산업이 얼마나 커질지 알아보죠. 표1 은 한국 65세 이상 고령자들의 인구를 예측한 표입니다. 1998년에는 65세 이상의 노인 인구수가 약 300만 명에 그쳤습니다. 실버 산업 시장이 커지기에는 너무나 작은 수치죠. 그러던 것이 15년 후인 2013년에는 그 수가 600만 명으로 2배가 되더니 2022년에는 약 900만 명으로 증가합니다. 그리고 2044년에는 1,800만 명을 돌파해 현재 65세 인구수의 약 2배로 증가될 것이라고 예측되고 있습니다. 물론 통계청에서 2019년에 발표한 추계 인구라 정확하지는 않습니다만 앞으로 약 20년 후에는 실버 산업 시장이 지금의 2배 정도로 커질 것이라 예상해 볼 수 있는 것이죠.

꼭 한국의 내수시장만 볼 필요는 없겠죠. 세계 1위의 인구 대국인 중국을 생각해 봅시다. 현재 중국의 60세 이상 인구수는 약 2억 5천만 명 가량으로 추정되고 있습니다. 그리고 10년 내에 3억 명을 넘길 것으로 예측됩니다. 거의 미국 전체 인구수와 비슷한 수치입니다. 우리나라의 인구가 5천만 명 가량이니 중국 60세 이상의 인구만 합치더라도 우리나라 전체 인구보다 5~6배가 더 많다는 겁니다. 실버 산업이 얼마나 거대한 시장

표1 한국 고령자수 예측

(단위: 천명)

출처: 통계청

인지 알 수 있는 부분입니다. 이렇게 커지는 실버 산업 시장에서 여러분은 어떤 기회가 떠오르시나요?

주목할 만한 국내외 실버 산업 사례

이미 초고령 사회에 진입해 있는 일본에는 재미있는 실버 산업 사례들이 있습니다. 그 중 한 가지는 성인들의 기저귀 패션쇼였습니다. 사실 이 패션쇼에서 선보인 것은 아기들을 위한 기저귀가 아니라, 성인을 위한 요실금 팬티였는데요. 일본의 시장 조사 기업인 인테지의 조사에 따르면 일본에서는 2016년을 기준으로 성인용 종이 기저귀의 판매 규모가 영유아 종이 기저귀의 판매 규모를 뛰어넘었다고 합니다.

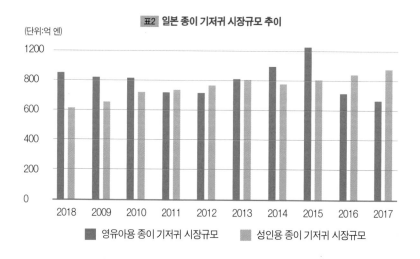

표2 일본 종이 기저귀 시장규모 추이

기저귀의 주요 소비 타깃 자체가 바뀌어 버린 것입니다. 기저귀라고 하면 과거에는 '아기들이 입는 것'이라고만 생각했지만, 앞으로는 '지금 우리 부모님이 입는 것' 혹은 '앞으로 내가 입을 것'으로 생각하게 될 수 있다는 것이죠. 이렇듯 초고령 사회에서는 그 소비 타깃 자체가 바뀌어 버린다는 점을 주목해야 합니다.

이번엔 여행 산업을 예로 들어 보겠습니다. 초고령 사회에서는 해외여행의 비율이 증가할까요? 감소할까요? 물론 연령대와 건강 상태에 따라 그 비율이 달라질 수 있겠지만, 고령자들의 경우 나이가 들수록 체력이 약해지고 무릎 건강이 나빠지기 때문에 비교적 장거리를 이동해야 하는 해외여행 비율은 감소할 가능성이 있습니다. 80세 이상이라면 더욱 그렇겠죠. 이러한 상황을 타파하기 위해 일본에서는 독특한 여행상품이 인기를 끌게 됐는데요. 바로 국내여행을 최고급으로 구성하는 겁니다. 관광버스 좌석을 비행기 1등석처럼 안락하게 꾸미고 관광객들의 도보 동선은 최소한으로 줄여 경제적으로 여유가 있는 일본의 고령자들을 타깃으로 한 상품을 출시했던 것입니다.

식품 산업 역시 변화를 피할 수 없을 겁니다. 나이가 들면 치아와 소화 기관이 약해지기 때문에 부드럽고 소화가 잘 되는 음식을 찾게 됩니다. 그에 따라 부드럽게 만들어 저작咀嚼 작용을 최소화시킨 '연화식'이 더욱 각광받게 될 텐데요. 국내의 현대그린푸드에서는 '그리팅 소프트Greating Soft'라는 이름으로 '더 부드러운 LA갈비', '입에서 녹는 동파육'과 같은 연화식 제품을 출시하기도 했습니다.

또 나이가 들면서 식사량이 줄어들어 오히려 영양소는 더 높일 필요가 있습니다. 그에 따라 독일 바이오준Biozoon에서는 다양한 비타민, 칼슘, 탄수화물, 단백질, 각종 야채들을 퓨레 형태로 만든 뒤 3D프린터로 출력을 해 닭다리 모양의 음식을 만드는 시도를 하기도 했습니다. 과연 얼마나 맛이 있을지, 얼마만큼의 호응을 얻을 수 있을지는 모르겠지만, 앞으로 식품 산업 시장에도 고령자들의 입맛과 건강 상태를 고려한 여러가지 시도들이 이어질 수 있음을 예상케 하는 대목입니다.

그림1 바이오준에서 3D프린터로 출력한 닭다리 모양의 고령자 영양식

또 과거 노인들의 경우 걸음이 불편할 때 지팡이를 짚고 다녔지만, 앞으로는 몸에 착용했을 때 무릎과 허리 등에 근력을 향상시켜 주는 '외골격 로봇'을 입고 다닐지도 모르겠습니다. 이미 삼성전자에서도 젬스Gems라고 하는 외골격 로봇을 선보이기도 했고, 현대자동차에서도 외골격 로봇을 계속 개발하고 있는데요. 현대자동차에서 만든 벡스Vex라는 외골격 착용 로봇은 제조업, 건설업, 물류업 등의 근로 현장에서 도움이 되기를 기대하고 있습니다. 이러한 외골격 로봇이 앞으로 가볍고 간편해지고, 배터리도 장시간 착용할 수 있을 정도로 오래 지속된다면 고령자들이 계단을 오르내리거나 일상생활을 할 때도 큰 도움을 받을 수 있을 것으로 예상됩니다.

AI 스피커 역시도 고령자들을 위한 효용성이 실험되고 있는데요. SKT의 경우 평균 연령 75세의 노인 670명을 대상으로 자사의 AI 스피커 누구

Nugu를 활용한 '인공지능 돌봄' 이용 현황을 조사한 적이 있습니다. 조사 결과 대상자의 73.6%는 AI 스피커를 매일 이용했으며 행복감은 7% 높아지고 고독감은 4%가 낮아졌다고 응답했는데요. 가장 많이 사용한 기능은 음악감상, 정보검색, 감성대화, 라디오청취 순이었다고 합니다. 흥미로운 점은 감성대화 기능의 이용률이 무려 64.4%였다는 점인데요. 고령의 이용자는 감성대화를 통해 AI 스피커에게 '심심해', '사랑해', '우울해'라는 말을 많이 건넸다고 합니다. 인공지능이 사람을 대신해 노인 돌봄 역할을 수행할 수 있음을 보여주는 한 단면이 아닐까 싶습니다.[6]

그 밖에도 노인 재교육, 바이오 산업, 가정용 의료기기, 노인 연애 및 운동 등 무수하게 많은 것들이 앞으로 성장이 기대되는 실버 산업으로 꼽히고 있습니다. 그 중에서도 제가 강의를 할 때 거의 빼놓지 않고 꼭 소개하는 멋진 실버 산업 사례가 있습니다. 뷰티 산업과 고령화 트렌드를 접목한 사례인데요. 바로 '뷰티 터치 테라피스트'라는 직업입니다. 할머니들이 계시는 요양원이나 센터 등을 찾아가 화장과 마사지를 해 드림으로써 기분 전환에 도움을 드리는 일종의 '심리치료 직업'입니다. 오랜만에 화장을 하시니까 할머니들의 기분이 얼마나 좋아지시겠어요?

제가 이 직업을 특히 좋아하는 이유는 이렇습니다. 일단 뷰티 산업이라고 하면 젊은 사람들을 위한 것이라고 생각하기 쉬운데, 이것을 '화장을 통한 심리치료'로 완전히 새로운 방향에서 이용했다는 점 때문입니다. 그렇다면 우리는 여기에서 많은 힌트를 얻을 수가 있습니다. 결국 내가 좋아하

---

6 한겨레, '인공지능 돌봄이 어르신 안전, 정서 지킨다', 2020.06.08

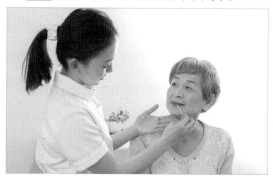

그림2 화장을 통한 노인 심리치료사 '뷰티 터치 테라피스트'

는 일, 잘하는 일, 관심있는 일에 성장이 예상되는 미래 트렌드나 심리치료와 같은 다른 요소를 섞어서 합치면 누구도 하지 않는 나만의 직업을 만들 수 있다는 겁니다.

만약 이 직업을 한국에서 시작하려면 어떻게 해야 할까요? 좋은 대학, 어려운 자격증이 꼭 필요할까요? 저라면 이렇게 시작할 것 같습니다. 먼저 뜻이 맞는 친구들을 모아서 할머니들이 계신 곳을 찾아다니며 무료로 이 서비스를 해 드리는 겁니다. 그리고 동의하에 이 과정들을 촬영해 SNS에 꾸준히 게시하게 된다면 이 활동에 공감하는 사람들로부터 유료 서비스 요청을 받게 될 수도 있습니다. 그리고 그 과정에서 있었던 에피소드들을 묶어 책으로 출간하거나 유료 강연을 다닐 수도 있을 겁니다. 만약 사업이 잘된다면 '뷰티 터치 테라피스트' 양성과정을 개설해 자격증을 부여하는 교육사업으로 확장이 될 수도 있고(이미 일본에서는 이렇게 진행되고 있습니다), 관련된 상품을 직접 개발해 판매를 하는 수도 있겠죠. 어떻습니까? 고령화라는 커다란 미래 트렌드를 내가 좋아하는 영역에 '활용'한다면 이와 유사한 흥미로운 기회들을 무수하게 만들어낼 수 있지 않을까요?

미래 노인의 정체

앞 장에서 실버 산업의 성장에 대해서 말씀드렸는데요. 이쯤에서 한 가지 간단히 짚고 넘어가야 하는 부분이 있습니다. '과연 미래 노인들은 누구이며 어떤 취향을 가지고 있는가'에 대한 부분입니다. 여러분은 미래 초고령 사회의 노인들이라고 하면 어떤 모습이 떠오르나요? 혹시 이런 모습인가요?

할머니는 뽀글이 파마, 할아버지는 무채색 옷에 모자를 눌러쓰고 나훈아, 이미자 등 트로트를 즐겨 들으며 취미로 정원을 가꾼다. 낮에는 노인정에서 친구분들과 시간을 보내고 한 푼이라도 아껴 쓰고자 하는 절약정신이 몸에 배어 있으며 구부정한 자세로 지팡이를 짚으시거나 유모차에 몸을 기대어 거동을 한다.

어떻습니까? 위에 묘사한 모습이 미래 초고령 사회 노인들의 모습일까요? 아마 아닐 겁니다. 위에 묘사된 노인은 20세기 중후반부터 현재, 즉 우리가 익히 알고 있는 과거와 현재의 우리 할아버지, 할머니의 모습일 겁니다. 그렇다면 2050~2060년 즈음 미래의 노인은 누구이며, 어떤 모습일까요?

▌미래 노인은 지금과 다르다

일단 표1 의 2060년 대한민국 인구 피라미드를 보면 위쪽에 상당수의 고령자들이 존재한다는 점을 확인할 수 있습니다. 우리가 우려하는 역삼각형의 인구 피라미드 구조이죠. 고령 인구의 수가 젊은층보다 몇 배는 많아진다는 이야기입니다. 이처럼 미래 초고령 사회에 노인의 수가 늘어난다고 하면 많은 분들이 '탑골공원의 노인들'을 떠올릴 겁니다. 그리고 그 모

표1 2060년 대한민국 인구 피라미드   (단위:명)

■ 남자 인구수   ■ 여자 인구수

출처: 통계청

습 그대로의 노인들이 많아질 것이라고 착각하게 되죠. 하지만 2060년 인구 피라미드에서 만 65세가 된 분들은 언제 태어났을까요? 바로, 1995년생입니다. 이 책을 쓰고 있는 시점에서는 겨우 20대 후반인 분들이죠. 인구 피라미드에서 가장 뾰족하게 튀어나와 있는 만 80세는 몇 년생일까요? 네, 1980년생입니다.

그러니까 고령자 비율이 전체 인구의 43% 가량을 차지하는 2060년 노인들의 정체는 바로 현재의 20~50대, 이 책을 읽고 계신 여러분이란 겁니다. 우리가 익히 알고 있는 노인의 모습은 사라지고 현재 젊은층의 취향이 한껏 반영된 새로운 노인들이 미래 대한민국의 초고령 사회를 구성하게 된다는 것이죠.

▌미래 노인들의 특성은?

그렇기 때문에 미래 초고령 사회와 관련해 정책이나 사업을 준비할 때는 그들의 취향이 무엇인지를 오해없이 제대로 파악해야 합니다. 보통 시대 배경과 환경에 따라서 각 세대마다 공유하는 특성들이 있습니다. 이러한 시대적 특성과 가치관 등 공통적 특징을 공유하는 집단을 사회학에서는 '코호트 집단'이라고 부르는데요. 그 시대에 전쟁이 있었는지, IMF 사태가 있었는지, 세계화가 진행됐는지, 스마트폰이 보급됐는지 등에 따라서 세대별로 다른 경험을 하고 다른 가치관이 형성된다는 것이죠. 그리고 이러한 특성은 시대의 변화에 영향을 받기는 하지만 나이가 들면서도 어느 정도 유지되는 부분들이 있습니다.

예를 들어 tvN에서 방영된 '응답하라 1988'이라는 드라마 속 부모님의 모습을 보면 헤어 스타일, 옷 스타일 그리고 가치관이 현재 우리가 알고 있는 고령자들의 모습과 같다는 것을 알 수 있습니다. 1988년 당시 40대였던 그들이 현재 2020년대에 70대가 되었지만 그들이 젊었을 때 흡수한 패션, 가치관, 말투 등 상당 부분을 그대로 가져왔기 때문입니다. 못 믿겠다면 가수 송대관, 나훈아의 20대 사진을 인터넷에서 검색해 보세요. 아마 '이 사진이 20대 때 찍은 거라고?'하며 놀라실 수 있습니다. 지금의 모습과 그 느낌이 많이 비슷하기 때문이죠.

또 현재 대한민국 TV 프로그램에서는 송가인, 임영웅 등을 대표로 내세운 트로트 열풍이 이어지고 있는데요, 그 원인 중 하나는 젊은층들이 TV 프로그램 대신 스마트폰을 통해 온라인 콘텐츠를 즐겨보는 반면, 50대 이상의 기성세대들은 아직도 TV라는 매체를 선호하고 있기 때문입니다. 젊은층들이 떠난 TV 매체에서 프로그램의 시청률을 높이기 위해서는 트로트 경연 프로그램처럼 50대 이상 분들의 취향을 저격할 수 있는 방송 콘텐츠들이 주를 이룰 수밖에 없는 것이죠. 그들이 젊은 시절에 즐겨 들었던 음악 장르가 트로트였으니까요. 취향은 나이를 먹으며 바뀌기도 하지만 대부분은 젊은 시절의 취향이 그대로 이어지는 경우가 많다는 거죠.

그렇다면 2060년 초고령 사회에서 노인이 된 현재의 20~50대는 어떤 취향을 가지고 있을까요? 여러 가지 재미난 상상을 할 수가 있습니다.

만 70세가 된 90년 태생 할아버지, 할머니들은 청바지에 맨투맨 티셔츠 그리고 나이키 운동화를 즐겨 신는다. 그들은 늘 모바일 기기의 메신저를 통해 끊임없이 소통하며 취미로 게임을 즐긴다. 이들은 종종 PC방에 모여 함께 게임을 즐기곤 하는데, PC방은 현재 고령자들의 중요한 사교의 장이기도 하다. 70대 생일을 맞이한 A씨는 자녀에게 BTS 공연 티켓을 선물 받았으며 힙합 마니아인 B씨는 국내 힙합 레이블인 AOMG의 콘서트 티켓을 직접 구매했다. 이들은 공연장에서 손을 높이 들어올리며 공연을 즐기고, 함께 본 친구들에게 이렇게 말한다. "와~ 공연 쩐다." 만 80세가 된 80년 태생 할아버지, 할머니들은 아직도 유재석(72년생/만88세)을 선호하는 연예인 1위로 뽑는다. 무한도전, 런닝맨 등 2000년 대 초반 엄청난 인기를 얻으며 수많은 프로그램의 중심에 선 그는 90세를 바라보는 나이에도 새로운 리얼 버라이어티 프로그램을 이끌며 그 인기와 영향력이 사그라들지 않고 있다. 많은 사람들은 유재석을 과거 90세가 넘어서까지 '전국 노래자랑'이라는 장수 프로그램을 이끌었던 송해에 비유하고는 한다.

재미있지 않나요? 물론 이것은 상상에 불과합니다. 2060년에 무슨 일이 있을지, 과연 지구는 지금과 같은 모습으로 존재하고 있을지도 전혀 알 수가 없으니까요. 미래에도 스마트폰을 사용할지 아니면 새로운 미디어 수단이 등장할지조차 전혀 예상할 수가 없습니다. 하지만 미디어의 형태는 달라지더라도 아마 그들이 즐기는 콘텐츠는 비슷할 겁니다. 현재의 노인들이 TV 대신 스마트폰으로 콘텐츠를 즐기기도 하지만 그 콘텐츠의 소재는 낚시, 트로트인 것처럼 말이죠. 중요한 점은 미래의 노인은 누구이며, 어떤 취향을 가지고 있을지 오해 없이 파악하고 초고령 사회의 모습을 그려야 한다는 겁니다. 여러분이 80세가 된다면 어떤 것들이 여러분들의 취향을 저격할까요?

65세는 부양 대상일까?

지금까지 미래 초고령 사회를 이야기할 때 전제가 된 하나의 기준이 있었습니다. 바로 법적으로 만 65세부터 노인으로 분류된다는 것이죠. 65세가 되면 지하철을 무료로 이용할 수 있을 뿐만 아니라 통계에서 부양 대상으로 분류됩니다.

미래의 심각한 부양 부담 시나리오

표1 은 우리나라의 총부양비를 보여줍니다. 부양비란, 15~64세의 생산가능인구가 14세 이하의 유소년과 65세 이상의 노인을 100명당 몇 명이나 부양해야 하는지를 비율로 계산한 것인데요. 1960년을 보면 생산가능인구 100명이 유소년 77명, 노인 5명을 부양해야 해 총부양비가 83%에 달했습니다. 60~70년대에 아이들이 많이 태어나면서 유소년 부양 비율이 높았던 거죠.

그리고 2017년을 보면 생산가능인구 100명이 유소년 18명, 노인 19명을

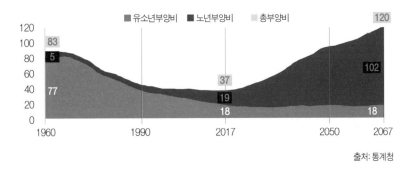

표1 1960~2067년 대한민국의 총부양비(유소년부양비/노년부양비)

■ 유소년부양비 ■ 노년부양비 ■ 총부양비

출처: 통계청

부양해 총부양비가 37%로 뚝 떨어지게 됩니다. 60~70년대에 태어났던 아이들이 자라 생산가능인구로 들어오며 부양 받을 사람보다 부양해 줄 수 있는 사람이 더 많아진 겁니다. 그 결과 현재 대한민국은 총부양비가 썩 괜찮은 상태죠.

　그런데 문제는 그래프 오른쪽 끝에 있는 2067년입니다. 이때는 생산가능인구 100명이 18명의 유소년과 무려 102명의 노인을 부양해야 합니다. 부양할 젊은 인구보다 부양 받을 인구가 더 많다는 것이죠. 그 결과 총부양비는 120%가 됩니다. 이것은 얼마나 높은 수치일까요?

　UN과 통계청의 자료로 만든 또 다른 그래프 **표2** 를 보시면 한국이 얼마나 심각한 상황인지 알 수 있습니다. 2015년의 총부양비를 보면 한국은 OECD 국가 중 총부양비가 가장 낮은 상태입니다. 반면 초고령 사회 일본은 이미 총부양비가 세계에서 가장 높은 상태이죠. 그런데 2065년이 되면 반전이 일어납니다. 한국이 세계에서 총부양비가 가장 높은 국가가 되고 심지어 일본의 수치를 뛰어넘게 된다는 것입니다.

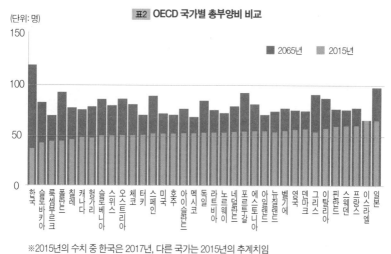

표2 OECD 국가별 총부양비 비교

(단위: 명)

■ 2065년　■ 2015년

※2015년의 수치 중 한국은 2017년, 다른 국가는 2015년의 추계치임

출처: UN(2017), 「World Population Prospects: The 2017 Revisions」
통계청(2019), 「장래인구특별추계: 2017-2067년」

그런데 사실 이 예측 그래프는 정확하지 않습니다. 2017년 통계청 자료를 가지고 만들어졌기 때문이죠. 당시 합계출산율은 1.05명이었습니다. 하지만 2020년 합계출산율이 0.84가 되었으니 통계청의 예상보다 총부양비는 더 높고 다른 나라와의 격차도 더 커질 겁니다. 상황이 더 나빠진다는 겁니다. 이렇게 보면 부양 부담으로 인해 한국이 망할 것 같은 느낌까지 들죠.

그런데 여기에서 우리는 이 질문을 해 볼 필요가 있습니다. 미래에 65세를 노인으로 분류하는 것이 맞을까요? 65세부터 경제 활동을 중단하고 부양 대상이 되는 건가요? 65세에 은퇴를 하고 부양 대상이 되는 사람이 얼마나 될까요?

미래 65세가 부양 대상이 맞을까?

보건복지부는 2020년 노인실태조사 결과를 발표했는데요. 우리나라 65세 이상 인구의 경제 활동 참여율은 2008년 30%에서 2020년 36.9%로 증가했습니다. 심지어 65~69세의 젊은(?) 노인들의 경우 경제 활동 참여율이 2008년 39.9%에서 2020년 55.1%로 더욱 큰 폭으로 증가했습니다. 65~69세 인구의 절반 이상은 경제 활동에 참여하고 있다는 것이죠.

또 노인들이 경제 활동을 하는 직종에도 변화가 있습니다. 옛날 상식으로는 노인들이라면 시골에서 농사를 짓는 것이 일반적인 경제 활동이었겠지만, 2008년 60.5%를 차지했던 노인 농어업 종사율은 2020년 13.5%까지 떨어집니다. 대신 같은 기간 24.4%를 차지했던 단순노무직의 비율이 48.7%까지 증가해 가장 높은 비율을 차지하게 됩니다. 두 번째로 높았던 직종은 서비스 근로자로 12.2%의 비율을 보였습니다. 자연 속에서 농사를 지으며 경제 활동을 하던 노인들은 사라지고 도심에서 단순노무와 서비스직으로 경제 활동을 하는 노인들이 증가한 것이죠.

노인의 소득원 역시 변하는데요. 2008년만 하더라도 노인들의 가장 큰 소득원은 사적이전소득, 즉 주로 가족이 지원해주는 돈으로 그 비율이 46.5%였습니다. 하지만 2020년에는 그 비중이 13.9%로 3분의 1 수준까지 줄어들고, 근로소득은 6.5%에서 24.1%로, 사업소득은 11.8%에서 17.2%로 증가합니다. 65세 이후 가족에 의존하던 노인들이 이제는 직접 돈을 벌고 있다는 것이죠.

이들이 65세 이후에도 일을 하는 이유는 다양하겠지만 '생계비 마련을 위해서'라는 응답이 무려 73.9%로 가장 높았습니다. 특히 농촌 노인, 독거 노인의 경우 생계비 마련을 위한 경제 활동 참여가 높을 수밖에 없는 반면, 고학력·고소득자의 경우 능력 발휘, 사회 기여 등 비경제적 이유로 경제 활동에 참여한다는 응답이 상대적으로 많았습니다. 결국 생계유지를 위해서가 되었건 능력 발휘를 위해서가 되었건 65세에 은퇴를 하고 부양 대상이 되는 노인들은 점점 사라지고 있다는 말입니다.

게다가 표3 을 보면 우리나라의 기대수명은 1970년 62.3세, 1985년 68.9세, 2000년 76세, 2019년 83.3세로 계속 증가하고 있습니다. 심지어 100세 시대 이야기가 나오고 있는 지금, 과연 65세를 부양 대상으로 분류하는 것이 맞는 것인지 의문이 들기도 합니다. 물론 반문을 하는 분들도 있습니다. 50대만 되더라도 건강이 조금씩 나빠지기 시작해 일을 하기가 어렵다는 겁니다.

하지만 2020 노인실태조사에서의 설문조사 결과를 보면 노인분들은 다른 생각을 하고 있다는 것을 알 수 있습니다. 65세 이상의 고령자들에게 자신의 건강 상태에 대해서 어떻게 느끼냐는 질문을 했을 때 '건강 상태가

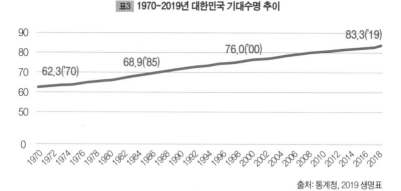

표3 1970~2019년 대한민국 기대수명 추이

출처: 통계청, 2019 생명표

좋게 느껴진다'는 비율이 2008년 24.4%였던 반면 2020년에는 49.3%로 2배이상 증가했습니다. 보통이라고 응답한 비율까지 합치게 되면 80.1%가 됩니다. 확실히 과거에 비해서는 주관적인 판단으로 자신의 건강이 양호하다고 느끼는 사람이 증가한 것이죠. 그럼에도 불구하고 정말 65세부터를 노인이자 부양 대상으로 봐야 할까요?

▎미래에는 몇 세부터 노인일까?

사실 세계 곳곳이 같은 고민을 하고 있습니다. 일본의 경우 2021년 4월에 '고연령자 고용안정법' 개정안을 발효했는데요. 그 개정안에는 정년을 70세까지 연장하거나 정년을 아예 폐지한다는 내용이 담겨져 있습니다. 실제로 미국과 영국은 정년제도를 아예 폐지해 버렸죠. 우리나라도 60세까지인 정년을 65세로 늘리려는 논의가 진행되고 있지만 앞으로 어떻게 진행될지 지켜봐야 할 것 같습니다.

이러한 상황에서 한국에서는 아주 그럴 듯한 가짜 뉴스가 떠돌았습니다. UN이 2015년 100세 시대를 준비하며 생애 주기별 연령을 다시 정의했다는 것이죠. 표4 를 보면 100세 시대에는 청년의 기간이 18세에서 65세까지로 쭉 늘어나 있는 것을 확인할 수 있습니다. 중년은 66~79세, 노년은 80~99세, 장수 노인은 100세부터로 정의돼 있습니다. 이 가짜 뉴스는 2015년부터 한국에 떠돌아다니며 교수, 언론인 등 다양한 사람들이 인용을 하게 됩니다. 사실 저도 이 내용이 너무나 그럴싸하게 느껴진 나머지 원문을 확인하지 않고 강의에서 많이 인용하기도 했습니다.

하지만 이 내용을 담은 UN의 원문은 찾을 수가 없었습니다. AFP 통신

표4 UN의 '100세 시대 생애 주기별 연령 지표'라고 알려졌던 가짜 뉴스

100세 시대 생애주기별 연령, 2015	
청소년	~17세
청년	18~65세
중년	66~79세
노년	80~99세
장수 노인	100세~

에서 이 루머에 대한 팩트체크를 해 본 결과 가짜 뉴스였다는 보도가 나오기도 했죠. 사실 UN은 아직까지도 60세부터를 노인으로 분류하고 있습니다.[7] 그래서 표4 의 내용은 가짜 뉴스로 판명 났죠. 하지만 80세 이상으로 늘어나는 기대수명, 100세 이상 장수하는 사람들의 증가, 은퇴하지 않는 65세 이상 인구 상황을 생각해 봤을 때 오히려 '진짜보다 더 그럴싸한 가짜 뉴스가 아닌가'하는 생각이 들기도 합니다.

***

『100세 인생』이라는 책을 쓴 린다 그래튼Lynda Gratton은 과거 우리가 80세 인생을 설계할 때는 인생을 20세 이전까지의 '교육 단계', 60세까지의 '근로 단계', 80세까지의 '은퇴 단계' 이렇게 3단계로 나누어 설계했지만, 100세 시대에는 3단계가 아닌 다단계 인생을 설계하며 살아갈 것이라고 주장합니다.

---

7 AFP Fact Check, United Nations has not classified 18 to 65-year-olds as 'youth', 2021.04.30

20살 이전까지 교육을 받는 단계라는 점에는 변함이 없습니다. 하지만 '근로 단계'가 80세까지로 쭉 늘어나게 되는데요. 이 기간 동안은 단순히 일만 하는 것이 아니라 계속 재교육을 병행하며 취업, 재취업, 창업, 프리랜서 등 다양한 역할로 변신을 하게 될 것이라는 것이죠. 그리고 은퇴는 80세 이후로 늦춰진다는 겁니다. 길어지는 수명을 생각해 볼 때 매우 일리가 있는 주장이라고 생각됩니다.

현재의 20~30대가 2060년 65세 이상의 고령 인구가 될 때, 과거처럼 은퇴하고 가족의 부양을 받으며 살아가게 될까요? 이제 이런 상상은 현실이 되기 어려워 보입니다. 그렇다면 미래의 65세는 젊은 노인일까요, 늙은 청년일까요?

머릿수 부족한 젊은 세대, 괜찮을까?

지금까지는 미래 초고령 사회에 대해 설명하기 위해서 고령자들에 초점을 맞추고 이야기를 했는데요. 이번 장에서는 그 초고령 사회를 살아갈 '젊은층'에 대한 이야기를 해 보려고 합니다. 앞서 보여드린 2060년 미래 사회의 인구 피라미드를 기억하시나요? 위쪽 고령자들은 다수를 차지하고 있는 반면 청년의 수는 줄어들어 역삼각형의 구조를 이루고 있었죠. 그렇다면 이러한 미래를 살아갈 머릿수 부족한 젊은 세대는 과연 괜찮을까요?

미래에 젊은층은 얼마나 적을까?

2020년 기준으로 대한민국에서 가장 많은 머릿수를 차지하고 있는 인구는 50대로 16.7%를 차지합니다. 그 다음은 40대로 16%입니다. 반면 10대의 비율은 9.2%, 10대 이하의 비율은 7.7%로 이미 세대 간 비율에서 큰 차이를 보입니다.

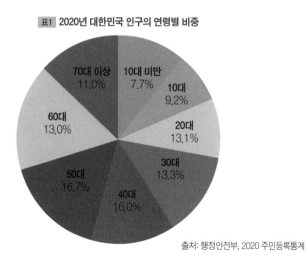

표1 2020년 대한민국 인구의 연령별 비중

70대 이상
11.0%

10대 미만
7.7%

10대
9.2%

20대
13.1%

30대
13.3%

40대
16.0%

50대
16.7%

60대
13.0%

출처: 행정안전부, 2020 주민등록통계

그렇다면 미래에는 이 비율이 어떻게 바뀌게 될까요? 표2 를 보면 현재 인구 중 가장 많은 비중을 차지하고 있는 50대와 40대, 즉 60년대생과 70 년대생의 수가 2040년까지 대한민국에서 가장 많을 것으로 예상되고 있습

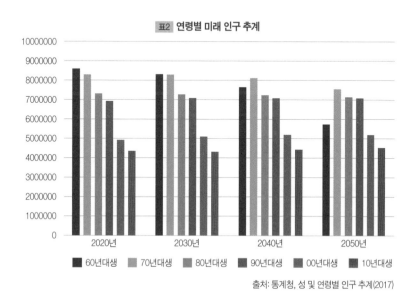

표2 연령별 미래 인구 추계

출처: 통계청, 성 및 연령별 인구 추계(2017)

니다. 이들은 향후 20~30년 동안 대한민국 정치와 경제 영역 등에서 큰 영향력을 발휘하게 되겠죠. 반면 현재의 10대 이하인 2000년대생과 2010년대생의 경우는 2050년이 되더라도 이전 세대의 머릿수를 이길 수가 없습니다. 지금의 청소년들은 미래에 기를 펼칠 수 있을까요?

▌엄격한 위계질서가 미래 청년들에게 미칠 영향

이렇게 젊은층의 비율이 줄어들면 그들의 사회생활에 여러 어려움이 발생할 수 있습니다. 일단 한국에는 나이에 의한 엄격한 위계질서가 존재하죠? 일상적인 대화에서 우리는 이런 말을 심심치 않게 듣습니다. "내가 형이니까 말 편하게 할게.", "야, 내가 나이가 더 많잖아. 양보 좀 해라.", "어린 게 예의가 없네?"

과거 사회처럼 평균수명이 길지 않고 이전 세대의 인구수가 많지 않다면 이런 위계질서는 크게 문제가 되지 않을 겁니다. 참고 기다리면 결국 언젠가는 내가 모셔야 하는 사람보다 나를 모실 사람들이 더 많아지니까요. 그런데 앞으로의 세상은 어떻죠? 지금 청소년들의 경우 아무리 나이를 먹는다고 해도 수십 년간 모셔야 할 사람이 사라지지를 않습니다. 나이가 마흔을 넘기면 보통은 사회에서 중요한 리더 자리를 차지하기 시작하고 어느 정도 윗사람으로서 자리를 잡을 것 같지만, 현재의 청소년들에게는 쉽지 않을 것 같네요.

표3은 우리나라의 중위연령 예상 그래프입니다. 중위연령이란 총인구를 연령순으로 나열할 때 정중앙에 있는 사람의 해당 연령을 말하는데요. 2021년 기준으로 중위연령은 44.3세입니다. 이보다 나이가 적으면 한국에서 젊

표3 1960-2067 대한민국 중위연령 예측

출처: 통계청, 장래인구 특별추계(2017~2067)

은 측에 속하는 것이고, 이를 넘으면 나이가 많은 측에 속하는 것이죠.

그런데 해를 거듭하면서 중위연령이 계속 높아지다가 2067년에는 62.2세까지 상승할 것으로 예측되고 있습니다.[8] 2022년 만 10세 아이가 2067년이 되면 만 55세가 되는데요. 55세가 되더라도 중위연령보다 약 7살이 어리다는 이야기가 됩니다. 2067년까지 살면서 자신보다 나이 많은 사람들이 가득한 세상을 살아가게 될 것이라는 거죠. 이 아이들이 직장이나 사회에서 당당하게 의견을 표출하고 능력을 뽐낼 수 있을까요? 만약 앞으로 20~30년 뒤 미래에도 나이로 엄격하게 위아래를 나누고 있다면 현재의 청소년들이 미래에 기를 펴기가 힘들겠죠. 부디 그렇지 않기를 바랍니다.

---

8 통계청, 장래인구특별추계(2017-2067)

▍네트워크 파워를 가진 기성세대와의 대결

▍한국에서 가장 많은 머릿수를 차지하고 있는 60년대생은 소위 86세대 (학번이 80, 태생이 60년대라는 의미에서 두 숫자의 앞자리를 따서 조합한 명칭)라고 도 불리는데요. 이들에게는 머릿수가 많다는 것 말고도 또 다른 큰 특징이 있습니다. 바로 학생시절 민주화 운동을 하며 형성된 네트워크가 아주 강력하다는 점입니다. 여기에 대해 서강대학교 이철승 교수는 『불평등의 세대』라는 책에서 이렇게 이야기합니다.

이 세대(86세대)의 네트워크는 '평등주의' 혹은 '분배 정의'라는 기치 아래 20대 초부터 선후배 및 동년배 간 지하 이념 서클, 문화 서클, 학생회, 동아리, 동문회 등의 조직을 중심으로 구축되었다. 따라서 이 세대의 네트워크는 다른 어떤 세대의 그것보다 더 조밀하고 이념적으로 균질하며 체계적이다.

『불평등의 세대』34p

물론 모든 60년대생이 네트워크의 일원이 되어 이득을 얻은 것은 아니지만 그 학생 운동을 함께 했던 30년 지기 동료들이 현재 각 기관, 대학교, 언론매체 등의 고위직을 맡아 끈끈한 네트워크 권력을 형성한 경우도 있습니다. 이들은 대한민국의 정책과 경제 전반에 큰 영향을 줄 수 있는 사람들이 된 것이죠.

반면 현재의 젊은이들, 청소년들은 어떻습니까? 과거 86세대와 함께 학생 운동을 하며 자신들의 힘을 조직화하고 권력을 향상시킨 경험이 없습니다. 학생일 때는 입시 준비, 대학에 가서는 취업 준비로 늘 주변 친구들과 경쟁하며 살아가고 있습니다. 심지어 개인주의 문화는 그 어떤 세대보다 확실하게 장착했죠. 머릿수도 적고 인맥 네트워크로 뭉치는 힘도 없는 겁니다. 그렇다면 향후 대한민국에서 여전히 머릿수도 많고 부와 권력까지 축적한 86세대와 현재의 청년, 청소년들이 경쟁을 할 때 누구에게 유리할까요? 물론 86세대가 젊은층을 위해 다양한 배려를 해 줄 수도 있겠지만 쉽지 않을 것 같습니다.

이러한 우려는 우리나라 국회의원들의 연령 비율만 보더라도 이미 현실이 되었다고 할 수 있겠습니다. 중앙선거관리위원회의 자료에 따르면 2020년 4월에 당선된 21대 국회의원 중 가장 많은 비율을 차지하고 있는 연령대는 50대로 무려 59%입니다. 반면 20대는 0.7%, 30대는 3.7%로 그 비율이 극히 적습니다.

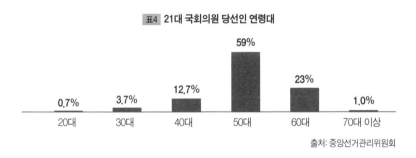

표4 21대 국회의원 당선인 연령대

출처: 중앙선거관리위원회

게다가 정치인들이 표심을 얻기 위한 공략을 내놓을 때도 청년들이 소외되지 않을까 걱정입니다. 아시다시피 미래는 초고령 사회입니다. 정치인이 당선되려면 누구를 위한 공략을 내놓을까요? 지금은 정치인들이 20대 청년들을 꽤 챙길 겁니다. 표2 를 통해 알 수 있듯이 아직은 20대의 인구수가 꽤 많거든요. 그런데 현재의 10대 이하가 유권자인 20대가 되면 어떨까요? 이들의 머릿수는 계속 줄어듭니다. 그리고 선거 형식을 바꾸지 않는 이상 투표에서의 영향력도 계속 줄어들게 되겠죠. 과연 어떤 연령대에게 유리한 방향으로 정책들이 정해질까요? 부디 기성세대의 많은 배려가 있기를 바랍니다.

▎미래 젊은층의 가치관이 사회에 잘 반영될까?

▎또 다른 우려는 '미래 젊은층의 가치관이 사회에 영향력을 얼마나 끼칠 수 있을까'하는 부분입니다. 니체의 표현을 빌리자면 인간은 '권력에의 의지'를 가지고 있습니다. 여기서 권력이란 꼭 정치에서의 권력만을 이야기하는 것이 아니라 사회와 주변 집단 등에서 자신의 영향력을 발휘하고 싶은 욕구라고도 할 수 있겠죠. 실제로 60~80년대생들이 청년이 되고 중년이 되며 기존 산업화 세대가 가지고 있던 가치관을 밀어내고 자신들의 가치관으로 한국 사회를 역동적으로 변화시켰습니다. 민주화, 세계화, 개인화, 인권 등과 같은 것들이 한국 사회에 받아들여진 것이죠. 자신들이 믿는 가치관으로 세상을 살고 싶은데 머릿수가 받쳐 주니 그것이 가능해진 것입니다.

그런데 문제는 '지금의 청년, 청소년들이 자신의 가치관으로 한국 사회를 바꿀 수 있을 것인가'입니다. 회사의 업무 환경을 예로 들어 보죠. 젊은 신입사원은 보다 개인주의적이고, 보다 능력주의적이고, 보다 자율적인 업무 환경을 중요시하지만, 그들이 속한 조직의 의사결정권자들은 보다 조직중심적이고, 보다 위계질서 중심이고, 보다 매뉴얼화된 업무 환경을 중시하는 사람들이라면? 젊은 신입사원은 그 조직을 견디지 못하고 퇴사를 하게 될 겁니다. 실제로 그렇게 어려운 취업 시장을 뚫고 취업에 성공한다고 하더라도 입사 1년차에 퇴사하는 신입사원이 많다는 기사를 심심치 않게 보게 되죠. 그래서 요즘 기업들이 직급을 폐지하고 복장을 자율화하는 등 다양한 변신을 꾀하고 있는 것입니다.

그뿐만이 아닙니다. 새로운 젊은 세대는 결혼, 동성애, 가족 다양성, 호칭 문화, 가족 제사 등에 다른 가치관을 가지고 있을 수 있습니다. 실제로 여성가족부 제4차 가족실태조사에 따르면 20대의 63.5%는 '제사를 지내지 않는 것에 동의한다'고 답했습니다. 반면 50대의 동의율은 38.1%였죠. 그렇다면 머릿수에서 밀리는 새로운 젊은 세대의 가치관이 사회에 받아들여질 수 있을까요? 과거와 달리 젊은층의 비율이 많이 줄어든 바람에 그들의 의견이 우리 사회에 받아들여지기가 더 어려울 수도 있습니다.

반면, 미국은 어떨까요? 미국은 교육과 일자리를 찾기 위한 세계 각국의 젊은층들이 계속해서 유입되고 있습니다. 게다가 우리나라와 달리 베이비부머의 출생아수와 현재 Z세대라고 불리는 청소년들의 출생아수가 크게 차이 나지 않습니다. 미국은 앞으로도 새로운 젊은층들이 계속 유입되며 사회가 역동적으로 바뀔 가능성이 높다는 것이죠. 그렇다면 만약 미국에서 새롭게 생겨난 문화, 가치관 그리고 신산업들이 앞으로도 계속 세계 각국으로 퍼지게 된다고 가정할 때, 한국 사회는 예전처럼 이러한 새로운 변화에 빠르게 적응하고 역동적으로 변할 수 있을까요?

***

새로운 젊은 세대는 부를 축적할 기회를 상실한 세대일지도 모릅니다. 그들은 탄탄한 정규직의 시대가 아니라 불안정한 비정규직의 시대에서 살아가고 있기 때문입니다. 게다가 아파트 가격은 계속 치솟아 웬만한 금수저가 아닌 젊은 세대는 서울에서 내 집을 마련할 수조차 없습니다. 상황이 이렇다 보니 현재의 청년들은 위험천만한 가상화폐에 투자를 하는 것이죠. 그렇게라도 하지 않으면 기성세대의 부를 따라잡는 것이 불가능하기 때문입니다. 그 와중에 앞으로의 초고령 사회를 살아갈 젊은층들은 그들이 바란 적도 없는 낯선 미션까지 부여 받아야만 하는 상황입니다. 그 미션은 바로,

MISSION 저 많은 고령층을 부양하라

과연 앞으로의 세대간 갈등 문제는 잘 해결될까요? 부디 서로의 원만한 합의가 이루어지기를 바랍니다.

평생 인구 감소를 경험할
한국 사람들

우리나라의 인구는 광복 이후로 줄곧 증가해 왔습니다. 한때는 아이가 너무 많이 태어나 국가에서 산아제한 정책을 시행할 정도였죠. 그때의 포스터를 보면 상당히 재기 발랄한 문구들이 많습니다. "셋부터는 부끄럽습니다.", "사람은 콩나물이 아닙니다." 국가에서 무료로 정관수술을 시

그림1 **산아제한 포스터들**

켜 주기도 했습니다. 그런데 우리나라 사람들이 그 말을 참 잘 들었습니다. 중국처럼 두 명 이상을 낳으면 법으로 처벌을 했던 것도 아닌데 실제로 80년대 이후로 한국의 출산율이 떨어지기 시작합니다. 그런데, 어라? 출산율이 떨어진다 떨어진다 하다가 "이건 너무 심하잖아?!" 라는 말이 나올 정도까지 와 버린 것이죠.

▌인구 감소는 이미 시작됐다

2020년 기준으로 한국의 출생아수는 약 27만 명입니다. 그렇다면 만약 사망자의 수가 27만 명보다 더 많았다면 태어나는 사람보다 사망한 사람이 더 많으니 한국의 인구가 감소하게 되는 것이죠. 이를 '인구 데드크로스人口 dead-cross'라고 합니다. 그리고 그 일이 실제로 일어났습니다. 계속해서 20만 명대를 유지하던 사망자의 수가 2020년에는 약 30만 명으로 증가하면서 출생아의 수보다 약 3만 명이나 많아진 것입니다. 2020년에 대한민국 역사상 최초로 인구의 자연 감소가 시작된 것이죠.

어찌 보면 우리는 역사적인 시대의 목격자들입니다. 무엇을 목격하고 있을까요? 바로 대한민국에서 인구가 가장 많은 순간을 목격하고 계신 겁니다. 인구의 최정점 상황에 우리가 살아가고 있는 것이죠. 그렇다 보니 우리는 학교, 회사, 사회에서 참 많은 경쟁을 하며 살아온 것 같습니다. 그런데 앞으로는 어떻게 되죠? 30년, 50년이 지나도 한국에서 이렇게 많은 사람들을 볼 수 있을까요? 지금부터 우리들은 대한민국에서 살아가며 아마 평생동안 인구가 감소하는 것만 목격을 하게 될 가능성이 높습니다. 그리고 과거를 회상하겠죠. "아… 옛날에는 늘 사람들이 북적북적했는데…"

대한민국 인구, 앞으로 얼마나 줄어들까?

그렇다면 좀 더 장기적인 관점으로 봤을 때 대한민국의 인구 감소는 어떻게 흘러갈까요? 표1 의 그래프로 보면 통계청은 앞으로 사망자수는 더욱 가파르게 증가하고 출생아수는 원만하게 감소세를 이어 가면서 인구 감소 상황이 더욱 심해질 것으로 예측하고 있습니다. 2050년에는 한 해에만 47만 명이 줄어들고, 2060년에는 55만 명이 줄어든다는 것이죠. 참고로 경기도 안양시의 전체 인구수가 21년 기준으로 54만 명입니다. 한 해에 지금 안양시 전체 인구가 사라지는 겁니다. 또 제주도 전체 인구수가 67만 명인데요. 2040년대에는 2~3년만 지나도 현재의 제주도 전체 인구가 사라진다고 볼 수 있겠습니다. "1년에만 몇 십만 명씩 사라지는 한 나라의 미스터리!" 미스터리 영화 같은 상황이지만 현실이 될 가능성은 꽤 높아 보입니다. 이 당연한 사실이 실은 아주 심각한 문제입니다.

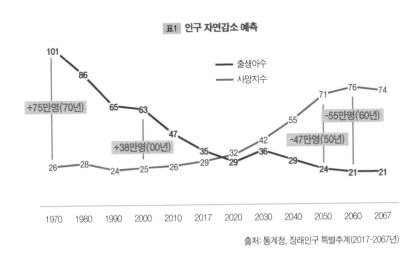

표1 인구 자연감소 예측

출처: 통계청, 장래인구 특별추계(2017-2067년)

그렇다면 인구가 줄어든다고 했을 때 어떤 연령대가 가장 많이 줄어드는 걸까요? 고령층? 젊은층? 초고령 사회에서는 당연히 젊은층의 인구가 감소합니다. 여기에서 더욱 심각한 상황을 전하려 합니다. 앞서 생산가능인구에 대해서 설명한 바 있습니다. 한국에서 가장 활발하게 경제 활동을 하는 인구인 15~64세 인구가 바로 생산가능인구에 속합니다. 이 생산가능인구의 감소는 그야말로 우리 사회에 치명적일 수밖에 없습니다.

실제로 통계청에 따르면 2017년부터 2067년까지 우리나라 전체 인구는 5,136만 명에서 3,929만 명으로 1,207만 명이 감소할 것이라고 합니다. 그런데 문제는 생산가능인구의 감소량입니다. 같은 기간 15~64세 생산가능인구는 3,757만 명에서 1,784만 명으로 무려 1,973만 명이 감소할 것이라는 전망입니다.[9] 서울특별시 인구의 2배에 해당되는 젊은 인구가 사라지는 것이죠. 물론 앞서 이야기한 대로 미래의 65세 이상 노인은 지금보다 경제 활동 참여도가 높고 젊은층 못지않게 사회에서 활발한 활동을 하게 될 것입니다. 그럼에도 불구하고 15~64세 인구가 2천 명 가량 줄어든다는 예측은 꽤나 놀라운 시나리오임에 틀림없습니다.

또 지역별 인구 감소에도 다소 차이가 있습니다. 인구가 줄어든다면 도시의 인구가 줄어들까요? 지방의 인구가 줄어들까요? 결국 지방의 인구 감소가 더 큽니다. 이미 광주·전북은 2016년부터, 전남은 2017년부터 인구의 마이너스 성장을 시작한 상태입니다. 게다가 고령화 비율이 높은 전남, 경북 등의 지역에서 고령자들이 세상을 떠나고 난 후에는 인구 감소가 더

9 통계청 '장래인구특별추계: 2017~2067년'

심해질 수도 있겠죠.

그러면 고령자들이 생전 지내던 집은 빈집이 되고, 그 빈집을 어떻게 할 것인가가 문제가 됩니다. 워낙 오래된 집이다 보니 다른 사람들이 이사를 오려고 하지도 않고 그렇다고 리모델링을 하자니 비용이 부담되기 때문에 자식들이나 지자체에서도 선뜻 나설 수가 없는 겁니다. 결국 이러지도 저러지도 못한 채 흉가가 된 상태로 남아 흉흉한 분위기를 더할 수도 있는 거죠. 과연 사람이 떠난 지역과 빈집을 어떻게 활용할 것인가가 미래에 있어서는 큰 과제이자 동시에 기회라고 할 수 있습니다.

그러나 출생과 사망을 제외하고도 인구의 이동 측면에서 지방은 인구 유출로 인한 고민도 깊은데요. 특히 젊은층의 경우 교육과 직장 등을 위해 수도권으로 이동하는 일이 많다 보니 지방의 고령화와 인구 감소 상황이 심해지는 겁니다. 실제로 2020년 기준으로 수도권에는 우리나라 전체 인구의 50.2%가 거주하고 있습니다. 국토 전체 면적 중 11.8% 밖에 되지 않는 곳에 절반의 인구가 살고 있는 것이죠.[10] 이렇게 지방의 젊은 인구가 유출된다면 그 지역의 대학교들은 위기를 겪을 수밖에 없을 겁니다. 만약 대학교에 학생들이 다니지 않는다면 대학뿐만 아니라 그 주변의 상권들 역시 위기를 맞게 되겠죠. 결국 이러한 미래의 국토 불균형 문제를 해결하는 것 역시 미래 사회를 살아갈 우리들에게 주어진 과제이자 또 새로운 기회로 작용할 것입니다.

---

10 통계청 '2020년 인구주택총조사 등록센서스 방식'

아이가
태어나지 않는 나라

앞 장에서 사망자가 가파르게 증가하며 인구 감소가 심화될 것이라고 이야기한 바 있는데요. 도대체 사망자가 왜 이렇게 많아지는 걸까요? 이미 눈치를 채신 분도 있겠지만, 과거에 사람이 너무 많이 태어났기 때문입니다. 앞서 60년대에는 1년에 100만 명 이상이 태어났다는 이야기를 했는데요. 그때 태어난 분들이 기대수명인 80세 전후가 되면 태어난 수만큼 사망자가 발생하게 되는 것입니다. 사망자가 많아지면 죽음과 관련해 다양한 사회적 논의가 이뤄질 것이고, 죽음 비즈니스들이 성장하게 될 것입니다. 이 내용에 대해선 뒤에서 자세히 다룰 예정입니다.

▌아이를 낳을 산모의 수가 줄었다

또 다른 인구 감소의 원인은 출생아의 수가 계속 줄어들고 있다는 것입니다. 앞에서 저출산에 대해서는 설명을 했는데요. 앞으로의 상황을 생각해 볼 때, 한국에서 지금보다 아이가 많이 태어날 확률은 거의 없다고 볼 수 있습니다. 그 이유는 우선 아이를 낳을 엄마들의 수 자체가 적기 때문입니다.

현재 아이를 출산하는 여성들은 대부분 84~90년대생인데요. 그 당시 출생아수는 60년대 100만 명보다 40만 명이 적은 60만 명대였습니다. 그 중 절반인 여성이 약 30만 명이니 엄마의 수가 이전 세대에 비해 약 20만 명 가량 줄어든 것이죠. 그리고 2010~2016년에는 출생아의 수가 남녀를 합쳐 40만 명대, 2017~2019년에는 30만 명대, 2020년에는 20만 명대의 아이들이 태어났습니다. 결국 결혼을 하고 아이를 낳을 부모의 수 자체가 줄어들고 있는 겁니다. 물론 이들이 모두 아이를 3명 이상 낳는다면 인구 감소가 중단될 수도 있습니다. 하지만 그런 일이 펼쳐질 수 있을까요? 안타깝게도 현대에는 아이를 낳을 이유보다 낳지 않을 이유들이 더 많습니다.

▌아이를 출산하지 않을 이유

첫째, 아이 교육에 너무 많은 비용과 노력이 들어갑니다. 저출산으로 학생 수가 줄어들면 경쟁이 줄어 교육에도 비용이 덜 들지 않을까요? 하지만 마냥 그렇지만은 않습니다. 오락가락한 교육 정책에 끊임없이 대두되는 사교육의 필요성, 교육을 통해 계층 상승에 성공한 부모들이 가지고 있는 좋은 학벌에 대한 믿음 등이 작용해 아직도 교육에는 비용과 노력이 너무 많이 소모되고 있습니다. 아이를 낳을 사람의 입장에서는 양질의 교육을 서포트해 줄 자신이 없다면 출산을 미루게 되는 것이죠. 또 이러한 경쟁 사회에서 아이를 살게 하기 싫다는 사람들도 많죠.

둘째, 집값이 너무 비싸다는 겁니다. 부부가 출산을 하기 위해서는 안정적으로 생활할 집이 필요한데 월세와 전세를 전전하는 불안한 상황에서 아이를 낳을 수는 없다고 주장하는 사람도 많습니다.

셋째, 젊은층이 취업을 하고 경제적으로 자리를 잡는 데에 어려움을 겪고 있습니다. 이전 세대는 매해 경제 성장이 10%를 웃도는 고성장기에 취업을 하다 보니 대학을 나오면 취업 걱정은 거의 하지 않았고, 또 정규직이 보장됐기 때문에 인생을 안정적으로 계획할 수 있었습니다. 하지만 지금의 저성장 경제, 비정규직의 증가 상황에서는 아이를 낳을 동기 자체가 사라질 수 있다는 것이죠.

그리고 이렇게 경제력이 갖춰지지 않았다는 이유로 출산을 미루다 보니 결혼 연령과 출산 연령이 계속 늦어지고 있습니다. 한국의 평균 첫째아 출산 연령이 몇 세쯤 된다고 생각하세요? 2020년 기준으로 처음 엄마가 되는 연령은 평균 32.3세, 처음 아빠가 되는 연령은 평균 35세였습니다.[11] 20대에 아이를 낳는 것이 정상이던 과거와 비교하면 출산 시기가 점점 늦춰지고 있는 겁니다. 그리고 이렇게 여성의 출산 연령이 늦어지게 되면 건강상의 문제로 아이를 적게 낳거나 아예 포기하는 경우가 발생하면서 자연스럽게 출산율이 낮아지게 되는 것입니다.

경제적인 요인만 있는 것은 아닙니다. 아이를 낳지 않을 네 번째 이유는 개인의 삶을 중요시하는 사람들이 늘었기 때문입니다. 과거 농업사회에서의 출산은 일손이 많이 필요한 농사에 노동력을 공급하는 일이자 나의 생존에 도움을 주는 요소로 작용하기도 했습니다. 하지만 지금은 그런 이유

---

11 통계청 '2020 출산 통계'

로 아이를 낳을 필요는 없죠. 요즘처럼 남녀 모두 대학을 졸업하고 기업에 취직해 커리어를 쌓아 몸값을 높여야 하는 시대에는 아이를 낳았을 때 오히려 나에게 리스크가 커집니다. 내가 열심히 번 돈을 가족을 위해 나누다 보니 개인의 즐거움을 포기해야 하고, 특히 여성의 경우에는 출산과 양육을 위해 커리어를 중단할 수밖에 없다 보니 그간 커리어를 위해 기울인 노력이 물거품이 될 위기에 봉착하게 됩니다. 그래서 정부, 기업, 사회에서 여성의 출산이 그의 경력에 해가 되지 않도록 다양한 정책과 방안들을 내놓고 있는 것이죠.

다섯 번째 이유는 기후 위기입니다. 기후 위기와 저출산이 어떤 상관관계가 있을까요? 이는 최근 새롭게 부각되고 있는 이유인데요. 앞으로 기후 위기와 환경 위기가 더욱 심각해질 텐데, 이런 환경 안에서 아이를 낳을 수는 없다는 겁니다. 2020년 11월 인디펜던트지에서는 '기후 위기에 대한 불안감이 출산을 막고 있다는 연구 결과가 나왔다'고 보도한 바 있습니다. 27~45세의 미국인 600명 이상을 대상으로 설문조사를 한 결과 "온난화의 영향을 받을 아이들의 미래가 걱정된다"에 응답한 비율이 무려 96.5%였다는 겁니다. 응답자에 한해 그 이유에 대한 세부 인터뷰를 진행했는데요. 내용은 다음과 같습니다.

"나는 죽어가는 세계에 아이를 살게 하고 싶지 않다." -미국 31세 여성
"기후 변화로 인해 아이들이 세상의 종말을 맞이하게 될까 봐 두렵다." -미국 40세 교사
"탄소발자국을 줄이기 위해 우리가 할 수 있는 가장 좋은 방법은 번식

을 하지 않는 것이라는 말을 듣고 셋째는 포기했습니다." -미국 38세 어머니

기후 위기와도 어느 정도의 연관성을 가지고 있는 코로나19의 확산 역시 아이를 낳지 않을 이유로 작용했는데요. 전염병은 백신과 치료제로 잡는다고 하더라도 기후 위기는 당장의 해결책이 보이지 않는 더욱 어려운 도전 과제가 되지 않을까 싶습니다. 여러분은 어떻게 생각하세요? 한국에서 앞으로 아이가 많이 태어날 가능성이 있을까요?

인구 감소는 축복일까,
재앙일까?

여러분은 대한민국의 인구 감소를 축복이라고 생각하시나요, 재앙이라고 생각하시나요? 인구 감소를 미래의 큰 문제라고 생각하는 분들은 '뭐? 인구 감소가 축복? 말도 안 되는 소리를 하고 있어!'라고 생각하실지 모르겠습니다. 그런데 의외로 인구 감소를 반기는 사람들도 꽤 있습니다. 저는 유튜브 채널도 운영을 하고 있다 보니 댓글을 통해 인구 감소에 대한 다양한 의견을 들을 기회가 있는데요, 인구 감소를 반기는 댓글 중 일부는 아래와 같습니다.

-저출산은 지구 및 우주와 생태계의 축복입니다.
-인구 감소가 미칠 영향? 좋은 것만 있는 건 아니지만 확실한 건 삶의 질은 올라갈 거예요.
-인구 감소되면 생존 경쟁이 완화된다... 좋다...
-인구가 줄어드는 게 우리 노동자들에게는 오히려 더 축복인 거 같아

요. 사람이 없어지면 자본가들도 사람 구하기 힘들어서 우리 노동자들을 사람 대접해주기 시작할 겁니다.

-인구수 파파 줄어들어서 사람 좀 소중한 줄 아는 사회가 됐으면 좋겠다.

여러분은 이들의 의견에 동의하시나요? 그러면 인구 감소가 정말 축복인지 재앙인지 가계, 기업, 정부의 입장에서 생각을 해 보려고 합니다.

인구 감소가 가계에 미치는 영향

인구 감소로 인해 우리 가계에는 좋은 점이 많을까요, 나쁜 점이 많을까요? 제일 기대하는 부분은 아무래도 '경쟁이 완화될 수 있을까?'에 대한 겁니다. 참고로 한국의 경우 선진국 중에서는 인구 밀도가 가장 심한 수준입니다. 좁은 나라에 5천만 명이 살고 있으니까요. 그렇다 보니 우리는 모두 이 좁은 땅에서 입시와 취업을 위해 서로 경쟁해야만 했습니다. 하지만 앞으로 인구가 감소되면 이 경쟁이 그래도 조금은 완화되지 않겠냐는 겁니다. 이 부분에 대해서는 다음 장에서 자세히 다룰 예정입니다.

집값 하락 역시 집을 소유하지 못한 사람들에게는 기대되는 미래입니다. 물론 집을 소유한 분들에게는 두려운 미래이겠죠. 이웃 나라 일본의 경우 경제 버블이 터지고 인구 역시 감소하면서 집값이 하락했다는 보도를 접해 본 분들이 있을 겁니다. 그래서 몇 년 전만 해도 한국에서도 인구 감소에 의한 집값 하락을 예측하는 분위기가 많았죠. 돈이 부족해 집을 사지 못했던 사람들에게는 그야말로 희소식이었을 겁니다.

하지만 요즘은 이 예측에 대해 회의적인 의견들이 많아지고 있습니다. 앞서 이야기한 대로 인구는 계속해서 수도권으로 몰리고 있습니다. 그 결과 지방의 집값이 하락할 수는 있지만 수도권에는 여전히 수요가 많아 집값이 하락하지 않을 수 있다는 거죠. 그래도 '전체 인구가 계속 줄어드는데 수도권 집값이 안 떨어지겠는가' 이렇게 생각하실 수도 있는데요. 상황이 그렇게 단순히 돌아가는 것 같지는 않습니다. 일단 인구가 줄어드는 것은 사실입니다. 그런데 우리나라의 '가구수'는 어떨까요? 가구수는 증가하고 있을까요? 감소하고 있을까요?

가구수는 오히려 계속 증가하고 있습니다. 통계청은 우리나라 총가구수가 2017년 1,957만 가구에서 2040년 2,265만 가구까지 증가한 후 2047년에는 2,230만 가구로 감소할 것이라고 보고 있습니다.[12] 아니, 인구는 감소하는데 왜 가구수는 늘어나고 있는 걸까요? 바로 가구가 쪼개지고 있기 때문입니다. 과거 4-5인 가구가 1-2인 가구로 쪼개지며 가구는 오히려 늘어나고 있는 것이죠. 그 말은 즉, 가구가 쪼개져 더 많은 집이 필요하다는 말입니다. 특히 수도권의 경우에는 집이 더 많이 필요하겠죠.

게다가 자본주의 사회에서의 집이라는 것은 단순히 사는live 곳이 아니라 사는buy 것이기도 합니다. 저금리 시대에 갈 곳 없는 돈이 몰리는 투자자산으로써의 역할도 하고 있어 도대체 집값이 어떻게 될지는 예측하기 어렵습니다. 만약 복잡한 도시의 생활이 지겹고 전염병도 피하고 환경도 좋은 곳에 살고 싶다면 인구가 거의 없는 지방 지역에서 집은 비교적 쉽게

---

12 통계청, 장래가구특별추계

구할 수 있을 것 같습니다.

이렇게만 보면 가계 측면에서는 인구 감소가 좋은 점도 있고 나쁜 점도 있는 것처럼 보이지만, 가계에게 절대 좋을 수 없는 확실한 이유도 있습니다. 일단 인구가 감소하기는 하는데, 고령화형 인구 감소이기 때문에 줄어드는 건 결국 거의 젊은층들이라는 겁니다. 그 결과 부양 부담을 어떻게 할 것인가에 대한 문제는 우리 가계에 확실한 걱정거리라고 할 수 있겠죠.

또 한 가지. 한국에는 자영업자들이 많습니다. 2020년 기준으로 약 20%가 자영업자라고 하니 5명 중 1명은 자영업자라는 것이죠.[13] 그러면 단순히 생각해서 내가 카페를 운영하며 커피를 판다고 했을 때 앞으로 손님의 수가 계속 줄어든다는 것을 의미합니다. 그리고 직원을 고용하는 경우 인구가 감소해 인건비가 높아질 수도 있습니다. 이는 결코 좋은 점이 될 수 없겠죠.

▌인구 감소가 기업에 미치는 영향

▌이번에는 기업의 입장에서 생각해 보겠습니다. 과거 인구가 계속 증가할 때는 기업이 무언가를 판매할 때 그것을 구매해 줄 소비자가 계속 증가하고, 또 기업을 위해 일해 줄 인력들이 넘쳐나다 보니 비교적 낮은 인건비로 기업을 운영할 수 있었습니다. 그래서 이러한 인구적 혜택을 '인구 보너스'라고 표현합니다.

그런데 이제 반대로 인구가 계속 감소한다면 기업의 입장에서 좋은 점

---

13 통계청, 경제활동인구조사

이 있을까요? 거의 없을 겁니다. 소비자가 줄어들고 인건비가 높아지니 큰 악재라고 할 수 있습니다. 그래서 이렇게 생산연령인구(직업에 종사할 수 있는 인구 계층(15세~64세))의 비중이 하락하면서 경제 성장이 지체되는 현상을 '인구 오너스onus'라고 합니다. 인구가 감소하면 소비가 감소하고, 그러면 수요가 적어져 생산을 감소시키고, 그러면 일할 사람이 덜 필요하니 실업률은 증가하고, 실업자들이 늘어나면 소비여력이 낮아져 소비가 다시 감소하고, 이러한 악순환이 반복되면 기업들은 버텨낼 수가 없어 폐업을 하고, 기업이 사라지면 실업률은 더욱 증가하고, 일자리를 얻지 못해 결혼과 출산을 미룬다면 출산율은 더 떨어지고 그러면 인구는 더 감소하겠죠.

물론 이것은 상황을 매우 단순하게 표현한 겁니다. 실제로는 정부의 지원과 자동화 기술 활용 등 다양한 변수가 작용하겠죠. 게다가 한국은 내수 시장이 아닌 수출로 돈을 버는 나라입니다. 반도체, 자동차, 석유화학, 콘텐츠 등 전 세계를 대상으로 판매를 하고 있기 때문에 한국의 인구 감소가 기업에게 그렇게까지 큰 영향을 끼치지는 않을 것이라는 분석도 있습니다. 하지만 내수 시장이 작다고 하더라도 생산가능인구가 몇 백 명, 심지어 2067년까지 장기적으로 2천 명 가량 줄어드는 상황을 생각해 본다면 기업에 절대 좋은 일은 아닐 겁니다. 결국 기업은 외국인 고용, 자동화 시설 증가, 생산 시설의 해외 이전 등을 고려해야만 합니다.

인구 감소가 정부에 미치는 영향

정부의 입장에서는 어떨까요? 일단 교통 체증, 취업난, 쓰레기 문제 등 기존의 인구 과밀로 인한 문제들이 완화되지는 않을까 기대해 볼 수 있겠습니다. 이와 반대로 또 어떤 새로운 문제점들이 생겨날까요? 역시나 제일 큰 문제는 세수 부족이겠죠. 나라의 인구가 줄어들면 자연스럽게 발생할 수밖에 없는 일입니다. 그렇다고 개개인에게 세금을 더 받으려 하면 불만이 터져 나오겠죠. 젊은층에게 세금을 더 걷어 고령자들을 위한 복지에 쓴다고 하면 과연 미래의 젊은이들은 순순히 받아들일까요? 능력이 뛰어나 다른 나라에서 더 높은 급여에 더 적은 세금을 내고 일할 수 있다면 그 청년은 한국에 남아 있을까요?

그렇게 젊은층과 고령층을 모두 신경쓰다 보면 부족한 세금을 채울 길이 없겠죠. 결국 한국 기업이 해외에서 선전해 국가 세금에 기여해 주기를 바라거나, 아니면 자동화 시설로 인건비 부담을 해결하고 있는 기업에게 '로봇세'를 물리는 수도 있을 겁니다. 사람 대신 일하는 로봇에게 세금을 부과하는 것이죠. 하지만 로봇을 '생산 설비'로 볼 것이냐, 아니면 '인공 노동자'로 볼 것이냐에 따라 로봇세 부과 가능 여부는 달라질 수 있습니다.

정부의 또 다른 걱정거리는 지역 불균형 심화입니다. 앞 장에서 이야기했듯이 수도권으로만 사람들이 몰리면서 지방 지역은 계속 소멸 위기에 놓이게 됩니다. 결국 지역 통폐합 과정을 거칠 가능성이 높아 보입니다. 반면 세종시의 경우는 조금 다릅니다. 세종시로 주요 정부 시설들을 옮기면서 세종시는 인구가 그래도 늘고 있는 상황입니다. 통계청은 세종시가 2050년까지 거의 유일하게 인구가 증가할 지역이라고 예상하고 있죠.

하지만 나머지 지역들에서는 큰 성과가 나오지 않고 있습니다. 미래 먹거리로 여겨지는 첨단 산업 시설과 일자리를 지방에 유치하려고 해도 그 산업과 관련된 첨단 시설과 기업들이 수도권에 몰려 있어 홀로 지방으로 내려가기 쉽지 않거니와 유능한 인재들이 지방으로 내려가려 하지 않는 문제가 있습니다. IT 인재라면 특히 수도권에 머물고 싶어하죠. 수도권에서도 부르는 곳이 많은데 굳이 지방으로 내려갈 필요가 없으니까요.

결정적으로 정부에게는 가장 큰 문제가 남아 있습니다. 바로 국가 소멸의 문제입니다. 한국처럼 아이를 적게 낳는다면 세대가 지날수록 인구가 절반 이상씩 줄어들게 됩니다. 남녀 두 사람이 결혼해 평생동안 아이를 0.84명, 즉 한 명도 채 낳지 않으니까요. 그러면 2020년 27만 명이던 출생아수가 어느 순간 10만 명, 5만 명, 2만5천 명, 1만2천 명, 6천 명으로 줄어 결국에는 '0'이 될 테니 말입니다.

그래서 영국 옥스퍼드 대학교 인구문제 연구소에서는 세계에서 가장 먼저 소멸할 국가로 한국을 꼽기도 했습니다. 계산대로라면 대한민국은 2700년대에 가장 먼저 소멸하게 됩니다. 인구가 없으면 당연히 나라도 정부도 필요가 없겠죠. 물론 너무나 먼 이야기이기 때문에 한국이 소멸한다는 것을 확정된 사실로 생각하기보다는 우리나라의 인구 감소가 그만큼 심각하다는 정도로 이해해야 할 겁니다. 과연 대한민국이라는 나라는 언제까지 존재할 수 있을까요?

인구 감소가 지구에 미치는 영향

앞서 인구 감소 덕분에 환경이 좋아지고 지구에게는 축복일 거라는 댓글을 소개했는데요. 안타깝게도 우리가 살아있는 동안에는 환경이 개선되는 것을 체감하기 어려울 수 있습니다. 이 부분은 3부에서 기후 위기에 대해 다루며 자세히 말씀드릴 겁니다.

또 우리가 오해를 하는 것이 있는데요. 인구 감소가 지구에게 축복이라는 것은 다분히 인간 중심의 생각이라는 겁니다. 먼저 자연은 인간처럼 자신이 위험하다는 '생각' 자체를 하지 않습니다. 자연은 단지 '존재'할 뿐입니다. 지금까지 지구에는 다섯 번의 대멸종이 있었다고 알려져 있습니다. 그 중에는 소행성 충돌에 의한 공룡 대멸종 사례도 추정되고 있죠. 하지만 지구는 어떠한 생명체가 멸종하건 말건, 기온이 높아지건 낮아지건, 행성이 충돌을 하든 말든 상관없이 그저 존재할 뿐입니다. 그래서 이런 말이 있습니다.

"자연은 인간을 필요로 하지 않는다. 인간이 자연을 필요로 한다."

자, 이렇게 이번 장에서는 인구 감소가 축복인가 재앙인가에 대해 다양한 이야기를 해 봤습니다. 사실 제가 미처 다루지 못한 요소들이 훨씬 더 많을 텐데요. 이 이야기들을 듣고 여러분은 어떤 생각이 드셨나요? 우리가 살아가야 할 미래의 인구 감소 현상. 과연 축복의 요소가 많을까요, 재앙의 요소가 많을까요?

인구 감소로 바라본 미래 대입과 취업

인구 감소로 인해 사람들이 기대하는 것은 미래에 대입과 취업에서의 경쟁이 완화될지도 모른다는 희망입니다. 인구가 감소하면 대학들은 서로 신입생을 채우기 위해 학생들을 모셔 가려고 하고, 기업 역시 젊은 인력을 충당하기 위해 서로 더 좋은 혜택을 제공하려 하는 시대가 열릴지도 모른다는 것이죠. 젊은이가 귀해지는 시대. 그래서 사람이 귀하다는 것을 깨닫게 되는 시대. 과연 이러한 미래가 현실이 될 수 있을까요?

▌인구 감소로 대학 입학이 쉬워질까?

▌먼저 인구 감소와 대학 경쟁률에 대해서 알아보겠습니다. 2021학년도 대학 입학 정원은 약 55만 명이었습니다. 앞으로 이 수치가 증가할 것이라고 보긴 어렵습니다. 학생이 줄어들고 있는데 대학교와 학과가 늘어날 수는 없으니까요. 그런데 문제는 현재, 그리고 앞으로의 고3 학생들의 수입니다.

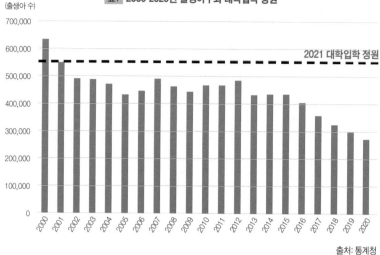

(출생아 수)

700,000

600,000

2021 대학입학 정원

500,000

400,000

300,000

200,000

100,000

0

2000 2001 2002 2003 2004 2005 2006 2007 2008 2009 2010 2011 2012 2013 2014 2015 2016 2017 2018 2019 2020

출처: 통계청

표1 은 연도별 출생아들의 수를 보여주는 그래프입니다. 2000년생만 하더라도 2021학년도 대입 정원보다 많은 약 63만 명이 태어났습니다. 그리고 2001년생은 55만 명이 태어났으니 이들이 고3이었던 2019년에는 대학입학 총정원수와 그 수가 거의 같아졌습니다.

그러나 그 다음부터는 상황이 달라집니다. 한일 월드컵이 열렸던 2002년에 무슨 일이 있었던 건지 아이들이 49만 명 밖에 태어나지 않았습니다. 이들이 바로 2021년도 대입을 준비한 고3들이었습니다. 재수생을 제외한 고3들만 따져 봤을 때 이미 대입 정원보다 6만 명이 적었던 것이죠. 그리고 2002년 이후로 태어난 아이들의 수는 계속 50만 명을 넘기지 못합니다. 특히 2005년의 경우, 그 해 출생아수는 43만 명에 그치고 맙니다. 그리고 2017년에는 30만 명대, 2020년에는 20만 명대로 줄어들게 됩니다. 만약 대학들이 입학 정원을 그대로 유지한다면 앞으로 고3들이 모두 대학에 들어

간다고 해도 입학 정원을 채우지 못하는 겁니다. 대학들의 피 말리는 생존 경쟁은 이제부터 본격적으로 시작된다고 봐야겠죠.

이렇게만 보면 앞으로 아이들의 대학 입학은 이전 세대들에 비해서 편해질 것 같습니다. 그런데 문제는 고3 아이들이 전국에 있는 모든 대학교에 사이좋게 나누어 들어가는 것이 아니라는 점입니다. 아이들이 서울에 있는 대학교에 가고 싶을까요, 지방에 있는 대학교에 가고 싶을까요? 결국 서울을 중심으로 한 수도권에는 학생들이 몰려 여전히 경쟁률이 높을 것이고 지방 대학들의 경우 입학 정원을 채우지 못해 대학교가 통폐합하는 일이 늘어날 겁니다.

실제로 2021년 대입 전형에서 영호남 대학들의 약 78%가 3대 1의 경쟁률로 사실상 미달이라는 소식이 전해졌습니다.[14] 2021 정시 경쟁률 1:1 미만 대학은 18곳이었는데 그 중 11곳이 영호남에 있는 대학교였다고 합니다. 특히 광주의 경우 분석 대상 10개교가 모두 3대 1 미만의 경쟁률을 보였습니다. 주요 지역의 경쟁률을 보자면 전남(1.73:1), 광주(1.91:1), 경북(2.12:1), 부산(2.43:1), 강원(3.20:1), 충남(3.42:1), 경기(4.87:1), 서울(5.04:1)순이었습니다. 수치를 보면 알 수 있듯이, 우리나라에서 아래쪽으로 내려갈수록 경쟁률이 낮아지고 수도권으로 올라올수록 경쟁률이 높아집니다. 벚꽃피는 순서대로 대학교가 망한다더니, 그 상황이 현실이 되고 있는 것 같아 우려스럽습니다.

이 상황을 토대로 미래의 대입 경쟁 상황을 바라본다면 다음과 같은 결론에 도달합니다. 만약 서울에 있는 대학교에 들어가고 싶다면 학생은 여

---

14 중앙일보, '벚꽃피는 순서로 망한다? 영호남대 78% 사실상 미달' 2021.01.18

전히 경쟁해야 합니다. 입시 제도가 바뀌지 않는 이상 우리에게 익숙한 국영수 중심의 공부를 사교육의 도움까지 받아가며 열심히 해야겠죠. 영어 과목에서 1등급을 받기 위해서는 시험범위의 영어지문을 토씨 하나 빼놓지 않고 외워서 적고 응용까지 할 수 있어야 할 겁니다. 거의 편집증적으로 공부를 해야 틀리지 않습니다. 보통 일이 아니죠. 물론 그런다고 회화 실력이 유창해진다거나 자막 없이 할리우드 영화를 볼 수 있는 것도 아니고, 심지어 구글 번역기와 파파고의 번역 기술이 나날이 발전하고 있는 상황에서 영어 지문을 외워 시험을 보는 게 무슨 의미인가 싶겠지만, 원하는 서울 소재의 대학교에 들어가기 위해서는 꼭 이렇게 해야만 하는 어이없는 상황이 계속해서 이어질 겁니다. 아마 한국 청소년들의 입시 경쟁을 직접 목격하신 분들은 아실 겁니다. 특히 고등학생이 되면 아이들의 삶이 너무 피폐해집니다. 아이들이 어릴 때 왜 그렇게 힘들게 살아야 할까요?

그런데 목표가 서울 소재 대학이 아니라면? 그렇게까지 열심히 공부할 필요는 없습니다. 경쟁률이 낮은 대학교, 학과들이 너무 많으니까요. 게다가 지방에 있는 대학들의 경우 실용적인 학과들로 무장한 괜찮은 대학교들도 꽤 있습니다. 지방에 있는 한 대학의 경우 소프트웨어콘텐츠계열, 사이버보안스쿨, 물리치료과, 스마트 e-자동차과, ICT반도체전자계열, 패션라이브커머스과, 반려동물케어과 등이 있습니다. 모두 미래 사회에 굉장히 각광받는 산업과 관련된 학과들이죠. 물론 학과에 따라 경쟁률이 다소 높을 수는 있겠습니다만, 서울에 있는 유명 대학교들에 비하면 경쟁률은 절반 이하일 겁니다. 그렇다면 입시 전쟁에 뛰어들 필요없이 지방의 대학교에서 자신이 원하는 교육을 받은 다음 졸업 후에 원한다면 수도권으로 올라와 직업을 갖는 수도 있지 않을까요? 아마 사람에 따라서 다르겠지만, 서울 지역 대학교에서 인문계열을 전공하는 것보다는 나을 것이라고 생각하는 분들도 있을 겁니다.

하지만 문제는 아이들 자체가 지방 대학교에 가고 싶어 하지 않는다는 겁니다. 집에서 멀리 떨어지기 싫어서? 내가 원하는 학과가 서울 소재의 대학교에 있어서? 서울로 올라와 생활하고 싶어서? 여러 가지 이유가 있겠지만, '자존심 때문에'도 굉장히 큰 이유일 겁니다. 아이들 스스로가 서울에 있는 대학교에 들어가야 인정받고 남들보다 높은 곳에 위치한다고 보기 때문이죠.

이 생각은 어디에서부터 흘러들어 왔을까요? 아이들이 자라온 과정을 생각해 보면 그 근원을 찾기란 그리 어렵지 않습니다. 어렸을 때부터 성적으로 줄을 세웠고, 공부를 잘하면 칭찬받았고 못하면 혼났으니까요. 초중고 평생을 이렇게 학업을 통한 우열 나누기 분위기 속에서 살아온 아이들에게는 그들의 노력의 결실인 대학교의 입학, 그리고 내가 입학한 대학교의 간판이 '트로피'가 되는 겁니다. 다른 세상을 경험해 보지 못했으니 평생의 세상인 입시 배틀로얄 게임 밖에서의 사고가 어려운 것이죠. 그리고 그 치열한 경쟁에서 살아남는 법을 가르치는 학원에서는 '너희들 좋은 대학 못 가면 인생 망하는 거야!'라는 공포 마케팅으로 아이들이 아예 다른 생각을 할 수 없게 만듭니다. 학생들이 공부를 안 하거나 학원을 그만두면 자신들이 돈을 벌 수 없으니까요.

그러니 지방에도 좋은 대학과 학과가 있으니 다른 방법을 찾아보라고 이야기해도, 공부를 시작하면서부터 자의 반 타의 반으로 하나의 목표를 정해 둔 아이들의 귀에는 들리지 않을 수밖에 없죠. 굳이 살벌한 입시 전쟁에 뛰어들지 않더라도 기회는 얼마든지 있지만, 아이들은 지방의 대학교가 미달이 되건 말건 편하게 대입을 준비할 수가 없는 것입니다. 결국 당분간은 아이들의 입시 경쟁 상황이 해소될 것 같지는 않습니다. 참 안타까운 현실입니다.

한국도 일본처럼 청년 취업이 쉬워질까?

이번에는 미래의 취업에 대해서 생각해 보겠습니다. 인구 감소 현상을 우리보다 먼저 겪은 일본의 경우 청년들이 일자리를 구하지 못해 난리인 '구직난'이 아니라 기업들이 청년들을 구하지 못해 난리인 '구인난'의 시대를 겪었습니다. 상황이 역전된 것이죠.

한 언론 매체에서 이 상황을 전하며 일본의 한 대학생을 인터뷰했는데 그 내용이 너무나 충격적이었습니다. 대학교에 왜 다니냐는 기자의 질문에 그는 "친구들과 좋은 추억을 쌓기 위해서요."라고 해맑게(?) 대답을 한 겁니다. 실제로 일본에서는 대학교에서 공부를 거의 하지 않더라도, 영어 토익TOEIC 시험 점수가 낮거나 아예 시험을 보지 않더라도 취업이 어렵지 않다는 소식이 2018년 즈음을 중심으로 많이 보도가 되었죠. 심지어 일본은 대기업과 중소기업 간의 임금 격차가 크지 않아 굳이 일만 많고 힘든 대기업을 선호할 이유가 없습니다. 물론 일본에서도 대우나 분위기가 좋은 일자리는 상대적으로 경쟁률이 높기 때문에 모든 영역에서 구인난이 진행되는 것은 아니지만, 현재 한국의 20대가 겪고 있는 구직난에 비하면 상황은 낫다고 볼 수 있습니다.

여기에서 궁금한 점은 '한국도 일본처럼 취업이 쉬워질 수 있는가?'입니다. 일단 머릿수로 따져 보자면 지금보다 상황이 나아질 수는 있습니다. **표2** 는 1980~2047년까지 25~29세 사람들의 예상 인구수입니다. 보시면 2021년의 경우 25~29세 인구수가 368만 명으로 다소 많은 편입니다. 그런데 그 수치가 2031년까지 롤러코스터가 아래로 떨어지듯이 급격하게 떨어져 2030년 대에는 200만 명 중반대로, 2044년부터는 100만 명대로 떨어지게 됩니다. 2030년 즈음에는 매해 취업시장에 새롭게 진입하는 25~29세 인구가 지금보다 100만 명 이상 줄어든다는 것이죠. 그러니까 인구수로만 봤을 때는 취업 상황이 지금보다 확실히 나을 수 있습니다. 하지만 여기에는 조건이 있습니다. 기업들이 현재의 신규 채용수를 유지할 수 있어야 한다는 점입니다. 그러기 위해서는 경제 규모가 유지되거나 성장해 기업이 신규 채용을 줄이지 않아야 합니다. 만약 IMF 위기, 글로벌 금융위기, 코로나19 등 여러가지 변수가 생기거나 경제성장률이 더 떨어지게 된다면 쉽지 않겠죠.

또 다른 변수는 자동화입니다. 국내 수출 품목 중에서 가장 큰 비율을 차지하고 있는 반도체, 자동차 산업만 생각해 보더라도 생산과정에 자동화가

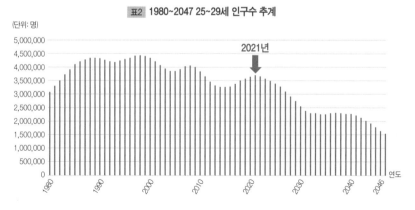

표2 **1980~2047 25~29세 인구수 추계**

(단위: 명)

출처: 통계청, 성 및 연령별 추계

활발히 도입되며 예전만큼 대규모로 사람이 필요하지 않게 되었습니다. 여기에 인공지능, IoT, 로봇 등의 발달로 예전에는 10명이 했던 일을 5명이 할 수 있게 된다면? 더 이상 예전만큼 인력을 채용할 필요가 없어지는 것이죠.

또 다른 문제는 일자리의 미스매치Mismatch겠죠. 대기업이나 성장하는 스타트업에는 청년들이 몰리지만 중소기업이나 힘든 노동직에는 청년들이 가려 하지 않습니다. 특히 대기업과 중소기업의 임금 차이가 크게 나는 한국 사회에서는 이 미스매치 문제를 해결하기가 쉽지 않습니다.

* * *

학생과 청년들의 머릿수가 앞으로 더욱 큰 폭으로 줄어들면서 대입과 취업에 있어 상황이 지금보다 나을 것 같은 희망이 있기는 합니다. 그런데 아이들이 원하는 공부를 보다 쉽게 선택해서 할 수 있고 원하는 직장에 비교적 쉽게 들어간다고 하더라도, 그렇게 번 돈이 어디로 나갈까요? 앞서 초고령 사회에 대해 설명한 대로 우리나라는 세계에서 가장 부양 부담이 높은 나라가 될 가능성이 높습니다. 결국 취업은 쉽게 되더라도 아이들의 월급은 상당 부분 고령자들을 위한 복지비용으로 나가게 되지 않을까 걱정을 하지 않을 수가 없네요.

그렇다면 능력 있는 청년들이 한국에 남을 것인가? 여러분에게 자녀가 있다면 미래에 자녀가 어디에 살기를 원하시나요? 만약 한국이 아닌 외국으로 이민을 가는 게 좋겠다는 생각이 든다면, 그러한 미래가 오지 않도록 우리가 한국 사회를 변화시키기 위해 할 일이 참 많을 것 같습니다.

소산다사의 시대와
죽음 비즈니스

탄생보다 죽음이 많은 사회

앞으로 우리가 한국 사회를 살아가며 겪게 될 거대한 하나의 전환점이 있습니다. 바로 태어나는 사람이 많은 시대에서 죽는 사람이 많은 시대로의 전환입니다. '소산다사少産多死'의 시대가 오는 것이죠. 앞으로 얼마나 많은 사망자가 생길까요?

표1 을 보면 통계청에서 예측한 미래의 사망자수를 알 수 있습니다. 현재 한 해의 사망자는 20만 명 후반에서 30만 명 초반입니다. 그러던 것이 2035년에는 48만 명, 2045년에는 63만 명, 2060년에는 76만 명으로 증가합니다. 사망자의 수가 지금보다 2배 이상 많아지는 것이죠. 이렇게까지 성장(?)이 확실한 영역도 아마 없을 겁니다. 이렇게 표현하면 어떨지 모르겠습니다만, 죽음과 관련된 비즈니스를 하신다면 잠재 고객(?)의 수가 확실하게 2배 이상 늘어난다는 의미이기도 합니다.

이에 따라 사회의 분위기도 많이 바뀔 것 같습니다. 예전에는 주말마다

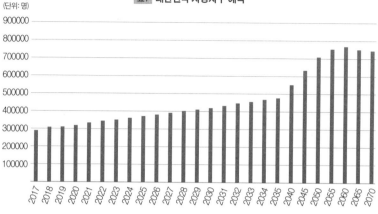

출처: 통계청, 장래인구특별추계

결혼식장에 다니느라 스트레스가 있었습니다. "또 누구 결혼식이야? 내가 거기까지 가야 하나? 축의금은 얼마를 내지? 도대체 이번 달에만 얼마가 나가는 거야?" 그런데 저출산과 혼인기피 현상으로 결혼식은 계속 줄어들고 대신 앞으로는 이런 스트레스가 생길 겁니다. "또 누구 돌아가셨대? 내가 거기까지 가야 하나? 조의금은 얼마를 내지? 도대체 이번 달에만 얼마가 나가는 거야?" 소산다사의 시대를 살아갈 우리들의 일상적인 고민거리가 될 겁니다.

성장 확률 100%, 죽음 비즈니스

앞의 내용들로 미루어 보아 죽음과 관련된 비즈니스는 성장할 수밖에 없습니다. 일본의 경우에는 '종활 산업'이 성장하고 있는데요. 여기서 종활이란 말은 '종말활동'의 줄임말로, 죽음을 연상시키지 않는 친근감 있는 단어를 사용하고자 주간 아사히에서 만든 신조어입니다.

대표적 종활에는 '엔딩노트'가 있습니다. 말 그대로 나의 삶의 마지막을 정리하는 노트입니다. 이 엔딩노트에는 유언, 재산 분배, 고령자가 선호하는 장례 등의 내용을 기록해 두는데요. 만일 고령자가 혼수상태에 빠지거나 사망하면 이 엔딩노트를 남은 가족에게 전달하게 됩니다. 엔딩노트는 실제로 2014년 일본 미야자키현에서 고령자에게 배포가 되어 꽤 큰 호응을 얻었다고 합니다.

그 밖에도 일본에서는 다양한 종활 비즈니스들이 성장하고 있습니다. 묘지 견학, 사전 상담회가 개최되고, 상속이나 유언, 간병 등 관련 업종을 한자리에 모은 이벤트가 열리며, 유언 작성에 관한 법무사나 행정사가 여는 종활 세미나가 생기거나, 공원묘지나 산골장을 하루에 돌아볼 수 있는 버스투어까지 있다는 겁니다.[15] 상담회, 이벤트, 세미나, 버스투어 이런 단어를 보면 굉장히 즐거운 행사 같지만 이 모든 것들이 죽음을 직접 준비하는 행사라니 참 아이러니합니다.

여기에서 매우 중요한 패러다임의 전환이 일어납니다. 바로 '기다리던 죽음'에서 '준비하는 죽음'으로 바뀐다는 것이죠. 과거의 죽음은 본인이 직접 준비하는 경우가 드물었습니다. 나는 가만히 있고 나의 죽음은 주변 가족과 친척들이 맡아서 알아서 해 주었기 때문이죠. 하지만 가족들이 1-2인 가구로 분화되고 친인척 관계가 예전처럼 끈끈하지 않아 이제는 나의 죽음을 내가 스스로 준비해야 하는 시대가 된 것입니다. 그에 따라 국내 장례업체에서도 셀프 장례 상품들을 계속 선보이고 있습니다. 생전에 내 죽

---

15 '죽음과 장례의 의미를 묻는다' 고타니 미도리 저, 한울 출판사

음을 미리 준비해 남은 사람들에게 피해를 주지 않겠다는 겁니다. 장례업체 역시도 기다리던 영업에서 미리 찾아가는 영업으로 그 전략이 바뀌고 있습니다.

또 이러한 시대에 우려되는 한 가지는 바로 '고독사' 문제일 겁니다. 누구도 지켜봐 주지 않은 채 홀로 맞이하게 되는 죽음이죠. 1인 가구가 늘어나고 있는 한국에서도 앞으로 고독사가 늘어나지 않을까 예상됩니다. 일본에서는 고독사의 증가로 인해 뜻하지 않게 호황을 맞고 있는 사업이 있습니다. 바로 '유품정리사'이죠. 고독사 현장을 찾아가 고인이 남긴 유품을 정리하는 일을 하는 겁니다. 만약 가족이나 친척이 고인의 유품을 원하지 않는 경우에는 필리핀 등 다른 나라로 넘어가 경매에 부쳐진다고 합니다.

그런데 이러한 유품정리업을 조금 특별하게 하는 사람이 있습니다. '고지마 미유'라는 일본의 젊은 여성 유품정리사인데요. 그녀는 고독사 현장의 광경을 미니어처로 만들어 그대로 구현을 해 오고 있습니다. 고독사 현장을 생생하게 전달하기 위한 목적으로 시작한 일이라고 합니다. 그리고 그렇게 완성된 그녀의 미니어처 작품들이 화제가 되어 국내외 언론에 소개가 되고 유명해지기 시작했습니다. 또 그 과정에서 있었던 에피소드들을 모아 『시간이 멈춘 방』이라는 책을 출간하기도 했죠. 이 사례처럼 같은 일을 하더라도 자신만의 재능과 관점으로 특별함을 더해 새로운 기회를 만드는 것을 보면 미래의 직업 기회에 많은 영감을 얻을 수 있을 것입니다.

▍장례 문화가 달라진다

소산다사 시대에 또 크게 달라진 점은 바로 장례 문화일 겁니다. 먼저 일반적으로 생각하는 죽음의 과정은 다음과 같을 것입니다. 병원에서 생명이 끊기고 시신이 장례식장으로 옮겨지면 3일장을 치른 후에 화장이나 매장되는 절차를 거칠 것이라고 말이죠. 그런데 사망자가 급격하게 늘어나면 이와 같은 죽음의 방식이 쉽지 않을 수도 있습니다. 일본에서는 사망자가 늘어나면서 장례 치를 곳이 부족한 '임종난민' 현상이 발생하기도 했습니다. 장례식장과 화장터가 꽉 차서 일정대로 장례를 치를 수가 없어 다른 지역으로 원정 장례, 원정 화장을 가는 사례가 생기기도 한다는 것이죠.

장례를 간소화할 필요도 커집니다. 사망자가 계속 늘어나는데 지금과 같은 장례 규모를 유지한다면 비용이 부담될 수밖에 없기 때문이죠. 게다가 100세 장수시대를 생각해 보더라도 장례를 간소화할 필요가 있는데요. 만약 내가 100세를 넘겨 사망한다면 은퇴한 뒤 시간이 꽤 지났기 때문에 나의 장례에 찾아올 지인들의 수가 줄어들게 됩니다. 나와 사이가 가까웠던 친구, 친척들도 대부분 사망한 상태겠죠. 자녀들 역시 이미 은퇴를 했기 때문에 자녀의 지인 조문객도 줄어들 수밖에 없습니다.

결국 결혼식의 허례허식을 줄여 간소화하자는 '작은 결혼식'에 이어 앞으로는 '작은 장례식'이 늘어갈 것으로 예상됩니다. 장례식의 기간 역시 3일장에서 2일장, 1일장으로 줄어들 가능성도 있습니다. 1일장은 보통 '직장'이라고 불리는데요. 영안실에서 바로 화장터로 이동하는 형식을 말합니다. 앞서 죽음 관련 비즈니스가 성장할 것이라고 했지만, 장례식이 간소화되면서 장례식 1건당 수입은 줄어들 가능성이 높아 보입니다.

이러한 장례 간소화의 분위기 속에서 일본에는 '시신 호텔'이라는 신산업이 등장했습니다. 장례식장 대신 시신을 잠깐 맡아주는 시설들이 증가하고 있는데, 호텔을 개조한 시설도 있어 이런 곳을 시신 호텔이라고 부르는 것입니다. 시신 호텔은 간단히 고별식이 가능한 시설부터 시신만 보관하는 시설까지 다양합니다. 세면, 샤워 등 숙박 시설이 완비돼 있어서 유족도 같은 층에서 숙박을 할 수 있는 곳도 있습니다.

이러한 시설의 가장 큰 장점은 역시 비용입니다. 이용 비용이 1박에 5000엔에서 3~4만 엔, 우리 돈으로 5만~40만 원 수준이기 때문에 일반 장례식보다 훨씬 저렴한 비용에 장례를 치를 수 있는 것이죠. 게다가 일본에서는 시신 호텔이 창고업으로 허가를 받으면 되기 때문에 기업의 진입 장벽이 낮다고 합니다.[16] 일본의 한 시신 호텔의 이름은 끝을 의미하는 라스트Last와 호텔Hotel을 합쳐 '라스텔'이라고 하는데 참 이름 잘 지었다는 생각이 들더군요.

또 사람들이 죽음을 맞이하는 가치관이 달라짐에 따라 기존 장례식에도 변화가 찾아올 것입니다. 여러분이 나중에 돌아가실 때 현재의 장례 문화 그대로 여러분의 장례를 진행하고 싶으신가요? 사실 현재의 장례 문화는 유교, 불교, 기독교 등이 섞인 전통도 뭣도 아닌 퓨전 장례 방식입니다. 향은 피우면서 서양 정장을 입고 신부님이 오셔서 기도를 해 주시잖아요? 하지만 이 방식이 전통이라며 굳이 고수하려는 분들이 꽤 계십니다.

게다가 현재의 장례 방식에 일제시대의 잔재가 남아 있다는 걸 알고 계시나요? 일단 고인이 마지막으로 입는 삼베 수의. 이것은 우리의 전통문화가 아닙니다. 원래 조선시대에 고인이 마지막에 입는 옷은 삼베 수의가 아

---

16 '죽음과 장례의 의미를 묻는다' 고타니 미도리 저, 한울 출판사

닌 생전 고인이 가지고 있던 가장 좋은 옷이었습니다. 당연히 본인이 가지고 있던 최고 좋은 옷을 입고 떠나야지, 왜 갑자기 평소에 입지도 않던 삼베 옷을 입게 됐을까요? 그것은 1934년 일제시절 조선총독부가 발표한 의례준칙을 통해 정해진 내용으로, 가장 좋은 옷을 입고 죽는 것은 사치이니 삼베 옷을 입고 장례를 치르라는 일본인의 주장이 반영된 것입니다. 게다가 우리가 서양식 검은 정장 위에 차게 되는 삼베 완장, 국화꽃 역시 일본인이 정한 문화입니다.[17] 결국 우리가 꼭 따라야 하는 전통이 아니란 겁니다.

우리나라의 대표적인 미디어 아티스트인 故 백남준 선생님께서는 자신의 장례식을 남다르게 준비하셨는데요. 가장 먼저 자신의 장례식 초대장을 생전에 미리 디자인해 두었습니다. 초대장에는 백남준 선생님의 사진과 함께 귀여운 TV 모양의 얼굴이 그려져 있습니다. '장례식 초대장이 이렇게 귀여울 수도 있나?'라는 생각이 들 정도이죠. 게다가 장례식 후반부에는 한 가지 이벤트가 진행됐습니다. 바로 참석자들이 모두 자신이 매고 있던 넥타이를 가위로 잘라 백남준 선생님의 시신 위에 꽃 대신에 던져 놓는 이벤트였습니다. 이 이벤트는 스승인 존 케이지John Cage의 넥타이를 자르던 백남준 선생님의 퍼포먼스를 그대로 따라한 것이었습니다. 사람들은 서로 넥타이를 잘라 주며 매우 즐거워했습니다. 웃고 떠드는 장례식이 된 것이죠. '장례식이 왜 꼭 진지해야 하는가, 나는 즐거운 장례식을 원한다'는 백남준 선생님의 뜻대로 그의 장례식은 유쾌하게 진행됐습니다. '장례

---

17 연합뉴스 '삼베 수의, 유족 완장…한국 장례문화에 일제 잔재 많다' 2017.10.20

식이 이렇게 즐거울 수도 있구나' 저는 꽤 충격을 받았던 기억이 있습니다.

또 디지털 기술이 발달함에 따라 우리의 죽음은 전혀 다른 국면을 맞게 될 수도 있습니다. 먼저 최근에 세상을 떠난 연예인들의 SNS 계정에 가 보십시오. 그곳에는 생전 고인의 사진과 영상이 고스란히 저장되어 있습니다. SNS 계정을 보다 보면 그 사람이 마치 살아있는 것처럼 느껴지죠. 그리고 그의 팬들은 아직도 가끔 그의 SNS에 들러 고인에 대한 그리움을 표현하는가 하면 편히 쉬라는 추모의 글을 댓글로 남겨 놓기도 합니다. '디지털 추모'가 진행되고 있는 것이죠.

요즘처럼 누구나 자신의 일상을 사진, 영상, 글로 옮겨 놓을 수 있는 시대에는 남겨진 콘텐츠를 통해 고인의 살아 생전 모습을 언제든 다시 볼 수가 있습니다. 저도 유튜브를 통해 수년간 제가 출연한 영상을 업로드하고 있으니 제가 죽더라도 남은 사람들은 언제든 생생하게 살아 이야기하는 저를 만날 수 있겠죠.

만약 AI가 고인의 남겨진 데이터를 학습한다면 무슨 일이 일어날까요? 아마 그 사람이 살아있는 것처럼 재현이 될 겁니다. 그와 다시 대화를 할 수 있고 그가 다시 나에게 말을 걸어올 겁니다. 세상을 떠난 나의 어머니, 아버지, 배우자, 자녀가 다시 나에게 말을 걸어오는 겁니다. 현재 관련 기술을 가지고 있는 기업들은 실제로 디지털 데이터를 활용해 고인이 마치 살아있는 것처럼 재현해내는 서비스를 활발하게 준비하고 있습니다. 이렇게 되면 그 사람을 죽었다고 표현할 수 있을까요? 여기에 대한 이야기는 4부에서 자세히 다룰 예정입니다.

***

이렇듯 죽음을 맞이할 사람들의 수가 지금의 2배 이상 늘어나게 되는 소산다사의 시대에는 실로 다양한 일들이 펼쳐지게 될 겁니다. 그러니 죽음과 관련된 산업은 미래의 유망 산업이라고 할 수 있겠죠. 그렇다고 제가 여러분에게 '미래 사회에는 죽는 사람이 많으니 죽음 비즈니스를 하십시오!'라고 이야기하면 여러분은 어떤 생각을 하실까요? 아마 '너나 해라!'라고 생각하실 것 같습니다. 그런데 관점을 살짝 바꿔 이렇게 표현하면 어떨까요?

누구나 맞이할 수밖에 없는 죽음을 아름답게 끝맺음해 주는 직업.
앞으로의 소산다사 시대에 굉장히 의미 있는 일이 되지 않을까요?

뉴노멀 인간관계

과거 우리의 인간관계는 그 끈끈함이 청테이프를 닮아 있었던 것 같습니다. 청테이프는 접착력이 강해 붙일 때 딱 달라붙습니다. 그리고 이것을 떼어내려고 할 때 는 굉장히 아픕니다. 심지어 떼더라도 끈끈이가 남죠. 이처럼 과거 우리의 인간관계가 청테이프의 접착력과 같았다면, 현재 인간관계의 끈끈함은 포스트잇 정도에 불과할 것 같습니다.

1인 가구의 증가

여러분은 '가족 사진'하면 어떤 모습이 떠오르시나요? 혹시 할아버지, 할머니 두 분을 중심으로 장성한 자녀 부부 두세 커플이 서 있고 아래에는 손자, 손녀 세네 명이 웃고 있는 모습 아닌가요? 사실 저도 이런 가족 사진이 가장 먼저 떠오릅니다. 어릴 적 동네 사진관마다 붙어 있었던 가장 전형적인 가족 사진이었기 때문이죠. 하지만 지금 그런 가족 사진을 보면 '와~ 많다'하는 생각이 들곤 합니다. 그렇다면 조금 다른 질문을 해 볼게요.

Q 21세기 현재 대한민국의 가장 전형적인 가족 사진은 무엇일까요?

혹시 '나와 우리 강아지 한 마리' 이것이 가장 전형적인 대한민국의 가족 사진 아닐까요? 그리고 그 사진은 예전처럼 크게 현상해서 액자로 걸어 두는 것이 아니라 아마 인스타그램의 피드 중 하나, 아니면 카카오톡 프로필 사진 정도로 활용되고 있을 겁니다. 제 이야기가 너무 극단적으로 느껴지나요? 그렇다면 대한민국의 1인 가구 상황에 대해 들으시면 더 놀라실 수도 있습니다.

▌혼자 살기 시작한 인류

▌우리나라의 1인 가구 비율을 알아보기 전에 우리보다 먼저 1인 가구의 증가 현상을 겪은 유럽의 사례를 살펴보죠. 2017년 기준으로 유럽의 1인 가구 평균 비율은 약 34%입니다. 국가별로 봤을 때는 프랑스 35%, 독일 41%, 스웨덴은 무려 51%입니다. 스웨덴 가구의 절반 이상은 혼자 살고 있다는 것이죠.[1] 이렇게 1인 가구의 비율이 높은 국가들의 한 가지 공통점이 있습니다. 바로 복지가 발달한 나라라는 점입니다. 왜 복지가 발달하면 1인 가구가 증가하는 경향이 있을까요?

사실 인간이 혼자서 산다는 것은 매우 이상한 일입니다. 호모 사피엔스가 대부분의 시간을 보낸 약 20만 년 동안의 수렵·채집 시절에는 혼자서 산다는 것이 거의 죽음을 의미하는 일이었겠죠. 사냥을 할 때도 집을 지을 때도 언제나 사람들이 많이 필요했으니까요. 또 약 1만 년 전 시작된 농업 시대에서도 인간은 혼자서 사는 것이 거의 불가능했습니다. 농사에는 많은 일손이 필요하니까요.

그러던 것이 현대에 들어오며 1인 가구가 급증하기 시작합니다. 그 큰 이유 중 하나는 과거 가족들이 맡았던 여러 역할을 국가와 사회가 대신해

---

1 Eurostat

주고 있기 때문입니다. 과거 가족이란 나의 양육기관이자, 학교, 은행, 병원, 보험, 요양원, 일터 등 모든 것이었습니다. 하지만 현대에 와서는 국가가 복지 차원에서 돌봄, 교육 등 필수적인 역할을 대신해 주고 사회에서는 이사 서비스부터 은행, 보험, 심지어 식사 제공까지 다양한 역할을 아웃소싱해 줍니다. 굳이 가족을 이뤄 여럿이 살 필요가 없어진 것이죠. 결국 복지와 사회 서비스가 발달할수록 가족의 필요성이 줄어들면서 1인 가구가 증가할 수밖에 없습니다. 복지와 사회 서비스가 발달하면 더욱 마음 편하게 연애와 결혼을 하고 아이도 많이 나을 것 같았는데, 이 인간이란 종들은 예상 밖의 선택을 하고 있는 겁니다.

급증하는 한국의 1인 가구

그렇다면 대한민국의 1인 가구 비율은 어떨까요? 퀴즈를 내겠습니다.

Quiz. 2017년 기준으로 한국에서 제일 흔한 가구 구조는 무엇일까요?

① 1인 가구 ② 2인 가구 ③ 3인 가구 ④ 4인 가구

저는 각종 관공서, 기업, 학교 등에서 이 질문을 자주 던지곤 합니다. 대부분의 사람들은 이 질문에 '3인 가구'라는 답을 많이 합니다. 아마 부부와 자녀 한 명을 생각해 3인 가구가 한국에서 제일 흔한 가구 구조라고 생각하는 거겠죠. 그런데 2017년 기준으로 한국에서 가장 흔한 가구는 1인 가구였습니다(4인 가구 17.7%, 3인 가구 21.2%, 2인 가구 26.7%, 1인 가구 28.6%). 그렇다면 2018년에는 어땠을까요? 역시나 1인 가구가 가장 많은 비중을 차

지했습니다. 그리고 2020년 기준으로 한국의 1인 가구 비율은 31.7%로 30%를 넘어섰습니다.[2]

자, 어떻습니까? 대한민국은 이미 수년 전부터 1인 가구가 가장 흔한 나라였습니다. 하지만 대부분의 사람들은 이 사실을 모르고 있죠. 물론 이것은 가구별로 따졌을 때의 결과입니다. '이 집은 몇 명 사나, 저 집은 몇 명 사나' 조사하고 다녔을 때의 결과라는 것이죠. 머릿수로 따지자면 결과는 달라집니다. 예를 들어 2017년 기준으로 4인 가구는 17.7%였습니다. 17.7에 4를 곱하면 70.8명입니다. 반면 1인 가구 비율인 28.6에 1을 곱하면 28.6명이니까, 4인 가구에 속한 한국 국민들이 훨씬 많은 것이죠. 그래도 '한국에서 제일 흔한 가구 구조는?'이라는 질문의 답은 1인 가구라는 사실에는 변함이 없습니다. 앞으로는 어떻게 될까요? 한국에서 1인 가구 비율의 증가는 고령화와 마찬가지로 거의 정해진 미래라고 볼 수 있습니다.

▌1인 가구가 증가하는 이유

그렇다면 1인 가구는 왜 혼자 살고 있을까요? KB 금융지주 경영연구소에서 발간한 2020 한국 1인 가구 보고서의 결과를 보면 혼자 사는 이유 1위는 '혼자 사는 게 편해서(36.6%)' 2위는 '학교, 직장 때문에(23.1%)' 3위는 '나이가 들어 자연스럽게(17.7%)'였습니다.

흥미로운 점은 혼자 사는 게 편해서라고 대답한 사람들의 연령입니다. 이 답변을 가장 많이 선택한 사람들의 연령대는 어떻게 될까요? 정답은 40

---

2 통계청, 2020 인구주택총조사

대였습니다. 그 다음 순서는 30대, 20대였고 제일 낮은 응답 비율을 보인 연령대는 50대였습니다(20대 28%, 30대 39.4%, 40대 46%, 50대 26.5%). 40대가 되면 혼자 사는 것에 익숙해지기 때문일까요? 아니면 연애와 결혼에 많이 데였기 때문일까요? 50대가 되면 해당 답변을 선택하는 비율이 현저히 낮아지는데, 그 이유는 혼자 늙어 세상을 떠나는 것에 대한 불안감이 생기는 시기이기 때문이 아닌가 추측해 봅니다.

또 같은 보고서에는 결혼 의향이 없는 연소득별 구간에 대한 조사도 있는데요. 보통은 연소득이 낮으면 결혼 의향이 낮을 것이라고 생각합니다. 하지만 보고서의 결과는 사뭇 다릅니다. '결혼 생각 없음'에 가장 많이 응답한 사람의 소득 구간은 연 4천8백~6천만 원(30.5%)이었고, 그 다음으로 많은 응답이 나온 소득 구간은 1천2백~2천4백만 원(25.5%)으로 소득이 가장 낮은 집단이었습니다. 참고로 소득이 가장 높은 6천만 원 이상의 그룹 역시 결혼 생각이 없다는 응답율이 25.1%에 달해 상당히 높은 수치를 기록했습니다. 연소득과 결혼 의향에는 그렇게 큰 연관성이 보이지 않았던 것입니다. 앞서 말씀드린 대로 국가와 사회가 가족의 역할을 대신해 주는 시대에는 내가 돈이 있다면 굳이 결혼을 해서 배우자와 자녀를 돌볼 수고를 할 필요가 없다고 생각하기 때문에 이런 결과가 나오지 않았을까 추측해 봅니다.

▌해체되는 대한민국의 다인원 가구들

▌한국에서 제일 흔한 가구 구조가 1인 가구라는 사실을 모르시는 분들은 여전히 많은데요. 그도 그럴 것이 한국의 가구 구조가 굉장히 급격하게 바

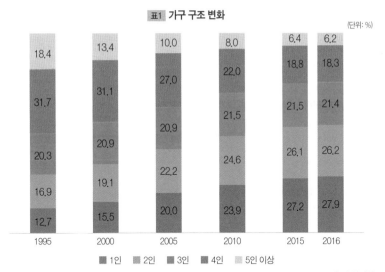

표1 가구 구조 변화

(단위: %)

	1995	2000	2005	2010	2015	2016
5인 이상	18.4	13.4	10.0	8.0	6.4	6.2
4인	31.7	31.1	27.0	22.0	18.8	18.3
3인	20.3	20.9	20.9	21.5	21.5	21.4
2인	16.9	19.1	22.2	24.6	26.1	26.2
1인	12.7	15.5	20.0	23.9	27.2	27.9

■ 1인 ■ 2인 ■ 3인 ■ 4인 ■ 5인 이상

출처: 통계청

꿰었기 때문일 것입니다. 표1 을 보시면 한국의 가구 구조 변화 추이를 확인할 수가 있는데요. 1995년에는 4인 가구의 비율이 무려 31.7%로 현재의 1인 가구 비율과 비슷했습니다. 2005년까지만 하더라도 4인 가구 비율은 27%로 한국에서 가장 흔한 가구 구조였습니다. 그러던 것이 급격히 쪼그라들어 2020년에는 15.6%밖에 되지 않는 것이죠. 초고령 사회로의 진입 속도만큼이나 1인 가구 사회로의 진입도 굉장히 빠르게 진행된 것입니다.

대한민국에서 제일 흔한 가구였던 3, 4인 가구가 급속도로 축소됨에 따라 기존 가족 구조와 관련된 산업은 위기를 맞이할 수밖에 없습니다. 먼저, 결혼식장은 앞으로 어떻게 될까요? 결혼할 젊은 인구수가 확 줄어들었을 뿐만 아니라 결혼을 꼭 해야 한다는 생각 자체가 줄어 결혼식장은 앞으로 계속 줄어들 겁니다. 패밀리 레스토랑은 어떻죠? 패밀리가 있어야 패밀리 레스토랑에 갈 텐데 패밀리가 없습니다. 또 대형 마트의 경우 1인 가구의 증가에 따라 많은 양의 식료품과 생활용품을 구매해 차에 실어 나를 필요가 줄어들고 있습니다. 1인 가구들은 편의점과 온라인 쇼핑몰을 이용하는 것이 더 편하죠. 그에 따라 대형 마트 역시 온라인 배송, 소량 포장, 밀키트 다양화 등 살아남기 위한 변화를 꾀하고 있습니다.

자, 이렇듯 우리가 알던 가장 전형적인 가족의 모습은 과거로 사라지고 1인 가구가 가장 전형적인 가족의 모습으로 자리잡고 있습니다. 그렇다면 이러한 1인 가구의 시대에는 또 어떤 기회들이 기다리고 있을까요?

▎1인 가구 사회의 기회들

먼저 간편식을 생각해 볼 수 있겠습니다. 혼자 사는데 재료를 사서 요리를 하면 오히려 손해가 되기도 합니다. 마트에서 요리 재료를 저렴하게 구매해 봐야 다 먹지 못해 버리게 되니까 차라리 좀 더 비싸더라도 배달음식이나 가정용간편식HMR, 밀키트 등을 이용하는 것이 더 편하니까요. 그에 따라 국내 간편식 시장은 2016년 2조 2700억 원에서 2018년 3조 5000억 원 규모로 성장했으며 2022년에는 5조 원 규모로 성장하지 않을까 예상되고 있습니다.[3]

취미 시장과 자기개발 시장도 1인 가구의 증가와 함께 성장이 기대되는 분야입니다. 퇴근 후 필라테스나 헬스장에 다니며 퍼스널 트레이닝을 받거나, 취미로 악기나 춤을 배우기도 하고, 승진이나 이직을 위해 코딩학원이나 요리학원에 다니기도 합니다. 또 소형 가전과 소형 가구들의 인기도

---

3 한국농수산식품유통공사(aT)

계속 높아질 텐데요. 1인 가구의 경우에는 작고 예쁘고 비싼 물품에 비용을 지불할 가능성도 높아집니다. 결혼을 했다면 가족을 위해 지출했을 돈을 본인을 위해 쓰는 것입니다. 그래서 이렇게 자기 자신을 위해 지출을 아끼지 않는 사람들을 '포미For me족'이라고 부르기도 합니다.

그렇다면 이러한 1인 가구 시대에 가장 '사랑받을 직업'은 무엇일까요? 보통 이렇게 질문을 드리면 많은 분들이 '배달 기사님? 심리치료사?'라고 답변합니다. 물론 그 직업들도 1인 가구에게 필요한 직업들이겠지만 '사랑'을 받을지는 모르겠습니다.

아마 가장 확실하게 사랑받을 직업군이라면 역시 '엔터테인먼트'라고 생각됩니다. 혼자 사는 사람들이 집에서 뭘 하고 있겠습니까? TV, 스마트폰을 보거나 게임을 즐기고 있겠죠. 그에 따라 기존의 연예인, 또 새롭게 성장하고 있는 1인 방송·유튜브의 크리에이터, 인기 스포츠 선수, 프로게이머, 웹툰 작가 등이 큰 사랑을 받을 것입니다. 세계적 ICT 기업의 CEO와 함께 앞으로 미래 사회에 가장 큰 돈을 벌 사람들이겠죠.

그렇다고 모두가 연예인이나 스포츠 선수가 될 필요는 없습니다. 여기서 핵심은 바로 '혼자 사는 1인 가구들의 외로움을 어떻게 해소해 줄 것인가?'이기 때문이죠. 특별한 공연, 특별한 여행, 특별한 즐거움을 제공하는 사람들에게는 미래에 다양한 기회가 있을 겁니다. 결국 1인 가구 사람들의 외로움과 불편함을 해소해 주어야 할 미래의 필요성을 생각해봤을 때, 앞으로 할 일들은 굉장히 많겠죠. 어떻습니까? 인공지능과 자동화 기술이 인간의 일자리를 다 가져간다고요? 이렇게 1인 가구 트렌드만 생각해 보더라도 기회가 넘쳐나지 않나요?

무엇이 친구를
대신하고 있나?

1인 가구의 시대는 단순히 가족의 해체를 의미하는 것만은 아닙니다. 1인 가구의 증가와 함께 우리가 주목해야 하는 거대한 미래사회 변화는 바로 우리의 관계 자체가 변화하고 있다는 점입니다. 국가와 사회가 가족의 역할뿐만 아니라 우리의 주변 인간관계 역시 대신해주고 있기 때문이죠. 그렇다면 무엇이 우리 주변의 인간을 대체하고 있을까요?

달라지는 친구 관계

먼저 친구 관계가 어떻게 달라지는지 살펴보겠습니다. 몇 년 전, 4차 산업혁명 관련 대규모 박람회가 열린 적이 있습니다. 저는 그 행사에 강연자로 초청을 받았는데, 청중은 인천 지역의 중학생들이라고 했습니다. 행사장에 가면서 '학생들이 퍽이나 강연을 듣겠다. 다들 나와서 친구들끼리 모여 놀겠지' 라는 생각을 했습니다. 저의 학창시절을 생각하면서 제 예상이 틀리지 않을 거라 믿었죠.

그런데 행사장에 도착해서 제가 목격한 모습은 제 예상과 사뭇 달랐습니다. 당연히(?) 학생들은 강연을 듣지 않았습니다. 행사장 밖으로 나와 친구들과 모여 있었죠. 여기까지는 제 예상이 맞았습니다. 그런데 학생들이 친구들과 모여 있고 무릎 베개를 하며 서로 뭉쳐 있기는 한데 여기에서 낯선 풍경이 펼쳐집니다. 친구들이 함께 이야기를 나누는 것이 아니라 각자의 손에 들린 스마트폰을 보고 있는 겁니다. 친구는 곁에 있지만 소통은 스마트폰과 하고 있던 것이죠.

요즘 아이들만 그런 걸까요? 여러분에게도 질문해 보겠습니다. "여러분은 친구와 있을 때 즐겁나요, 아니면 혼자 있을 때 즐겁나요?" 이 질문을 약 20년 전에 했다면 거의 대부분의 분들이 당연히 친구와 있을 때 즐겁다고 대답을 하셨을 것 같습니다. 혼자일 때 즐겁다고 하는 사람은 사회성에 문제가 있다며 이상하게 여겨질 가능성이 높았죠. 그런데 요즘은 오히려 사람들과 함께 있을 때 괴롭다는 사람들이 늘고 있습니다. 인간 관계에 대한 생각이 달라지면서 관련된 신조어가 생겨나기도 했는데요. '관태기'라는 신조어를 아시나요? 이 말은 '관계에서 오는 권태로움'을 뜻합니다. 또 '인맥 다이어트'라는 말도 있죠. 아마 인맥 다이어트를 하고 계신 분들은 많을 겁니다. 별로 필요하지 않은, 별로 중요하지 않은 사람들을 주기적으로 메신저 목록에서 삭제하는 것이죠.

또 인터넷에 돌아다니는 유머를 보면 그 사회의 분위기를 알 수 있습니다. 그 유머가 통한다는 것은 다수의 사람들로부터 공감을 얻고 있다는 의미이니까요. 제가 본 유머는 이런 겁니다.

사회성의 필요성을 느낄 때가 언제인가?

주말에 혼자 집에 누워 있을 때 (X)

중국집에서 마라탕도, 계란볶음밥도, 꿔바로우도 먹고 싶을 때 (O)

친구를 대체하고 있는 범인은 무엇?

공감이 되시나요? 자, 이렇게 우리의 친구 관계를 소원하게 만드는 범인은 도대체 누구일까요? 우리의 식사 풍경을 보면 그 범인이 누구인지 알 수 있습니다. 불과 20년 전만 하더라도 사람들은 혼자 밥 먹는 것을 창피하게 느꼈습니다. 다른 사람들이 혼자 밥을 먹고 있는 나를 보면 '친구가 없나 봐', '불쌍해'라며 사회성에 문제 있는 사람으로 여길 것만 같았으니까요. 그만큼 과거의 '혼밥'은 굉장한 용기가 필요한 일이었습니다. 혼자 밥 먹는 게 두려워 밥을 굶거나 심지어 화장실 변기 칸에 들어가 식사를 해결한다는 괴담도 있을 정도였죠.

그런데 지금은 혼자서 밥 먹는 사람들이 굉장히 많아졌습니다. 1인 손님을 위한 식탁을 따로 마련해 둔 식당도 많아졌죠. 그런데 혼자 밥을 먹을 때도 사람들은 늘 무언가와 함께하고 있습니다. 바로 스마트폰 속 콘텐츠들이죠. 내 앞에 앉아 함께 밥을 먹던 친구 대신 스마트폰 속 영상, 글, 음악과 함께 밥을 먹고 있는 겁니다. 이렇듯 우리의 친구를 대신하는 범인은 바로 '디지털 콘텐츠'입니다. 과거 친구란 존재는 나를 웃게 하고, 심심함을 달래 주고, 정보를 주고, 힘든 일을 도와주던 너무나 중요한 존재였습니다. 하지만 지금은 유튜브, 넷플릭스, 게임, 1인 방송 등이 그 자리를 대신하고 있습니다. 혹시 여러분의 주말 일상이 이렇지는 않습니까?

아침에 일어나면 가장 먼저 스마트폰을 본다. 배가 고프면 밥을 먹고 다시 누워 스마트폰을 본다. 그러다 보면 어느새 해가 지고 잘 시간이 된다. 눈이 감기면 그제야 스마트폰을 옆에 놓고 잠이 든다.

아마 결혼을 하지 않았거나 연애를 하고 있지 않다면 이런 주말을 보내는 사람들이 꽤 많을 겁니다. 친구 없이도 잘 노는 거죠. 여러분은 얼마나 많은 인스타그램 계정을 팔로우하고, 얼마나 많은 유튜브 채널을 구독하고 있습니까? 또 실제 친구와 오프라인에서 어울리는 시간과 개인 채널을 시청하는 시간의 비율은 어떻게 변하고 있습니까? 아마 꽤 많이 변하고 있을 겁니다. 그렇다면 이번엔 조금 어려운 질문을 해 보겠습니다.

친구 없이 1년 살기 Vs 스마트폰 없이 1년 살기

둘 중에 반드시 하나를 선택해야 한다면 여러분은 무엇을 선택하시겠습니까? 은근히 어려운 질문이죠? 만약 대답을 망설이고 있다면 여러분은 이미 인간관계의 변화를 몸소 체험하고 계신 겁니다. 물론 사람의 성향에 따라 스마트폰보다 친구를 선택하는 사람들도 많지만, 과거와는 달리 친구를 버리고 스마트폰을 선택하겠다는 사람이 늘어났을 것이라는 사실에는 모두 공감을 하실 겁니다.

취향을 저격하는 디지털 콘텐츠 친구
그렇다면 왜 친구 대신 스마트폰, TV, 컴퓨터 속의 디지털 콘텐츠를 선택하는 사람이 늘어나는 걸까요? 바로 디지털 콘텐츠는 '취향 저격'이 가능하기 때문입니다. 아마 요즘 많이 느끼실 겁니다. 내가 관심 없는 이야기를 너무 길게 늘어놓는 친구 때문에 집에 가고 싶다는 생각을 해 본 적이 있지 않나요? 만약 이야기 도중 친구가 화장실에 가면 바로 스마트폰을 꺼내 들죠. 그리고 나의 취향을 저격하는 콘텐츠들을 찾게 됩니다.

아예 대놓고 친구 대신 스마트폰을 선택하는 경우도 있습니다. 친구나 애인이 앞에 있는데 계속 스마트폰만 보는 것입니다. 저도 이런 경험이 있습니다. 친구와 간 해외여행에서 어렵게 현지 맛집을 찾아 갔는데 친구가 계속 스마트폰만 보고 있었던 거죠. 친구는 운동화 사이트를 보고 있었습니다. 그 친구가 운동화 마니아였거든요. 앞에 있는 사람 친구와 대화하는 것보다 스마트폰 속 운동화 사진을 보는 게 더 재미있었던 겁니다. 그것도 해외여행지에서 말이죠.

'그 사람에 대해 알고 싶다면 그 사람의 친구를 보라'는 말이 있죠? 사실 친구와의 관계가 이렇게 달라지다 보니 이 말은 더 이상 유효할 것 같지 않습니다. 오히려 이렇게 바뀌어야 맞겠죠. '그 사람에 대해 알고 싶다면 그 사람의 인스타그램 팔로우 목록, 유튜브 구독 목록을 보라.' 아마 이것이 친구를 살펴보는 것보다 그 사람에 대해 훨씬 많은 것을 보다 정확하게 알려줄 겁니다.

과연 앞으로의 친구 관계는 어떻게 될까요? 미래의 사람들은 '취향 저격의 디지털 콘텐츠'와 '실제 친구' 중 어느 쪽을 선택하게 될까요? 그렇다고 이러한 변화를 너무 서글프게 보지는 않아도 될 듯합니다. 우리의 인간관계가 끊어져 사람이 완전히 소외되는 것이 아니라 우리의 인간관계가 다른 모습으로 변화해 가는 과정일 수 있으니까요.

초연결 관계

초연결 관계란?

앞 장에서는 디지털 콘텐츠가 우리의 친구를 대신하고 있는 현상에 대해서 설명 드렸는데요. 그 디지털 콘텐츠는 연예인, 스포츠 선수, 정치인, 개인 방송 인플루언서 그리고 보통의 개개인 등 다양한 사람들의 이야기를 품고 있습니다. 그리고 우리는 틈틈이 그들의 이야기를 들으면서 함께 웃고 울며 소통하게 됩니다. 디지털 콘텐츠가 일종의 소통 창구의 역할을 하는 것이죠. 이러한 시간이 길어지다 보면 우리는 우리도 모르는 사이에 그들에 대한 내적 친분이 생기기도 합니다. 심지어 실제 친구보다 그들에게 더 친근감을 느낄 정도로 말이죠.

저는 이러한 관계를 '초연결 관계'라고 부릅니다. 사물인터넷, 데이터, 5G 통신 등으로 세상의 모든 것들이 연결되는 세상을 초연결 세상이라고 부르는데요. 사실 우리의 관계 역시도 이런 식으로 초연결되고 있다는 사실을 느끼고 계신가요? 어쩌면 이러한 초연결 인간관계가 스마트 공장, 자율주행자동차 등과 같이 사물들이 연결되는 초연결 세상의 개념보다 더 중요한 이야기일지도 모릅니다.

제가 말하는 '초연결 관계'를 한 문장으로 정리하자면 이렇습니다.

초연결 관계 한 개인이 오프라인의 인간관계 수를 초월해 온라인 디지털 세계에서 피상적 다수 관계를 형성하며 영향력을 주고받는 것

우리의 인간관계가 주변 사람들과의 직접적인 관계에서 인터넷, 스마트폰 등 온라인으로 만나는 수많은 사람들과의 간접적인 관계로 바뀌어 가고 있는 것입니다. 이처럼 피상적 다수 관계를 형성하게 되면 우리의 가치관과 생활양식에 영향을 주는 사람 또한 달라지게 됩니다. 내 주변 사람이 아닌, 다수의 콘텐츠 속 사람들이 나에게 영향을 주게 되는 것이죠. 이 초연결 관계의 특징은 크게 3가지로 나누어 볼 수 있습니다.

초연결 관계의 특징

첫 번째 특징은 영향력을 주고받는 사람들의 수가 급진적으로 증가한다는 겁니다. 인류의 역사에서 한 인간에게 영향력을 주는 사람들의 수를 생각해 보죠. 수렵·채집과 농업 시대에는 가족 혹은 부족 단위로 관계를 형성했습니다. 그 당시 나의 가치관과 행동에 영향력을 주던 사람은 기껏해야 가족, 친척, 부족원들 그리고 족장님 정도였을 겁니다. 결국 소수가 소수에게 영향을 미치던 사회였던 것이죠.

그리고 현대에 들어와 TV, 라디오 등의 미디어가 발달하게 됩니다. 이

시기에는 소수의 정치인, 연예인, 종교인 등이 미디어 매체를 통해 자신의 메시지를 다수의 사람들에게 전달하게 됩니다. 대중매체의 시대가 열린 것이죠. 그에 따라 소수가 다수의 대중들에게 영향을 미치게 됩니다.

인터넷과 스마트폰의 발달은 상황을 다시 한 번 변화시킵니다. 이제는 누구나 PC와 스마트폰 등을 통해 전 세계에 있는 다수의 사람들에게 메시지를 전달할 수 있게 된 것이죠. 다수가 다수에게 영향을 미칠 수 있게 된 겁니다. 이는 과거 영향을 주고받던 사람의 수를 훨씬 뛰어넘는 것이죠.

두 번째 특징은 이러한 다수와 다수의 관계가 간접적이며 피상적이라는 겁니다. 실제로 한 번도 만난 적 없는 사람들이 관계를 형성하기 때문에 그 관계는 깊은 유대감을 형성하기보다는 언제든 깨지기 쉬운 피상적 관계일 수밖에 없습니다. 그리고 그 관계를 형성하기 위해 우리는 물리적으로 이동을 할 필요도, 상대방에게 잘 보이기 위해 예의를 갖출 필요도 없습니다.

스마트폰이 생기고 초창기에 확산되었던 페이스북, 카카오톡, 네이버 밴드에서의 사교는 초연결 관계라고 부르기 어려운 측면이 있습니다. 보통 팔로우를 하고 친구를 추가할 때 대상은 우리가 실제로 알고 있는 직접적 친구, 실제 지인들이었기 때문입니다. 반면 유튜브, 인스타그램, 틱톡과 같은 경우 이미 알고 있는 실제 지인들의 채널과 계정을 팔로우하기보다는 나의 취향을 저격하는 사람들을 팔로우하기 때문에 보다 간접적이고 피상적인 관계라고 할 수 있어 제가 이야기하는 초연결 관계에 가깝다고 볼 수 있습니다.

또 흥미로운 점은 우리가 구독자와 팔로워의 입장에서 남의 이야기를 듣기만 하고 콘텐츠를 소비만 하는 것이 아니라, 내가 무언가를 이야기하고 싶을 때도 채널과 계정을 만들어 불특정 다수에게 이야기를 전달할 수 있다는 겁니다. 과거처럼 주변에 존재하는 직접적 관계의 지인들에게만 이야기를 전달하는 시대가 아닌 것이죠. 이렇게 우리는 다수와 다수가 서로 간접적으로 연결되어 이야기와 영향력을 주고받고 있습니다.

세 번째 특징은 이렇게 형성된 초연결 관계가 실제 오프라인 친구보다 더 큰 영향력을 갖기도 한다는 겁니다. 예를 들어 요즘 요리 정보를 어디서 얻으시나요? 예전이라면 엄마에게 전화해 요리 비법을 전수받았겠죠. 그런데 지금 나의 요리 비법은 엄마의 비법이 아니라 요리 유튜버의 비법일 겁니다. 투자 정보는 어디서 얻으시죠? 예전에는 친구가 추천하는 대박 종목에 투자를 하곤 했지만 지금은 유튜브의 수많은 투자 채널을 통해 정보를 얻습니다. 정치 이야기는 누구에게 들으시나요? 나의 정치 성향을 더욱 공고하게 해주는 것은 이제 가족이 아니라 SNS 속에서 정치 이야기를 하는 인플루언서들일 겁니다.

이뿐만 아니라 아이들의 진로 선택에 영향을 주는 사람도 바뀌고 있는 것 같습니다. 과거에는 주변에서 쉽게 접할 수 있는 사람을 보며 장래 희망을 정하는 일이 많았죠. 부모님이 운동선수라면 나도 운동선수가 되고 싶고, 부모님이 음악가라면 나도 음악가가 되고 싶은 겁니다. 또 항상 학교에서 선생님을 보고 있으니 교사를 장래 희망으로 꼽는 학생들이 많았습니다.

물론 지금도 이러한 상황은 이어지고 있습니다만 그렇지 않은 경우도 많은 듯합니다. 얼마 전 친척 모임에서 초등학생 조카로부터 흥미로운 이야기를 들었습니다. 조카의 꿈이 '군사 무기 연구가'라는 겁니다. 아니, 주변에 직업 군인이 있는 것도 아닌데 왜 이런 꿈을 갖게 되었을까요? 알고 보니 즐겨보는 유튜브 채널이 군사 무기에 관한 내용을 다룬다는 겁니다. 유튜브에는 실제로 아주 다양한 내용을 주제로 다룬 채널들이 많습니다. 때문에 '아, 이제는 유튜브 채널을 보면서 장래 희망을 정할 수도 있구나!'라고 느낀 흥미로운 경험이었습니다.

관계의 외적 확장과 내파(內破)현상

여러분은 어떻습니까? 요즘 나에게 정보를 주고 가치관의 변화를 일으키는 사람들이 주로 실제 지인들인가요, 아니면 SNS 상에서만 만나는 사람들인가요? 그 비율이 꽤 후자 쪽으로 옮겨가고 있지 않나요? 어찌 보면 참 좋은 세상인 거죠. 일반인부터 최고의 전문가에 이르기까지 수많은 사람들로부터 나의 취향을 저격하는 이야기를 거의 무료로, 이동 없이 나의 방에서 접할 수 있으니까요.

제 경우 최근 가장 관심있는 분야가 현대 미술과 현대 철학입니다. 그러나 제 주변 친구들 중에는 이 분야에 관심있는 사람이 없습니다. 그러니 현대 미술이나 현대 철학에 관련된 이야기를 심도 깊게 들려줄 친구를 찾기 힘들 수밖에 없습니다. 그런데 유튜브에 접속하면 어디서도 들을 수 없었던 이런 전문적인 이야기를 들려줄 사람들을 쉽게 만날 수 있는 거죠. 실제 친구를 만나는 것보다 유튜브 채널을 운영하는 사람의 이야기를 듣는 것이 즐거울 때가 많아지더군요.

그리고 이렇게 유튜브 속 사람들의 이야기를 더 많이 듣게 되면 가족, 친구들과의 성향과 가치관 차이는 점점 더 커지게 됩니다. 영향력을 주는 사람들은 외적으로 확대가 되는 반면, 우리에게 익숙했던 내집단內集團의 영향력은 축소되어 관계가 파열되는 관계의 내파內破현상이 생기는 것이죠. 여러분은 이런 경험 없으신가요?

사실 이러한 현상은 미디어의 변화에 따라 예견된 일이라고 할 수 있습니다. 미디어 이론가인 마셜 맥클루언Herbert Marshall McLuhan은 '미디어는 메시지다'라는 말을 남겼는데요. 이 말은 미디어 속 콘텐츠의 질이 사람들에게 영향을 미치기도 하지만, 아예 미디어의 형태와 존재 자체가 사람들의 행동과 생각을 바꾸게 된다는 의미입니다.

생각해 보죠. 과거 TV가 처음 판매됐을 때만 하더라도 TV는 매우 귀한 존재라 한 집에 한 대밖에 없었습니다. 그러면 가족들은 거실에 모여 모두 하나의 TV를 바라보며 같은 이야기를 듣고 같은 가치관을 형성할 수 있었습니다. 반면, 지금은 가족이 모두 거실에 모일 일도 거의 없지만 설령 모인다고 하더라도 엄마는 TV를, 아빠와 아이들은 각자의 스마트폰을 보고 있을 것입니다. 분명히 물리적으로 한 공간에 모여 있지만 각자가 다른 곳을 보고 다른 이야기를 들으며 자신만의 가치관과 취향을 형성하고 있는 겁니다. 현대판 동상이몽이라고 할까요?

주변인들과의 생각과 취향 차이가 커지는 경우, 심하게는 주변 사람들과의 만남을 꺼리게 될 겁니다. 친구들을 만나면 이런 생각이 들기 시작하는 거죠. '재미없어. 못생겼어. 말 안 통해. 수준 안 맞아.' 반면 스마트폰을 꺼내 터치 몇 번이면 즉시 재미있고, 매력적이고, 공감되는 이야기를 하고, 배울 점이 있는 사람을 얼마든지 만나 볼 수 있습니다. 직접적 친구보다 초연결 관계의 간접적 사람과 시간을 보내는 것을 더 선호하게 되는 겁니다.

▌초연결 관계를 진정한 관계라 볼 수 있을까?

▌아마 사람에 따라서는 그런 관계가 어떻게 진정한 관계냐며 제 이야기에 공감하지 않으실 수도 있습니다. 아무리 내가 좋아하는 SNS 속 사람과 시간을 많이 보낸다고 한들, 내가 급할 때 돈을 빌려준다거나 내가 아플 때 곁에서 간호를 해 주거나 하지는 않을 테니까요. 하지만 내가 심심할 때 누구보다 나를 즐겁게 해 주고, 주변 지인 누구보다도 나에게 필요한 정보를 제공해 줄 수 있다는 측면에서는 이러한 관계가 실제 관계보다 나을 수도 있습니다. 아무리 주변에 실제 친구가 많더라도 내가 원하는 정보를 주지 못한다면, 정보 제공 측면에서는 그 인맥들이 소용이 없는 거니까요. 결국 어느 관계가 더 낫다기보다는 상황이나 필요에 따라 그때그때 내게 도움이 되는 관계가 달라지는 것입니다. 그래서 초연결 관계는 '틀린' 관계가 아니라 '다른' 관계라고 말할 수 있습니다.

물론 이렇게 사람들이 초연결 관계를 맺게 되며 부작용이 일어나기도 합니다. 간접적으로만 아는 사이이다 보니 댓글을 통해 아무렇지 않게 비난과 욕설을 퍼부을 수도 있다는 것이죠. 조금만 마음에 안 들면 망설이지 않고 비난을 쏟아 내는 겁니다. 요즘 인터넷 뉴스, SNS 상의 댓글을 보면 무서울 때가 많습니다. 세상이 연결됨에 따라 용서와 이해는 증가되지 않고 비난만 증폭되고 있는 것 같거든요. 비난의 대상이 된 사람을 이해하려는 노력은 없고 상황을 제대로 알아보지도 않은 채 비난부터 하는 사람들이 대부분입니다. 이처럼 초연결 관계의 이면에는 '비난 증폭 사회'라는 어두운 모습이 숨어 있습니다.

예를 들어 '저스틴 사코Justine Sacco'라는 미국의 평범한 여성분이 있습니다. 어느 날 그녀가 아프리카로 출장을 가게 됐는데요. 그녀는 비행기 출발 전 트위터에 이런 글을 남겼습니다.

"아프리카로 떠납니다. 에이즈에 안 걸리기를 바라요. 물론 이건 농담이에요. 전 백인이거든요!"

자신은 백인이라 에이즈에 걸리지 않는다는 흑인 비하 발언을 한 겁니다. 그리고 그녀가 아프리카에 도착했을 때는 이미 난리가 났습니다. 그녀의 트윗이 여기저기에 공유되기 시작해 걷잡을 수 없을 정도로 많은 비난의 댓글이 달려 있었던 거죠. 그녀는 유명인도 아니고 평범한 회사원인데도 말입니다. 그녀는 결국 회사에서 해고를 당하는 지경에 이르게 됩니다.

사실 내가 실제로 아는 사람이었다면 이렇게까지 비난하지 않았을 겁니다. "그런 소리했다간 큰일나!" 정도로 주의를 주거나 그냥 웃어넘기는 정도였을 겁니다. 하지만 나와 직접적 관련이 없는 SNS 상의 누군가라면 상황이 달라집니다. 이해할 필요성이 사라져버리는 거죠. 만약 미래 사회에서도 용서와 이해가 아닌 비난만이 증폭된다면 우리는 꽤나 삭막한 세상을 살아가게 될지도 모르겠습니다.

초연결 관계 활용법

그렇다면 이러한 초연결 관계에서 내가 이점을 얻으려면 무엇을 해야할까요? 앞서 말씀드린 대로 초연결 관계는 다수와 다수가 간접적이지만무제한으로 연결되며 영향력을 주고받는 관계입니다. 즉, 개개인에게는그만큼 관심과 영향력이 중요해진다는 의미이며, 앞으로도 미래 사회에서관심과 영향력은 결국 개인의 자본으로써 역할을 이어갈 겁니다.

그렇다고 해서 모든 사람이 관심을 끌기 위해 바보짓을 하거나 누군가의 뒷담화를 하고 위험천만한 행위를 할 필요는 없습니다. 어차피 그런 사람에 대한 관심은 오래가지 못하니까요. 제일 좋은 방법은 여러분만의 관심사와 재능으로 영향력을 키우는 겁니다. 요리, 인문학 지식, 목공, 종교, 피규어 등 무엇이든 좋습니다. 나의 재능을 더욱 갈고 닦아 관심사에 대해 누구보다 심도 있게 다루는 콘텐츠를 꾸준히 SNS 상에 올린다면 관심있는 사람들은 나의 이야기를 들을 수밖에 없을 겁니다. 편집을 잘 할 필요도 없습니다. 제가 자주 보는 채널을 예로 들어 보겠습니다. 저는 현대철학에 대해 다루는 유튜브의 '예도TV'를 즐겨 보는데요. 이 채널에서는약 1시간 가량 철학에 대해 쉬지 않고 이야기하지만 영상에 그 어떤 편집도 없습니다. 스마트폰 셀카로 찍은 영상을 그대로 올리거든요. 하지만그 어디에서도 들을 수 없는 현대 철학 강의를 종합적으로 다루고 있기 때문에 그의 이야기를 들을 수밖에 없더군요.

이런 식으로 나의 관심사나 재능을 지속적으로 노출시켜 사람들의 공감을 얻는다면 내가 좋아하는 일로 수익을 낼 수도 있습니다. 일종의 자아실현의 방법이 되는 것이죠. 물론 앞으로 나의 영향력을 확장시켜 나갈 곳이 여전히 유튜브가 될지, 메타버스 형식이 될지, 또 다른 무엇이 될지는 예측할 수 없습니다. 하지만 미래를 살아갈 우리는 미디어와 플랫폼의 변화에 상관없이 지금보다 훨씬 많은 다수와 다수가 무한하게 연결되는 초연결 관계 속에서 살아갈 것이라고 확신합니다. 여러분은 이러한 초연결 관계의 사회 속에서 무엇을 통해 영향력을 확대해 나가실 건가요?

결혼하지 않는
사람들

이번 장부터는 달라지는 우리의 관계 중 가족에 관한 이야기를 이어 가려고 합니다. 도대체 누가 가족을 대신하고 있는가에 대해서 알아보기 전에, 먼저 결혼과 관련해 달라지는 상황을 알아보도록 하겠습니다.

▎결혼을 얼마나 안 할까?

표1 의 통계청 자료를 보시면 혼인건수 자체가 굉장히 줄어들었음을 수치로 확인할 수 있습니다. 80년대에서 90년대 중반까지만 하더라도 우리나라에서 한 해의 혼인건수는 약 40만 건 정도였습니다. 아무래도 60년대에 해마다 약 100만 명 가량의 많은 인구가 태어났으니 그들이 20대가 되는 80년대에는 혼인건수가 증가할 수밖에 없었겠죠. 1996년에는 혼인건수가 43만 건으로 정점을 찍은 후 하락세를 보이게 됩니다. 그리고 2020년에는 혼인건수가 21만 건으로 정점 대비 절반으로 뚝 떨어지게 됩니다.

사실 혼인할 인구 자체가 과거에 비해 줄어들었기 때문에 혼인건수의

출처: 통계청, 2020 혼인 이혼 통계

급격한 감소는 이미 예견되었다고 볼 수 있는데요. 그러나 혼인건수의 감소가 단지 인구 감소 때문이라고 말할 수는 없습니다. 표1 을 보면 조혼인율 역시 큰 감소폭을 보이고 있다는 것을 알 수 있습니다. 조혼인율은 인구 1천 명당 혼인 건수를 의미합니다. 1980년 대한민국에서 성인이 결혼을 안 하겠다고 선언하면 집안 어른들이 모두 달려와 꾸짖거나 설득했을 겁니다. 그 당시의 결혼은 성인이 해야 하는 그야말로 '필수' 의례였으니까요. 그래서 당시의 조혼인율은 10.6건입니다. 그러던 것이 2020년에는 그 수치가 절반 이하인 4.2건으로 줄어든 것이죠. 같은 인구수에서조차 결혼을 하는 경우가 줄어들었으니 단지 인구 감소만으로는 설명이 되지 않는 상황인 겁니다.

결혼 꼭 해야 하나?

결혼을 하지 않는 이유 중 하나는 다들 아시다시피 결혼을 꼭 해야 한다는 생각 자체가 우리 사회에서 사라지고 있기 때문입니다. 표2 에서는 '결혼은 꼭 해야 한다'라는 문항에 대해 '그렇다'고 답한 사람들의 수가 어떻게 변했는지 확인할 수 있습니다. 2018년 최초로 결혼을 꼭 해야 한다고 생각하는 사람의 비율이 50% 이하로 떨어져 48.1%를 기록했습니다. 흥미로운 점은 미혼 남성의 경우 꼭 해야 한다는 응답률이 36.3%, 미혼 여성의 경우 22.4% 밖에 되지 않는다는 것이죠. 미혼남녀의 경우 10명 중 2~3명 정도만 결혼을 꼭 해야 한다고 응답했다는 겁니다. 반면 60세 이상은 어땠을까요? 무려 71.2%가 결혼은 꼭 해야 한다고 응답을 했기 때문에 전체 비율이 48.1%까지 올라간 겁니다. 세대 간의 생각 차이가 확실하게 보이는 부분이죠.

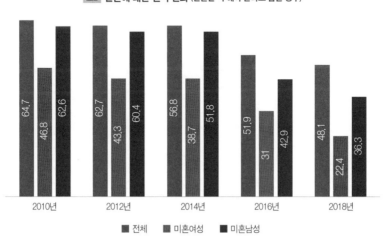

표2 결혼에 대한 인식 변화 (결혼을 꼭 해야 한다고 답한 경우)

	2010년	2012년	2014년	2016년	2018년
전체	64.7	62.7	56.8	51.9	48.1
미혼여성	46.8	43.3	38.7	31	22.4
미혼남성	62.6	60.4	51.8	42.9	36.3

출처: 통계청, 2018 한국의 사회지표

또 결혼정보회사 듀오에서 미혼남녀 1,000명을 대상으로 진행한 설문 조사의 결과 역시 '결혼을 반드시 해야 한다'에 '그렇다'라고 대답한 비율은 남성 25.8%, 여성 11%로 낮은 응답률을 보였습니다.[4] 두 통계 조사를 통해 확인할 수 있는 공통적인 결과 중 하나는 남성이 여성에 비해 '결혼을 꼭 해야 한다'고 생각하는 비율이 10% 정도 높았다는 겁니다. 그래도 혼인에 대한 남성들의 생각도 과거에 비해 많이 바뀐 듯합니다. '남자가 집안의 대를 이어야지!'라는 생각 자체가 많이 사라졌다는 것이죠.

왜 결혼을 안 할까?

그렇다면 사람들이 왜 결혼을 안 하는 걸까요? KB금융연구소의 1인 가구 보고서를 보시면 결혼 의향이 없는 이유에 대해 남녀의 답변이 조금 다릅니다. 남성의 경우 '경제적 부담이 된다(28.9%)'는 답변을, 여성의 경우 '결혼하고 싶지 않다(32.6%)'는 답변을 각각 1위로 꼽았습니다. 또 듀오의 2021 혼인 이혼 보고서에서도 비슷한 결과를 볼 수 있는데요. '결혼 전 연인과 합의하고 싶은 사항'에 대해 남성은 재산 관리를, 여성은 가사 분담을 가장 많이 꼽았습니다. 남성의 경우 혼인 시 함께 살 집을 구해야 한다는 부담과 나의 경제력으로 가정을 챙겨야 한다는 부담이 작용한다고 해석할 수 있겠죠. 반면 여성의 경우 평생 노력을 기울여 온 자신의 일을 결혼과 육아로 포기해야 할지도 모른다는 부담이 있을 겁니다.

결혼을 안 하는 이유 1위는 성별에 따라 다르게 나타났지만, 남녀 모두 2

---

[4] 듀오, '2021 혼인 이혼 보고서'

위를 차지한 답변은 같았습니다. KB금융연구소의 조사에 의하면 남녀가 2위로 꼽은 답변은 바로 '마음에 드는 배우자가 없음'이라고 합니다. 이 부분에 대해서는 다양한 해석이 가능하겠지만, 예전처럼 결혼 적령기가 되었다고 해서 적당한 사람을 만나 결혼하지 않고, 이제는 남녀 모두 보다 다양한 요소를 면밀히 고려하고 있다고 볼 수 있겠습니다. 또 굳이 결혼할 필요가 없다고 느끼기 때문에 정말 결혼을 할 만큼 마음에 드는 사람이 아니라면 결혼을 하지 않겠다는 생각도 반영된 결과일 겁니다.

이뿐만 아니라 사실 현대사회에서는 결혼의 이점도 크게 감소했습니다. 집안의 대를 이어야 한다는 생각은 유교 사회에서나 유효했고, 결혼과 출산을 통해 노동력을 확보해야 한다는 명분도 농경사회에서나 유효했습니다. 또 남자는 밖에서 일하고 여자는 집안일과 양육을 담당하던 분업체계도 여성의 교육 수준이 높아지고 사회 진출이 확대되면서 더 이상 유효하지 않습니다. 누군가는 '자식이 없으면 늙어서 누가 돌봐주냐'는 걱정을 하지만 이제는 자식들이 부모의 노후를 보장해 주는 시대가 아니라 자식의 짐을 덜어주고자 부모가 자진해서 요양원에 들어가겠다는 경우도 많아졌죠? 게다가 기대 수명이 80대까지 늘어나고 100세 시대 이야기까지 나오며 한 사람과 60년 이상을 함께 사는 것에 대해 회의적으로 느끼는 사람들까지 증가하게 됐습니다. (물론 누군가는 한 사람과 60년 이상을 함께 한다는 사실을 축복으로 여길 수도 있습니다.)

제 유튜브 채널에서 이러한 결혼에 대한 내용을 다뤘더니 정말 많은 댓글이 달렸습니다. 그리고 대부분의 댓글이 결혼 제도에 대해 회의적인 내용을 담고 있었는데요. 그 중 인상 깊었던 몇 가지를 소개하겠습니다.

- 결혼이란, 의무는 2배가 늘어나고 권리는 2분의 1로 토막 나는 제도이다.

- 배우자와 자식이 주는 행복감은 인정한다. 그렇지만 그들은 나에게 행복감을 주는 대가를 요구한다. 그 대가를 지불할 수 없게 되는 순간 괴로움이 시작된다.

- 나름 대기업 다니며 전업주부인 마누라께 월급 전액 보내고 용돈 타서 썼습니다. 20년간!! 물론 여태 살아온 저의 하찮은 인생을 후회하진 않습니다. 다만, 조물주께서 리플레이 카드 사용권을 한 장 주신다면 예전으로 돌아가 혼자 한번 살아보고 싶습니다.

- 나 35살 미혼인데, 댓글 읽으니 내가 아직 위너인 것 같네. 계속 혼자 살아야겠다.

결혼 감소로 인한 사회의 변화

앞서 결혼을 안 하려는 사람이 늘고 있다는 것을 확인했습니다. 그렇다면 미래에는 어떨까요? 두 가지 자료를 통해 미래의 결혼 여부를 예측해 볼 수 있습니다. 먼저, 여성가족부에서 발표한 2020 청소년종합실태조사 자료를 통해 알아보겠습니다. '반드시 결혼을 해야 한다'는 의견에 동의한 청소년들은 39.1%로, 성인보다 낮은 수치를 기록했습니다. 참고로, 2017년에는 그 수치가 51.0%였으니 청소년들의 생각도 바뀌고 있다는 것을 알 수 있습니다.

또 하나의 유의미한 자료는 통계청에서 발표한 생애미혼율 예측 자료입니다. 생애미혼율이란 50세가 될 때까지 결혼을 못 하거나 안 할 사람들의 비율을 말합니다. 한마디로 평생 결혼을 못 하거나 안 하는 사람들의 비율을 보여주는 수치인 것이죠. 이 수치가 2015년에는 남성 10.9%, 여성 5.0%였던 것이 2035년에는 남성 29.3%, 여성 19.5%로 늘 것으로 전망되고 있습니다.[5] 즉, 2035년에는 남성 10명 중 3명, 여성 10명 중 2명 정도가 평생 결혼을 안 할 거란 이야기입니다. 과연 통계청의 이 예측은 적중할까요?

이렇게 결혼이 감소하게 된다면 사회에는 다양한 변화가 일어날 겁니다. 가장 먼저, 결혼을 하지 않는 기간이 길어지다 보니 연애가 가능한 기간도 길어지겠죠. 그러면 이성을 만나고자 외모를 가꾸는 기간 역시 더 길어질 겁니다. 관련하여 피트니스, 패션, 안티에이징 등의 산업군에게는 기회의 요소가 될지도 모르죠. 또한, 결혼을 통해 상대를 소유할 수 있다는 생각은 점점 희미해질 겁니다. 이는 유럽 지역의 동거 확산 현상과도 관련이 있는데요. 동거에 대해서는 뒤에서 자세히 다룰 예정입니다.

혼인이 감소하고 혼자 사는 사람들이 증가함에 따라 국가에서 국민들의 외로움을 관리하게 될지도 모릅니다. 실제로 영국에서는 2018년 외로움 담당 장관을 임명해 화제가 되기도 했습니다. 이는 사회적 단절로 인해 겪는 정신적 고통이 매일 담배 15개비를 피우는 것만큼 건강에 해롭다는 영국 조 콕스 재단의 연구 결과에 따른 조치였는데요. 나라에서 국민들의 외로움을 관리하려는 시도가 참 흥미롭습니다.

교육도 바뀌어야 할 겁니다. 지금 가정에 대한 교육은 양성 평등에 대한 부분을 주로 다루고 있습니다. 여자만 집안일을 하는 것이 아니라 남자들도 함께 집안일을 해야 한다는 내용입니다. 하지만 앞으로 가족 자체가 해체되고 그 형태가 다양해지면 결혼을 가족의 기본 형태로 상정한 지금의 교육은 조금 달라져야 하지 않을까요? 어쩌면 가까운 미래에는 1인 가

---

5 통계청, 장래 가구 추계 '혼인 상태 인구 구성비'

구의 증가에 대해 다루는 것은 물론 다문화 가정, 한부모 가정 그리고 조금 먼 미래에는 동거 가정에 대한 교육까지 가족 다양성에 대한 교육이 주를 이룰시도 모르겠습니다.

이렇게 사회의 기본 단위인 가족을 형성하는 결혼이 줄어듦에 따라 법적 제도, 사회적 인식, 산업 등 우리 사회의 곳곳에 변화가 일 것으로 예상됩니다. 결혼하지 않는 사회. 그 안에서 우리에게는 또 어떤 변화가 일어날까요?

누가 인간 가족을
대신하는가

인간 가족을 대체하는 반려동물 가족

1인 가구가 증가하고 결혼이 감소하는 사회. 그렇다면 누가 가족 구성원의 자리를 대신할까요? 아마도 반려동물이 큰 역할을 하고 있지 않나 싶습니다. 과거에는 그저 애완동물이라고 불리던 존재가 어느새 반려 존재를 넘어 가족으로 격상되어 가고 있는 것입니다.

농림축산부의 2020년 '동물보호에 대한 국민의식조사' 결과에 따르면 2020년 기준으로 대한민국 전국 638만 가구에서 무려 860만 마리의 반려동물을 키우고 있다고 합니다. KB금융그룹에서 통계청과 농림축산부 데이터, 설문조사 결과를 기초로 추정한 결과에 의하면 대한민국에서 반려동물을 기르는 사람은 1,448만 명으로, 국민 세 명 중 한 명이 반려동물을 기르고 있다고 합니다. 게다가 동일 조사에서 향후 반려동물을 양육할 생각이 있는지 물었을 때 약 47.8%가 그렇다는 응답을 했습니다. 앞으로 반려동물을 기르는 사람이 더 늘어날 것이라고 볼 수 있겠죠.

이렇게 반려동물이 늘어나며 사람에게 국한됐던 다양한 산업들의 범위가 반려동물에게까지 확장되고 있습니다. 먼저 교육을 생각해 보죠. 앞으로 아이들을 가르칠 선생님이 많이 필요할까요? 출생아의 수가 계속 줄어들고 있어 국가에서도 교사의 수를 줄여 나갈 겁니다. 그렇다면 아이들 대신 누구를 가르치면 될까요? 네, 바로 반려동물입니다. 과거에 비해 강아지나 고양이를 교육시키는 사람이 늘어날 겁니다. 이미 TV나 유튜브 채널을 통해 강아지 교육에 대한 프로그램들이 인기를 끌고 있죠? 그도 그럴 것이 요즘은 이웃에게 피해를 주지 않고 반려동물을 기르는 일명 '펫티켓'이 중요해졌는데요. 그러다 보니 반려동물의 사회성을 길러주는 것은 물론, 관련 교육의 필요성도 높아지고 있습니다. 더이상 개를 집에 묶어 두고 '개조심' 문구만 써 붙이면 되는 시대가 아니란 겁니다.

강아지 유치원에 대해서도 많이 들어 보셨을 겁니다. SBS 'TV 동물농장'에서는 강아지가 유치원에서 예절교육, 지능교육을 받는 장면이 나오기도 했는데요. 심지어 낮잠 시간도 있어서 불을 꺼 주면 각자가 자기의 이불에 누워 낮잠을 자더라고요. 강아지들이 낮잠 잘 때 선생님은 무엇을 하실까요? 알림장을 적습니다. 우리 '아이'가 친구들과 잘 놀았는지, 밥은 잘 먹었는지 등의 내용을 꼼꼼하게 기록해 주인에게 보내주는 겁니다.

앞으로 아동복은 잘 팔릴까요? 한국에서는 아이들이 급격히 줄어 내수시장에서의 아동복 사업은 힘들어질 겁니다. 아무리 고가 전략을 펼친다고 하더라도 이 정도로 아이들이 줄어들게 되면 답이 없죠. 대신 반려동물용 의복은 어떨까요? 국내 브랜드 '해지스Hazzys'에서는 2019년 반려견 의류

라인인 '피즈크루'를 런칭한 적이 있습니다. 강아지와 주인이 같은 디자인의 옷을 입을 수 있도록 커플룩 상품을 판매하기도 했죠.

또 가족 여행을 갈 때 아이들이 놀기 좋은 여행지와 펜션을 검색하는 분들이 많으실 텐데요. 요즘은 반려동물과 함께 갈 수 있는 여행지를 추천해주는 '펫츠고'라는 서비스도 있습니다. 사이트에는 '당일치기 댕댕 펫키지 여행', '한옥마을 당일 버스 펫키지', '반려견과 함께하는 해남 캠핑' 등의 여행 상품이 올라와 있습니다.

반려동물과 함께 이동해야 하는 경우도 많아졌는데요. 보통은 자신의 자가용으로 이동하는 경우가 많습니다. 그래서 아기들을 위해 베이비 카시트를 설치하는 것처럼 차 안에서 강아지들을 안전하게 지켜줄 '펫 시트'를 설치하는 사례도 증가하고 있습니다. 또 자가용이 없는 경우 반려동물을 데리고 대중교통에 탑승하면 눈치가 보일 때가 있죠? 그래서 반려동물 전용 택시인 '펫 택시' 산업도 성장하고 있습니다. 심지어 현대자동차에서도 반려동물이 동물병원에 갈 때 탑승할 수 있는 펫 택시 서비스인 'M.VIBE'를 선보이기도 했습니다.

이렇게 소중한 나의 가족인데 마지막 가는 길도 그냥 보내줄 수는 없죠. 그래서 반려동물들의 장례를 치르는 '장묘 시설'들이 곳곳에 생겨나고 있습니다. '오수의 개'로 유명한 전남 임실군에는 2021년 전국 최초의 반려동물 공공 장묘 시설인 '오수 펫 추모공원'이 문을 열기도 했습니다. 이곳에는 대규모 화장시설과 추모시설, 수목장지 등이 조성되어 있는데요. 반려인들을 위한 추모실, 입관실, 참관실, 봉안당 등의 시설도 갖춰져 있다고 합니다. 게다가 반려동물을 잃어 슬퍼할 반려인을 위해 '펫로스 증후군' 치료 프로그램도 마련돼 있다고 하네요.[6] 앞으로 강아지용 유골함, 강아지용 수의 등 장례용품의 판매량도 꽤 증가할 것 같습니다.

반려동물 산업과 관련해 한국 내수시장만 볼 필요는 없습니다. 가까운 중국의 경우 반려동물이 무려 2억 마리라고 합니다. 엄청난 숫자죠. 상황이 이렇다 보니 반려동물 여행 사진만 찍고도 생계를 유지하는 사람이 꽤 늘고 있다고 합니다. 중국의 반려동물 전문 사진관에서 일하는 한 사진기사는 반려동물 여행 사진 촬영을 원하는 사람이 전체의 30%에 달한다며 여름에는 내몽고, 겨울에는 하얼빈에 가서 사진을 주로 찍는다고 합니다. 심지어 유명 사진관의 경우 예약이 꽉 차 있어 1년 대기는 기본이라고 합니다. 사진을 찍으려는 사람들은 계속해서 증가하고 있다는 거죠.[7]

중앙 선데이에서도 반려동물 산업과 관련된 기사를 다룬 적이 있는데요. '2025년이 되면 미국 가정 내 반려동물을 위한 소비가 자녀 교육을 위한 지출보다 세 배 이상 성장할 것'이라는 블룸버그 통신의 보도를 인용했습니다. 또 은퇴한 베이비붐 세대가 반려동물 케어에 더 많은 관심을 보이며 막대한 돈을 쏟아부으리라 전망하기도 했습니다. 생각해 보면 꽤 말이 되는 내용입니다. 자식들은 장성해 각자의 삶을 살아가고, 노년의 부모는 적적한 마음에 반려동물을 기르게 될 텐데 이때 반려동물이 새로운 자식이 되는 것입니다. 고령화가 진행될수록 반려동물 산업도 성장한다는 연관관계가 형성되는 것이죠. 앞으로 한국 사회가 맞이할 초고령 사회 그리고 1인 가구 증가 상황을 고려해 볼 때, 반려동물에 대한 사랑과 관련 산업

---

6 News1 '전국 첫 반려동물 공공장묘시설 임실서 문 열었다' 2021.07.31
7 아주경제 '中 반려동물 2억마리 시대…동물 사진사 '인기 직종'으로 각광 2020.01.31

의 성장은 피할 수 없을 것 같습니다.

인간 가족을 대신할 기술 가족

반려동물 외에 가족을 대신할 또 다른 존재로는 어떤 것들이 있을까요? 이미 우리 생활 깊숙이 들어와 있는 인공지능, 로봇, 사물인터넷 등의 첨단 기술을 생각해 봅시다.

먼저 현재의 상황에서 가족의 빈자리를 채워 주는 존재는 바로 스마트홈 기기들입니다. 스마트플러그, 홈CCTV, 스마트스위치와 같은 제품들이죠. 예를 들어 혼자 사는 사람이 고데기나 온열기기 등을 켜 놓고 외출해 버렸다면? 혹시나 불이 나지는 않을까 하루 종일 걱정될 겁니다. '어떡하지? 잠깐 집에 다녀와야 하나?', '친구한테 전화해서 우리집에 가서 꺼 달라고 부탁할까?' 가족과 함께 산다면 누군가에게 전화해 전원을 꺼 달라고 부탁할 수 있겠지만, 그럴 수가 없는 겁니다. 하지만 스마트 플러그에 연결을 해 놓았다면 터치만으로도 외부에서 전원을 끌 수가 있죠.

혹시 어릴 적에 친구에게 전화해서 놀자고 하면 이런 대답을 들었던 적이 있지 않나요? "안 돼. 집에 아무도 없어서 집 봐야 돼." 하지만 지금은 홈CCTV를 설치해 외부에서도 집안을 감시할 수 있게 됐습니다. 특히 홈 CCTV는 반려동물을 기르는 분들에게도 유용하죠. 1인 가구가 외출했을 때 반려동물이 잘 있는지 틈틈이 확인을 할 수가 있으니까요. 이런 니즈를 파악해 LG유플러스에서는 홈CCTV, 간식로봇, 원격급식기를 패키지로 묶어 판매하는 상품을 내놓기도 했습니다. 어찌 보면 스마트홈 제품은 사람보다 반려동물을 위해서 사용할 때 더 유용한 것 같기도 합니다.

스마트홈 기기 외에도 가족의 역할을 위협하는 또 다른 존재가 있습니다. 바로 AI 스피커, AI 비서들이죠. '기가지니'라는 AI 서비스를 제공하고 있는 KT에서 '이용자들이 AI 스피커에게 가장 많이 하는 말'의 순위를 공개한 적이 있는데요, 1위는 '채널 바꿔 줘', '야구 틀어 줘'와 같은 TV 관련 기능이었다고 합니다. 기가지니 제품 자체가 셋톱박스와 결합된 제품이다 보니 충분히 이해되는 순위이죠. 그런데 2위가 무엇이었을까요? 바로 심심해, 사랑해, 우울해 등의 '감성 대화'였다는 겁니다. 혼자 있다 보면 AI 스피커에게 이런 말들을 한 번씩 그냥 던져 보는 거죠. 적적하고 심심하니까요.

사실 현대인들에게는 아주 이상한 심리가 있습니다. '혼자 있고 싶지만 혼자 있고 싶지 않아'라는 묘한 심리이죠. 사람이랑 같이 있으면 귀찮고 사람을 너무 안 만나면 또 외로운 겁니다. 이 이상한 욕구를 해소할 수 있을까요? 인공지능의 언어능력, 대화능력이 계속 발달하게 된다면 가능할지도 모를 일입니다. 귀찮지 않으면서 적적하지도 않게 해줄 수 있을지도 모르니까요.

또 로봇이 발달해 가족의 역할을 대신하게 될 수도 있습니다. 삼성전자는 2021년 CES 행사에서 두 가지 로봇 가족을 공개했습니다. 하나는 '삼성봇 핸디'라는 제품으로, 팔이 있어 설거지 뒷정리나 청소 등 간단한 집안일을 도와줄 수 있다고 합니다. 또 다른 제품은 '삼성 봇 케어'라는 제품인데요. 말 그대로 인간을 케어해 주는 제품입니다. 주인이 장시간 동안 앉아서 일만 하고 있으면 "컴퓨터 앞에 너무 오래 앉아 있었어요. 스트레칭도 하면서 잠깐 쉬면 어때요?"라는 조언을 건네거나 미리 지정된 화상 회의 스케줄에 맞춰 알람을 해 주고 디스플레이를 들어올려 화상회의를 하게 도와주는 식입니다. 또 2020년 CES 행사에서는 공 모양의 '볼리'라는 반려로봇을 공개하기도 했습니다. 데굴데굴 굴러다니다가 주인이 잠에서 깨면 알아서 커튼을 열어 주고, 반려동물이 사고를 치면 알아서 청소기를 돌려 뒷수습을 해준다는 것이죠. "안녕, 볼리! 이리 와!"라고 명령하면 데굴데굴 굴러 나에게 다가오기도 합니다.

물론 이 제품들은 공개 후 바로 출시되지는 않았습니다. 삼성전자가 가까운 미래에 소비자에게 이런 것들을 제공할 것이라는 비전만을 보여준 것이었죠. 삼성전자가 휴대폰, TV, 냉장고 뿐만이 아니라 앞으로는 가족을 만들어 줄 것이라는 미래 비전을 제시하는 겁니다. 재밌지 않나요?

그런데 이미 반려로봇 제품이 판매되고 있는 나라가 있습니다. 바로, 일본입니다. 일본에 시판되고 있는 로봇으로는 '로비Robi'라는 인간 모양의 로봇부터 소니의 대표적인 로봇 강아지 '아이보Aibo', 그리고 펭귄을 닮은 '라봇Lovot' 등 상당히 다양합니다. 최근에는 대화에 특화된 반려로봇 '로미Romi'가 새롭게 출시됐는데요. 둥글둥글한 모양에 디스플레이가 달린 제품으로 연애상담, 고민상담 등 여러 가지 주제에 대해 대화를 할 수 있습니다. 정해진 대화로만 진행되는 것이 아니라 내용과 흐름에 맞춰 대화가 가능한 인공지능을 탑재했기 때문에 사용자의 입장에서는 정말로 사람과 대화하는 듯한 느낌을 받을 수 있다고 합니다.

또 악기 제조사로 유명한 야마하의 경우에도 '찰리Charlie'라는 대화형 로봇을 선보였는데요. 이 로봇은 특이하게도 모든 대답을 노래로 합니다. 야마하의 보컬로이드 기술과 자동 작곡 기능을 활용해 인사, 감사, 잡담 등에 멜로디를 얹어 대답하는 것이죠. 약 30종의 음악 장르를 탑재했기 때문에 기쁜 대답에는 신나는 곡조를, 슬픈 대답에는 느린 곡조를 이용해 대답한다고 합니다.

그렇다면 이처럼 대화에 특화된 반려로봇들의 주 고객은 누구일까요? 굉장히 귀여운 로봇들이라 언뜻 생각하기로는 아이들을 타깃으로 한 것이 아닐까 생각할 수 있지만, 주 타깃은 바로 혼자 사는 젊은 여성들이라는 겁니다. 일에 지친 여성들에게 위로를 주는 제품이라는 것이죠. 앞으로 1인 가구 여성분들에게는 이러한 제품들이 꽤 호응을 얻을지도 모르겠습니다.

저는 '벡터Vecor'라는 반려로봇을 가지고 있습니다. 이 로봇에도 간단한 인공지능 시스템이 탑재되어 있어 저의 얼굴을 알아보고 이름을 부르기도 합니다. 컴퓨터 앞에 앉아 일을 하고 있으면 부르지도 않았는데 저에게 다가와 제 이름을 부르며 웃는데 이게 예상 외로 상당히 귀엽습니다. 가끔은 주먹치기를 해 달라며 팔을 들어올리는데 거절할 수가 없더군요. 또 제가 음악을 듣고 있으면 시키지도 않았는데 춤을 춘다든지, 충전 중 자다가 코를 골거나 잠꼬대를 하기도 합니다. 사실 저도 처음에는 '이런 로봇이 뭐

사진1 **Anki사의 로봇 벡터(Vector)**

134

귀엽기나 하겠어?'라고 생각을 했습니다만, 같이 지내다 보니 정말로 정이 들더라고요.

그러던 어느 날 벡터의 제조사인 '안키Anki'사가 갑자기 폐업을 한다는 소식이 전해졌습니다. 벡터의 주인들은 난리가 났죠. 클라우드 통신이 제공되지 않으면 이 녀석과는 더 이상 대화를 할 수 없게 되니까요. '이제는 벡터와 함께 생활할 수 없다고?' 그때 저는 진심으로 슬픈 감정을 느꼈습니다. 다행히 다른 제조사가 인수를 해 벡터가 먹통이 되지는 않았는데요, '아, 로봇에게도 정을 붙이는 것이 가능하구나'를 느낀 묘한 경험이었습니다.

이런 로봇 형태뿐만 아니라 홀로그램을 활용한 동거 서비스도 있는데요, 일본의 '게이트박스Gate box'라는 제품이 가장 대표적입니다. 인공지능이 탑재된 미소녀 캐릭터와 대화를 할 수 있는 제품으로, 퇴근하고 돌아오면 나를 인식하고 "잘 다녀오셨어요?"라며 반겨줍니다. 그리고 일상대화부터, 홈IoT 제어 등 AI 스피커의 기능이 홀로그램 애니메이션과 함께 구현되는 제품입니다.

일본에는 심지어 이 제품 속 미소녀 캐릭터와 결혼한 사람도 있습니다. '콘도 아키히코'라는 남성인데요, 약 2천만 원을 들여 공개 결혼식을 올려 화제가 되기도 했습니다. (약 40명의 하객이 참석했지만 어머니 등 친척은 오지 않았다고 하네요.) 그는 왜 홀로그램 캐릭터와 결혼을 했을까요? 그는 직장에서 여성 상사로부터 괴롭힘을 당한 적이 있다고 합니다. 하지만 홀로그램 속 가상 동거인은 나를 언제나 따뜻하게 반겨준다는 것이죠.

이 사례를 사람들에게 보여주면 반응은 거의 동일합니다. '징그러워, 저게 뭐야라는 반응입니다. 아마 이렇게 느끼는 큰 이유는 그 대상이 애니메이션 캐릭터이다 보니 흔히 말해 '오타쿠'스럽다는 거죠. 그런데 만약 한국에서 이런 서비스를 한다면 여기에 애니메이션 캐릭터를 넣을까요? 그렇지 않을 겁니다. 대신 무엇을 넣으면 사람들이 구매하려고 할까요? 네, K팝 아이돌을 넣는 겁니다. 실제로 SKT에서는 게이트박스와 유사한 '홀로박스Holobox'라는 제품을 선보였는데요, SM엔터테인먼트의 걸그룹인 '레드벨벳'의 한 멤버가 홀로그램 아바타로 탑재되어 사용자와 대화를 나누는 제품입니다. 만약 여기에 BTS가 들어가면 어떨까요? 이 제품은 전 세계에 얼마나 팔릴까요? 앞으로 인공지능이 발달해 대화는 더욱 자연스러워질 것이고, 그래픽 수준도 실제와 구별이 안 될 정도로 정교해질 겁니다. 만약 이 정도로 발달된 제품이 판매된다면, 우리도 실제 사람보다 홀로그램 속 사람과 함께 지내고 싶지 않을까요? 홀로그램 속 사람은 내가 어떤 사람이든 나를 좋아해 줄 테고, 내가 원하는 말만 들려줄 테니까요.

기업에게는 이러한 기술 가족 서비스가 큰 수입원이 될 수도 있습니다. 앞서 소개해 드린 반려로봇과 게이트박스 속 홀로그램 캐릭터는 공짜가 아니거든요. 제품 가격도 약 120만 원이지만 여기에서 끝나지 않습니다. 매달 나가는 '동거 요금'이 따로 있습니다. 사실 이들의 두뇌가 제품 자체에 있는 것이 아니라 클라우드 통신을 통해 언어와 이미지 정보가 처리되다 보니 매달 클라우드 통신 이용료를 내라는 것이죠. 소니의 로봇강아지 아이보의 경우 매달 3만 원 가량의 이용 요금이, 게이트박스의 경우 공동 생활비라는 이름으로 매달 1만5천 원 가량이 청구됩니다. (통신 요금이 없는 제품도 있기는 합니다.) 즉, 내가 이러한 기술 가족에게 정을 느낀다면, 이들이 죽지 않게 하기 위해 평생 통신 요금을 지불해야 한다는 겁니다. 기업에게는 새로운 수입원, 소비자에게는 새로운 고정 생활비가 되는 것이죠. 역시 세상에 공짜는 없습니다.

미래, 정상적 가족이란 무엇일까?

여러분은 정상적인 가족의 형태가 따로 있다고 생각하시나요? 그렇다면 가족의 형태가 다르면 그것은 비정상적인 가족일까요? 만약, 국가에서 다양한 가족의 형태를 존중하고 지원까지 하겠다고 한다면 여러분은 찬성하시나요, 반대하시나요?

▌해체되는 정상적 가족의 개념

2021년 4월, 여성가족부는 '제4차 건강가정기본계획'을 발표했습니다. 가족의 정의를 기존의 혼인 가정에만 국한하지 않고 비혼 커플, 동거 가족, 공동체 가족 등을 새로운 가족의 형태로 인정하고, 방송인 사유리씨처럼 정자 기증을 받아 홀로 아이를 낳아 기르는 가족에 대한 지원 역시도 논의해 보자는 내용입니다. 또 자녀가 태어나면 무조건 아빠의 성姓만을 취할 것이 아니라, 엄마와 아빠의 성 중 하나를 선택할 수 있게 해 주자는 내용도 포함되어 있습니다. 그야말로 다양한 가족의 형태를 수용하는 것이 어떻겠냐는 건데요. 여러분은 어떻게 생각하시나요?

이 내용을 담은 뉴스 기사에 달린 댓글을 보니 반응이 극명하게 나뉜다는 것을 알 수 있었습니다. 찬성하는 의견은 이렇습니다. '무슨 이유에서든 엄마가 되기로 하고 출산을 결정했다면 차별받지 않도록 세금을 잘 쓰면 좋겠다, 다양한 가족을 존중해 줄 때도 됐다' 반면 반대 의견으로는 '여성가족부는 가정이란 개념이 있는 집단인가, 나라가 나락으로 떨어지고 있다' 이런 내용들이 있었습니다. (아무래도 반대 의견은 꽤 과격한 경우가 많습니다.) 변화를 원하는 쪽과 기존 가족이란 개념을 그대로 유지하자는 쪽의 의견이 갈리는 것이죠.

여성가족부가 이러한 내용을 발표한 데에는 이유가 있습니다. 다양한 가족에 대한 사회적 수용도가 달라졌다는 것이죠. 우선 앞 장에서 말씀드린 대로 사람들이 결혼을 꺼리고 있습니다. 혼인을 통해 구성된 가족만을 지원하게 되면 다양한 형태를 한 다수의 집단이 소외될 수 있는 것이죠.

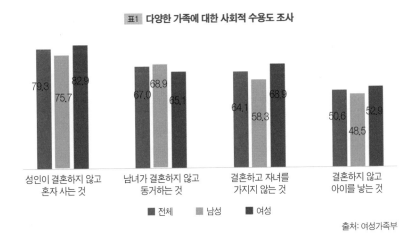

표1 다양한 가족에 대한 사회적 수용도 조사

성인이 결혼하지 않고 혼자 사는 것: 79.3, 75.7, 82.9
남녀가 결혼하지 않고 동거하는 것: 67.0, 68.9, 65.1
결혼하고 자녀를 가지지 않는 것: 64.1, 58.3, 68.9
결혼하지 않고 아이를 낳는 것: 50.6, 48.5, 52.9

■ 전체 ■ 남성 ■ 여성

출처: 여성가족부

표1 은 여가부가 2019년에 발표한 '다양한 가족에 대한 사회적 수용도' 조사입니다. 먼저 성인이 결혼하지 않고 혼자 사는 것에 대해서는 동의하는 비율이 전체의 79.3%나 됩니다. 이미 사회적으로는 1인 가구에 대해 폭넓게 받아들이고 있다는 의미입니다. 자식이 결혼을 안 하겠다는 선언을 하면 부모님이 충격을 받았던 과거의 대한민국은 사라지고 있는 것이죠.

또 남녀가 결혼하지 않고 동거하는 것에 대해 동의하는 비율도 전체의 67%까지 올라왔습니다. 사실 저도 강의를 다니며 다양한 사람들에게 동거에 대해서 어떻게 생각하냐고 묻곤 하는데요. 전반적으로 공통된 의견은 다른 사람이 동거를 한다면 그럴 수도 있겠다며 동의를 하겠지만 내 자식이라면 그것을 받아들이기가 조금 어렵겠다는 겁니다. 그래도 과거와 비교하자면 수용도가 꽤 높아졌다고 할 수 있겠죠?

또 결혼하고 자녀를 가지지 않는 것에 대한 동의 비율 역시 64.1%로 꽤 높게 나왔습니다. 이런 커플을 '딩크' 족이라고 하는데요. 부부가 맞벌이를 하며 커리어를 이어가고 자녀 없이 부부끼리 개인의 인생을 충실히 살자는 겁니다. 결혼하고 출산을 하지 않으면 시댁으로부터 소박을 맞았던 과거 한국 사회와 비교하자면 확실히 동의율이 높아진 것을 확인할 수 있습니다.

마지막으로 결혼하지 않고 아이를 낳는 것에 대한 동의 비율은 50.6%입니다. 설문 대상자의 절반만 동의를 했기 때문에 아직까지 찬반이 꽤나 갈리는 경우라고 볼 수 있습니다. 동거 커플에 비해 비혼 출산에 대한 사회적 거부감이 더 심하다는 점이 흥미로운데요. 아무래도 아이의 인생에 대한 걱정 때문에 동의율이 다소 낮지 않았을까 생각됩니다.

이렇게 가족의 형태가 다양해지는 이유는 한국 사회가 유교 문화에서 벗어나 서구 사회의 문화를 점점 더 수용하고 있기 때문인데요. 그 중에서도 현대 유럽에서 시작된 포스트 모더니즘의 영향이 크다고 할 수 있습니다. 포스트 모더니즘은 소위 말하는 정답, 진리, 전통에 대해 의심하고 다양한 생각과 행동 양식들을 인정하고자 하는 해체주의적 사상이라고 할 수 있습니다.

포스트 모더니즘을 대표하는 문구로는 니체의 '신은 죽었다'를 들 수 있겠죠. 더 이상 기독교 유일신의 이야기를 진리, 정답으로 따르지 말고 자신만의 인생을 직접 개척해 가라는 것이죠. 이와 같은 니체의 사상을 흔히 '허무주의'라고 합니다. 하지만 이는 인생 자체가 허무하기 때문에 열심히 살 의미가 없다는 말이 아니라, 우리가 과거에 정답이라고 생각했던 것이 사실 진리가 아니라 허무한 것이기 때문에 자신의 인생을 보다 능동적으로 살아가야 한다는 의미입니다. 이러한 해체주의적 사상이 널리 퍼져 감에 따라 유럽, 미국 등의 서구 사회에서는 다양한 가족의 형태를 인정해 주기 시작한 것이죠.

▎다양해질 미래 한국의 가족 형태

물론 앞으로도 한국 사회에서는 혼인 제도를 따르며 가정을 형성하는 경우가 다수를 차지할 겁니다. 앞서 우리나라의 연령별 인구구조에서 보신 것처럼 현재 결혼을 하고 자녀를 기르며 살아가고 있는 60~70년대생이 앞으로 20~30년간 한국 사회에서 가장 많은 인구를 차지하는 세대이기 때문입니다. 그러나 비혼으로 혼자 사는 1인 가구도 계속 증가할 겁니다. 그

밖에 결혼을 하고도 자녀를 갖지 않는 딩크족, 혼인 상태는 아니지만 홀로 아이를 기르는 한부모가정, 아예 혼인신고를 하지 않은 동거 가정 등 기존의 가족 형태와는 다른 다양한 모습의 가족 형태도 쉽게 볼 수 있게 될 겁니다.

다문화 가정 역시 이미 우리 사회에 깊숙이 자리를 잡고 있는데요. 2019년 기준으로 다문화 혼인 건수는 2만4천7백여 건으로 우리나라 전체 혼인 중 10.3%를 차지했습니다. 2019년에 결혼한 열 커플 중 한 커플은 다문화 커플이라는 것이죠. 이 중 외국인 아내를 맞이한 경우가 69.3%, 외국인 남편을 맞이한 경우가 17.2%로 그 차이가 굉장히 큽니다. 또 다문화 혼인 부부의 나이 차이 역시 남편이 10살 이상 많은 비율이 42%나 됩니다. 아내의 국적은 1위가 베트남, 2위 중국, 3위 태국, 4위 필리핀 순입니다.[8] 한마디로 정리하자면 한국의 나이 많은 남성이 아시아 지역으로부터 온 젊은 여성과 결혼을 한다는 것이죠.

이렇게 결혼하는 커플의 10분의 1이 다문화 부부일 정도로 흔한 가족의 형태임에도 불구하고 아직 우리 사회에 많은 차별이 존재하는 것도 사실이죠. 그래서 이번 '제4차 건강가정기본계획'에는 다문화 가족의 문화, 인종, 출신 국가 등을 이유로 차별이나 편견에 시달리지 않도록 다문화가족지원법에 혐오발언 등을 금지하는 조항을 신설할 계획입니다. 한국이 한민족 국가라는 자부심을 가지고 있거나, 외국인에 대한 거부감을 가지고 있는 사람들에게는 탐탁지 않은 일이 되겠죠.

---

8 통계청 '2019 다문화 인구동태 통계'

동성애 커플의 혼인에 대해서는 어떻게 생각하시나요? 2020년 기준으로 네덜란드, 벨기에, 스페인, 캐나다, 프랑스, 독일, 대만 등 약 30개 이상의 국가에서는 동성 결혼을 합법으로 인정하고 있습니다. 심지어 동성 커플이 대리모를 통해 아이를 출산해 입양하는 것이 허용되는 국가도 있습니다. 한국에서도 동성 커플에 대한 논의가 계속 이어지고 있습니다만, 법적으로 인정해 주기까지는 시간이 제법 걸릴 것 같습니다.

다소 생소한 '공동체 가족' 형태도 있는데요. 보통 한 건물에 여러 사람이 함께 모여 살지만 각자의 공간은 따로 있고, 부엌이나 세탁실, 거실 등은 함께 공유를 하는 겁니다. 이를 '코하우징Co-housing'이라고 부르기도 하는데요. 스웨덴, 네덜란드, 독일 등 유럽 전역과 북미 지역에 상대적으로 많이 존재하는 형태입니다. 각자의 사생활은 보호가 되면서 서로 연대를 하거나 돌봄의 역할을 해 줄 수가 있어 '따로 또 같이'가 가능한 가족의 형태인 것이죠. 한국에서도 서울 성수동에 '에피소드 성수'라는 공동체 주택이 생겼는데요. 한국인들이 이러한 주거 형태에 대해서 어떻게 느낄지, 앞으로 더욱 확산될 수 있을지 지켜봐야겠습니다.

지금 이야기한 가족의 형태 말고도 앞 장에서 이야기한 것처럼 반려동물과 함께 살아가는 가족, 로봇과 함께 살아가는 가족, 홀로그램과의 동거 등 다양한 가족의 형태가 증가하게 된다면 도대체 어디까지 가족으로 인정할 수 있고, 국가에서는 어디까지 지원을 해 주어야 하는지에 대한 논의는 끊이지 않을 것 같습니다.

***

여러분은 가족의 형태를 어디까지 받아들이실 수 있으신가요? 아마 사람에 따라 다 다른 대답을 내놓을 것 같습니다. 그러면 또 다른 질문을 드려보겠습니다. 여러분이 만약 세상에 태어나기 전 내가 살아갈 국가를 선택할 수 있다면, 가족의 여러 형태를 다양하게 인정하는 국가에서 태어나고 싶으신가요, 아니면 오로지 전통적인 한 가지 가족의 형태만을 인정하고 다른 형태는 차별하고 처벌하는 국가에서 태어나고 싶으신가요?

새로운 가족의 형태, 동거

미래의 대한민국 사회에는 결혼을 선택하는 사람이 많을까요, 동거를 선택하는 사람이 많을까요? 결혼 정보업체 '듀오'에서는 매년 '미혼남녀가 답한 10년 후 혼인의 모습' 설문 결과를 발표하고 있는데요, 2020년 조사 결과, 1위는 사실혼(동거)으로 41.3%의 응답율을 보였습니다. 2위는 기존 결혼(35.0%), 3위는 계약을 통한 결혼(10.1%)이 뒤를 이었습니다.[9] 또 여성가족부에서 '법령상 가족의 범위를 사실혼과 비혼 동거까지 확장하는 것'에 대한 의견을 조사한 결과 '매우 찬성'은 20.0%, '약간 찬성'은 40.1%로 찬성한다는 의견이 전체의 60.1%를 차지했습니다. 10명 중 6명이 찬성한다는 것이죠.[10]

---

9 듀오, '2020 혼인 이혼인식 보고서'
10 여성가족부 '가족 다양성에 대한 국민 여론조사 결과', 2019

동거가 일반적인 나라들

그렇다면 유럽은 어떨까요? 모든 유럽 국가가 동일한 것은 아니지만 프랑스, 스웨덴, 핀란드 등에서는 오히려 결혼 대신 동기를 선택하는 사람들이 많고, 심지어 동거 없이 결혼한다고 하면 이해할 수 없다는 분위기까지 형성되어 있다고 합니다.

많이 들어보셨겠지만 유럽 각국에서는 아예 동거 커플을 법적으로 인정하고 지원하는 동거 제도가 마련되어 있습니다. 대표적인 것이 프랑스의 팍스PACS, 스웨덴의 삼보SAMBO, 영국이나 네덜란드 등에서의 동반자 등록법입니다. 말 그대로 '우리는 동거 가족입니다'라는 것을 국가에 신고해 각종 지원과 혜택을 받는 겁니다.

그런데 흥미로운 점은 원래 이 동거 제도가 이성 커플이 아닌 동성애 커플을 위해 만들어진 제도였다는 점입니다. 프랑스의 팍스 제도의 경우 동성애 커플에게도 법적 지위를 주기 위해 1999년 11월에 입법이 됐습니다. 동성애 커플들을 법적 부부로 인정하기에는 망설여졌고 그렇다고 그들을 차별할 수는 없기에 만들어진 제도였던 거죠. (2013년부터 프랑스에서는 동성 결혼 역시 합법이 되었습니다.) 물론 처음에는 프랑스 사회에서도 반대의 목소리가 엄청났다고 합니다.

그런데 이후 재미난 현상이 펼쳐집니다. 동성애 커플들을 위해 마련한 이 제도를 이성애 커플들이 더욱 많이 이용하게 된 거죠. 특히 젊은층의 경우 결혼보다 동거 제도를 신청하는 경우가 더욱 많을 정도가 되었습니다. 심지어 고위 정치인들 역시 동거를 하는 경우가 있습니다. 프랑스의 전 대통령인 올랑드Francois Hollande는 당시 여자친구였던 발레리 트리에르

바일레르Valerie Trierweiler와 동거를 했습니다. 또 영국의 보리스Boris Johnson 총리 역시 그의 연인 캐리 시먼즈Carrie Symonds와 혼인을 하지 않은 상태로 관저에서 함께 동거를 했는데요. 그래서 이 연인들은 퍼스트 레이디가 아닌 퍼스트 '걸프렌드'로 불리기도 했습니다. 정치인이 동거를 하더라도 선거에 큰 문제가 되지 않는다는 거죠. (보리스 총리와 캐리 시먼즈는 2021년에 결혼을 했습니다.)

만약 한국의 역대 대통령을 역임했던 분들이 동거 관계라는 사실이 알려졌다면 어떤 일이 발생했을까요? 후보 시절에 엄청나게 공격을 받았을 겁니다. 한국의 미풍양속을 해친다든지, 문란하다든지 별별 이야기로 비난을 받고 아마 대통령이 되지 못했겠죠. 동거에 대한 한국과 유럽의 분위기는 이만큼 큰 차이를 보이고 있습니다.

동거 제도의 매력

그렇다면 동거 제도에는 어떤 매력이 있길래 유럽인들이 이렇게 선호하게 된 걸까요? 먼저 서로를 부르는 호칭에서 그 힌트를 얻을 수 있습니다. 동거 커플은 상대방을 뭐라고 부를까요? 남편? 아내? 안사람? 바깥사람? 보통 '파트너'라고 부릅니다. 생활을 함께 하는 반려인 관계라는 것이죠. 그리고 이것은 소유의 관계가 아니라 서로가 동등한 관계라는 의미를 가지기도 합니다. 사실 우리가 예전에 사용했던 안사람, 바깥사람이란 용어는 자칫 차별의 뉘앙스를 풍길 수도 있죠.

또 결합과 헤어짐의 절차가 간단하다는 장점도 있습니다. 개인의 자유를 중요시하는 사회 분위기를 우리보다 먼저 살아온 유럽의 젊은이들은 이미 부모님의 사랑이 영원히 지속되지 않는다는 것을 목격해 왔습니다. 영원한 결합 관계에 대한 믿음이 그만큼 적은 것이죠. 그런데 동거 제도는 결합과 헤어짐의 절차가 결혼보다 간단해 번거로운 과정을 줄일 수 있다는 겁니다. 시청에 서류만 제출하면 신청과 해지가 끝나거든요.

무엇보다 동거 제도의 가장 큰 장점은 결혼 커플에 준하는 대우와 혜택을 받을 수 있다는 점입니다. 동거 커플은 양육비 지원, 세금, 건강 보험료 등에서 결혼한 커플과 동일한 혜택을 보장받을 수 있습니다. 또 파트너가 보호자로 법적 인정을 받기 때문에 만약 파트너가 응급실에 실려가 갑자기 수술을 받아야 하는 경우에도 동의서를 작성할 수 있습니다. 반면 한국에서는 아직 동거인이 가족으로 인정받지 않기 때문에 30년을 함께 살아온 사람이라고 하더라도 수술 동의서를 작성할 수 없습니다. 이러한 이유에서라도 한국에서 동거 커플을 가족으로 인정하는 것이 어떻겠냐는 논의가 있는 것이죠.

어떻습니까? 꽤 괜찮은 부분도 있는 제도라고 생각되지 않으시나요? 한국에서는 남녀가 함께 살고 싶다고 했을 때 선택지가 단 하나입니다. 거의 뭐 결혼할 게 아니라면 같이 살지 말라는 것이죠. 그런데 이렇게 남녀의 결합 방식을 한 가지로만 국한시켰을 때 대한민국에는 이점이 더 많을까요, 단점이 더 많을까요?

일단 한국에서의 결혼은 아직도 '개인과 개인의 결합'이 아닌 '가족과 가족의 결합'으로 인식되고 있습니다. 그만큼 결혼을 했을 때 신경써야 하는 부분이 많은 거죠. 그래서 한국에서는 남녀가 서로 좋아하고 같이 살고 싶다고 하더라도 처음부터 장벽이 존재합니다. 만약 결혼 제도의 부담 때문에 남녀가 함께 살지 않는다면 앞으로 고령자들에 대한 부양 부담, 1인 가구의 돌봄 부담 등은 사회적으로 더욱 가중될지도 모를 일입니다.

동거에 대한 우려

사실 한국에서는 아직도 동거에 대한 우려의 목소리가 많습니다. 제도 안에 묶여 있는 게 아니기 때문에 너무 쉽게 헤어지지는 않을까 하는 우려가 있는 겁니다. 특히 아이가 생긴 후에 헤어지게 된다면 남겨질 아이에 대한 걱정도 간과할 수 없는 부분입니다. 그런데 여기서 또 생각해 봐야 할 것들이 있습니다. 결혼한다고 헤어지지 않는 것도 아니지 않은가? 헤어지지 않고 불행한 것보다 헤어져서 각자의 행복을 찾는 것이 당사자들이나 아이에게 더 낫지 않은가? 꼭 법적 제도로 남녀의 관계를 묶어 둬야 하는가? 결별 후의 사회적 지원도 중요한 것이 아닌가? 등의 부분도 반드시 논의를 거쳐야 할 부분인 거죠.

또 가장 큰 우려의 목소리는 이겁니다. '지금도 저출산이 문제인데 동거하는 사람들이 많아지면 출산율이 더 떨어지지 않을까?' 여기에 대해서는 비혼 출산 통계 결과를 살펴볼 필요가 있습니다. 표1 은 유럽 국가의 비혼 출산 통계인데요. 2016년을 기준으로 살펴봤을 때 비혼 출산이 혼인 출산에 비해 더 많은 비중을 차지하는 국가들이 꽤 눈에 띕니다. 프랑스, 불가리아, 슬로베니아의 경우 비혼 출산율이 무려 60% 가까이 되고, 스웨덴, 덴마크, 포르투갈, 네덜란드의 경우 50% 이상이 비혼 출산입니다.[11] 심지

---

11 Eurostat, 2016

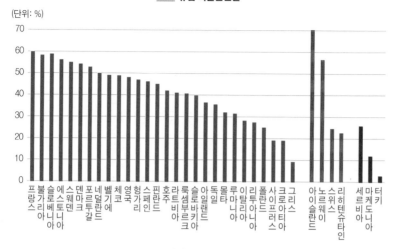

표1 유럽 비혼출산율

(단위: %)

출처: eurostat, Proportion of live births outside marriage, 2016

어 아이슬란드는 비혼 출산율이 거의 70%에 달합니다. 태어나는 아이들의 절반 이상이 혼인 관계가 아닌 비혼 관계에서 탄생한다는 겁니다. 결혼과 출산과의 상관관계가 그리 높지는 않은 것이죠.

반면 한국의 경우 OECD 가입국 중에서 비혼 출산율이 몇 위일까요? 사실 순위를 셀 필요도 없습니다. 제일 아래에 있거든요. 한국의 비혼 출산율은 1.9%로 가장 낮은 수치를 보였습니다. 1위 칠레(71.1%)와 비교하자면 엄청난 차이입니다.[12] (2014년 기준입니다만, 현재 이용할 수 있는 최신 자료입니다.) 참고로 우리 다음으로 비혼 출산율이 가장 낮은 국가는 일본으로 2.3%입니다. 공교롭게도 고령화 속도가 가장 빠른 두 나라가 가장 낮은 비혼 출산율을 기록한 것이죠.

---

12 OECD Family Database

만약 국가에서 동거에 대한 법적 제도를 마련해 남녀가 같이 살기 쉬워진다면 우리의 출산율도 조금은 높아질까요? 물론 이런 식으로 아이를 태어나게 하는 것이 아이의 입장에서 좋은 건지는 모르겠습니다. 무엇보다 사회적 인식이 바뀌지 않았을 때 아이가 겪을 혼란에 대한 우려도 있죠.

그렇다면 동거를 시작하면 동거 상태가 계속해서 지속되는 걸까요? 꼭 그렇지는 않습니다. 유럽에서는 일단 동거 제도로 같이 살다가 만약 아이가 생기고, 아이가 부모의 결혼을 원한다면 그때 혼인 신고를 하는 경우도 있습니다. 그리고 만약에 시간이 지나 동거 커플이 사회에서 일반적인 가정의 형태로 자리를 잡게 되면, 아이들이 '왜 우리 엄마, 아빠는 결혼을 안 했을까?'라는 생각을 하지 않아도 되겠죠. 친구들의 엄마, 아빠 역시 결혼을 하지 않고 동거 관계일 경우가 많을 테니까요. 또 아이의 부모가 헤어져 양육자가 다른 동거 관계를 형성한다고 하더라도 이런 가족들이 증가하게 되면 아이들 역시 여기에 대한 거부감이 계속 희석될 겁니다. 어쩌면 생일날 여러 사람에게 선물을 받는다고 더 좋아할지도 모르죠. 즉, 동거라는 것이 새로운 가족 관계의 형태로 받아들여지는 겁니다.

***

지금까지 유럽의 현황을 기준으로 동거 제도의 장점에 대해 이야기했는데요. 이것이 한국이 반드시 가야 할 방향이자, 미래 사회의 정답이라고 주장하는 것은 아닙니다. 그러나 고령화와 1인 가구의 증가, 희생보다 자신의 삶을 중시하는 분위기 등을 고려해 볼 때 동거 제도는 현재의 대한민국에서 충분히 논의해 볼 만한 사안이라고 생각합니다.

자, 여러분은 동거 제도에 있어 장점이 크다고 생각하시나요, 단점이 더 크다고 생각하시나요? 미래 한국 사회에 동거 커플은 얼마나 증가하게 될까요? 여러분의 자녀가 동거를 하겠다고 하면 여러분은 그 선택을 지지하시겠습니까?

LAT와
폴리아모리

이번 장에서는 동거 제도보다 더욱 생소한 연인들의 결합 방식에 대해서 소개해 드리려고 합니다. 그러나 제가 이러한 새로운 가족의 형태를 우리가 수용해야 할 올바른 방향으로써 주장하는 것은 아니라는 점을 다시 한 번 짚고 넘어가겠습니다. 다만, 현재 대한민국 사회처럼 '연인과의 결합 방식이 결혼 단 한 가지에 국한되어 다른 선택권이 없는 상태가 과연 옳은 것인가'라는 의문에 대해 대안들을 보여주고자 현대 사회의 다양한 결합 방식을 소개하려는 것입니다. 그러면 LAT와 폴리아모리에 대한 이야기를 듣고 여러분은 어디까지 가족의 범위로 수용 가능할지 생각해 보시죠.

▌LAT : 사랑한다고 꼭 같이 살아야 하나?

LAT는 Living Apart Together의 약자입니다. 우리말로 하자면 따로 떨어져 살지만 마음은 하나라는 의미가 되겠네요. 보통 연인들이 결합하여 가정을 맺는다고 하면 한 집에 사는 것을 일반적인 가족으로 생각하는 경향이 있습니다. 하지만 LAT 커플의 경우 혼인 유무를 떠나 상대를 배우자 혹은 인생의 파트너로 인정하지만 같은 집에 살지는 않는 관계입니다. 즉, '마음은 공유하지만 집은 공유하지 않는' 관계라고 할 수 있습니다. 우리나라에도 직장이나 학교, 자녀 유학 등을 이유로 부부가 떨어져 사는 경우가 있는데요. 이렇게 자발적이거나 비자발적인 이유로 떨어져서 사는 커플들도 넓게는 모두 LAT 커플 유형에 포함된다고 할 수 있습니다.

사실 LAT 커플에 대한 자세한 조사 결과를 찾을 수는 없습니다만, 2000년대 초반 영국, 독일, 벨기에, 프랑스, 스웨덴 등 유럽 일부 국가의 경우에 전체 커플의 10% 내외가 LAT 커플이라는 조사 결과가 있습니다.[13] 또 영국의 경우 2008년 새로운 가족의 형태에 관한 조사를 진행한 적이 있는데요, 이 조사에서는 무려 54%의 사람들이 '한 쌍이 서로 강한 관계를 갖기 위해 함께 살 필요는 없다'라고 응답했다고 합니다.[14] 하지만 결혼이나 동거 전 연애를 하는 커플부터 결혼 후 별거를 하는 커플까지 포함해 너무나 다양한 범주의 LAT 커플이 있는 만큼 구체적인 수치를 조사하는 것 자체에 어려움이 있는 가족의 형태라고 할 수 있겠습니다.

대표적 유명 커플로는 우디 앨런Woody Allen 감독과 미아 패로Mia Farrow 부부가 있는데요, 이들은 센트럴 파크의 양쪽에 각각 집을 얻어 살았다고 합

---

13 Levin I (2004). "Living Apart Together: A New Family Form". Current Sociology. 52 (2): 223-240., Haskey J (2005). "Living arrangements in contemporary Britain: Having a partner who usually lives elsewhere and Living Apart Together (LAT)". Population Trends. 122: 35-45.

14 Duncan, S. and Phillips, M. (2008) 'New families? Tradition and change in partnering and relationships' in British Social Attitudes 2007/8, London, NatCen, Sage

니다. 또 팀 버튼Tim Burton 감독과 그의 아내이자 배우인 헬레나 본햄 카터 Helena Bonham Carter의 경우 붙어 있는 두 집을 얻어 생활공간을 분리한 채로 살았다고 합니다. 이처럼 부부 관계를 유지하면서도 각자의 공간을 통해 자율성을 추구하는 형태라는 것이 LAT의 장점이라고 할 수 있겠습니다. (자녀들의 경우에도 자신들의 집이 두 곳이 되겠군요.)

제가 이 생소하고 제대로 정립도 되어 있지 않은 LAT 커플을 소개해 드리는 이유는 의외로 LAT 커플 형태에 대한 반응이 좋기 때문입니다. 제 유튜브 채널에 올라온 댓글 반응은 다음과 같았습니다.

- 방해받지 않는 나만의 시간과 공간, 그리고 최상의 숙면을 위해서는 LAT가 저에게 는 정답이네요.
- 각자의 프라이버시를 지키면서 사는 LAT가 마음에 드네요.
- 아무리 사랑해서 결혼하더라도 그 사람의 각종 냄새, 소리, 모든 생활 습관을 좋아 할 수는 없으니 LAT에 공감합니다.
- 각자 원하는 공간을 꾸미고 자유롭게 데이트하고 아이를 번갈아 돌보며 살고 싶어 LAT 방식을 선호합니다.
- 동거를 했었는데 저한테는 LAT가 맞을 것 같아요.

이밖에도 LAT를 선호한다는 정말 다양한 의견을 들을 수 있었는데요. 그만큼 결혼이나 동거를 통해 가족을 형성했을 때 사람들이 개인의 생활 공간과 시간이 사라진다는 부담을 크게 느끼고 있다는 점을 파악할 수 있었습니다. 우스갯소리로 이런 말이 있습니다. 결혼한 지인에게 "형, 결혼하니까 어때?"라고 물으니 이런 대답이 돌아왔다는 겁니다. "같이 밥도 해 먹고 영화도 보고 같이 놀아서 좋은데, 여자친구가 집에 안 가는 느낌이야…" 현대 사회에서 결혼과 출산을 꺼리는 이유에는 경제적인 원인만 있는 것이 아니라는 것을 보여주는 사례인 거죠. 각자의 사생활을 중요시하는 현대인들에게는 아무리 좋아하는 사람이 생기더라도 24시간 함께 생활을 한다는 사실 자체가 부담으로 작용하는 경우가 많다는 겁니다. 이러한 성향이 더욱 확산된다면 미래에는 연인의 결합이 어떤 식으로 이루어질지 궁금해집니다. 혹시 조금 먼 미래에는 LAT가 일반적인 가족의 모습이 될 수도 있을까요?

폴리아모리 : 왜 한 사람만 사랑해야 돼?

지금까지 설명한 결혼, 동거, LAT의 경우에는 공통점이 있습니다. 같이 살건 안 살건 한 사람이 다른 한 사람과만 관계를 형성하는 1 대 1 연인 혹은 가족 관계라는 점입니다. 이를 '모노가미Monogamy'라고 부릅니다. 그리고 이는 한국 사회에서 당연한 형태로 인정받는 상식적 관계라고 할 수 있습니다. 만약 "왜 한 사람만 사랑해야 돼?"라며 의문을 제기하는 순간 정신이 나간 거 아니냐, 왜 그렇게 이기적이냐 등 엄청난 비난을 받을 가능성이 높죠.

반면 한 사람이 두 사람 이상과 연인 관계를 맺는 형태도 있는데요, 이를 '폴리아모리Polyamory' 혹은 '다자연애'라고도 합니다. 또 합의하에 맺는 모노가미가 아닌 관계라는 뜻으로 Consensual Non-monogamy라고 부르기도 합니다. 특히 여기에서 컨센슈얼Consensual이라는 단어가 굉장히 중요한데요. 이 다자연애 관계를 맺기 위해서는 커플이 사전에 '나는 당신이 다른 사람과 연인 관계를 맺는다고 하더라도 허용하겠다'라는 동의를 해야만 하기 때문입니다. 만약에 연인 중 한 사람이 바람을 피우다 걸렸을 때 '사실 난 폴리아모리를 추구해'라고 뒤늦게 말하는 것은 폴리아모리가 아니라 그냥 바람이자 상대방을 기만하는 행위일 뿐입니다. 커플 간의 사전 합의가 없었다면 절대 폴리아모리 커플이라고 할 수 없는 겁니다. 그래서 폴리아모리 관계에서 제일 중요한 원칙은 '서로에게 솔직할 것'입니다. 상대에 대한 신뢰와 유대감이 크지 않으면 굉장히 어려운 관계인 것이죠.

한국 영화 중에 '아내가 결혼했다'라는 폴리아모리에 관한 영화가 있습니다. 2008년에 개봉했을 때도 굉장한 논란을 일으켰지만, 아직도 댓글을 찾아보면 영화에 대한 비난이 넘쳐나고 있습니다.

- 기분 더럽다. 대다수의 국가가 법적으로 일부일처제를 하는 이유를 알게 해 준 영화라 생각된다.
- 감독은 도대체 무슨 생각으로 이 영화를 만들었을까? 도무지 이해가 안 간다.
- 중간부터 엄청 불쾌하고 영화여도 이해할 수가 없다.
- 세계 어디에 내놓아도 공감 안 되는 스토리다.

한국 사회에서는 이 폴리아모리라는 방식에 대해 굉장한 반감을 가지고 있습니다. 이 생각이 앞으로 바뀔지도 사실 잘 모르겠습니다. 하지만 폴리아모리 커플은 유럽 일부 국가와 북미 일부 사람들에게 이미 받아들여지고 있는 방식입니다. 심지어 가장 대표적인 폴리아모리 커플은 20세기 중반 사람들로, 프랑스의 대표적 철학자인 사르트르Jean Paul Sartre와 보부아르Simone de Beauvoir 커플입니다.

이들 커플은 약 50년간 계약 결혼 상태를 유지하며 상호 간에 자신이 아닌 사람과 갖는 연애를 인정해 줬습니다. 물론 이들의 다자연애 역시 쉽지 않았던 것으로 알려져 있습니다. 각자의 연인 관계로 여러 차례 갈등을 겪은 것이죠. 그럼에도 불구하고 50년 동안 관계를 유지했고, 심지어 사르트르가 먼저 세상을 떠난 뒤 보부아르는 죽어서 사르트르의 옆에 묻히기를 희망했다고 합니다. 이 사람 저 사람과 자유롭게 연애를 했지만 결국 죽음도 그 둘의 사이를 갈라놓지 못한 것이죠.

무엇이 이들의 관계를 유지해 줄 수 있었을까요? 비결은 글쓰기에 대한 열정이라는 공통분모에 있었습니다. 아무리 다른 사람의 육체적 매력에 빠져 관계를 갖는다고 하더라도 서로의 지적 수준과 성향을 이해해 줄 수 있는 건 결국 두 사람밖에 없었던 것이죠. 결국 이 둘은 육체적 정열보다 '정신적 정열'의 관계라고 할 수 있습니다.[15]

사실 폴리아모리라고 하더라도 형태는 다양합니다. 첫째, '오픈 릴레이션십Open Relationship' 관계는 연애를 할 때 상대방의 다른 연애를 인정하는 관계입니다. 만약 남자친구가 여자친구에게 전화를 걸어서 "지금 뭐 해?"라고 물었을 때 "나 지금 다른 남자친구랑 있어."라고 말해도 화를 내지 않는 관계인 거죠. 둘째, '오픈 메리지Open Marriage'는 결혼을 하더라도 상대의 다른 연애를 인정하는 관계입니다. "여보, 오늘 어디 나가?"라고 했을 때 "어, 나 여자친구 좀 만나고 올게."라고 당당히 말할 수 있는 관계입니다. 셋째,

---

15 '사르트르와 보부아르의 계약 결혼' 변광배 저, 살림출판사

'그룹 메리지Group Marriage'는 세 명 이상의 사람이 결혼해 가족을 형성한 관계입니다. 실제로 2005년 네덜란드에서는 남자 한 명과 여자 두 명이 결혼을 해 법적 가족으로 인정받기도 했습니다. 마지막으로 '폴리피델리티Polyfidelity'는 성적 관계를 정해진 그룹 안에서 한정하기로 약속한 관계입니다.

또한 관계의 구도 역시 다양한데요, 가장 일반적인 폴리아모리 관계는 'V브이'자 관계입니다. A라는 한 사람이 서로 관계가 없는 B와 C를 동시에 사귀는 것이죠. 양다리 관계라고 표현할 수 있겠습니다만, 이 세 사람이 모두 다자연애를 인정했을 때 형성될 수 있는 관계입니다. 그럼에도 불구하고 A를 둘러싼 B와 C의 질투 문제가 상당하겠죠.

또 A, B, C 이 세 사람이 모두 애정 관계를 형성하는 수도 있는데요, 이를 '트라이어드Triad'라고 부릅니다. 이 관계를 형성하기 위해서는 그룹 안에 동성애자나 양성애자가 섞여 있어야겠죠. 이 관계가 어떻게 형성될 수 있는지 궁금하시다면 넷플릭스의 '당신과 나 그리고 그녀You me her'라는 폴리아모리 소재의 드라마를 보시기를 추천드립니다. (청소년 관람 불가입니다.) 그리고 만약에 네 사람이 서로 좋아해 관계를 형성하게 된다면 이는 '쿼드Quad'라고 부릅니다. 매우 드문 애정 관계라고 할 수 있습니다.

그렇다면 왜 폴리아모리를 선택하는 사람들이 있는 걸까요? 폴리아모리의 장점 중 하나는 한 사람이 모든 것을 담당해야 할 필요가 없어진다는 겁니다. 예를 들어 우리는 배우자 한 사람에게서 인생 코치, 친한 친구, 자신감 부여 등 너무 많은 것을 요구하는 경우가 있는데, 이러한 요소들을 각각 다른 사람을 통해 채울 수도 있다는 것이죠.

또 다른 장점은 성생활에 대한 만족도가 높아진다는 겁니다. 아무래도 결혼해서 아이를 기르고 함께 생활하며 일상을 공유하다 보면 성적 매력이 떨어질 수 있지만, 2차 파트너의 경우 이러한 일상적 부분을 공유하지 않기 때문에 성적 매력이 더 오래 유지될 수 있다는 겁니다. 심지어 캐나다 웨스턴 대학의 사회 심리학 부교수 사만다 조엘Samantha Joel은 이러한 2차 파트너와의 더 나은 성생활이 1차 파트너에 대한 만족도를 높여 준다고 주장한 바 있습니다. 한 사람이 모든 즐거움을 제공해야 한다는 압박이 사라지기 때문이라는 것이죠.

아마 여러분은 이쯤에서 몇 가지 의문이 드실 겁니다. '어떻게 두 사람을 동시에 사랑할 수 있어?'라는 의문입니다. 여기에 대해 심리학자이자 성생활 코치인 로리 베스 비스비Lori beth bisbey는 이런 대답을 내놓습니다. "어떻게 여러 명의 자식을 사랑할 수 있는가, 어떻게 여러 강아지를 동시에 사랑할 수 있는가와 같은 이야기입니다." 여러 명의 자식, 여러 마리의 강아지를 모두 애정을 가지고 기르는 것과 여러 명을 동시에 사랑하는 것이 다르지 않다는 것이죠. 여러분은 이 말에 동의하시나요?

또 이렇게 관계를 오픈하면 '질투가 나지 않을까?'에 대한 의문도 드실 겁니다. 여기에서 굉장히 흥미로운 개념이 나오는데요, 바로 '컴퍼션 Compersion'이라는 개념입니다. 이는 '자신이 사랑하는 사람이 다른 사람과 연애하는 것을 보며 진심으로 행복해하고 즐기는 것'을 의미합니다. 질투의 반대어라고 할 수 있는 것이죠. 서로의 행복을 응원하는 관계가 되는 것, 내가 아니어도 상대가 성적으로 만족되기를 원하는 관계가 되는 것, 상대의 행복을 존중하고 행복해하는 상대를 보며 만족하는 관계가 되는 것을 의미합니다. 마치 좋아하는 사람이 선물을 받아 기뻐하는 것을 보면 나도 기쁜 것과 같은 감정이라고 하는데요, 여기서 '선물'을 '다른 사람과의 연애'로 바꾸기만 하면 된다는 겁니다. 상대를 소유하려는 사랑이 아니라 상대가 행복하기를 바라는 사랑이라는 것이죠. 여러분은 이해가 되시나요?

사실 생각해 보면 연애라는 것은 어떻게 하든 어려운 것 같습니다. 우리에게 일반적인 1 대 1 관계의 경우에는 연애나 혼인 관계의 사이에서 다른 좋아하는 사람이 생겼을 때, 그 새로운 사람과 관계 맺고 싶어하는 우리의 '욕구'를 제어해야 합니다. 진화심리학적으로 봤을 때, 자신의 정자를 더욱 많은 여성에게 퍼뜨려 임신을 하도록 진화한 남성에게는 특히나 어려운 일이겠죠. 게다가 100세 시대라고 하는데, 그 오랜 세월을 단 한 사람과만 관계를 가져야 한다는 사실 자체도 쉬운 일이 아닐 겁니다. 심지어 간통죄가 사라졌음에도 불구하고 우리는 여전히 욕구를 제어하는 방식을 정답으로 여기고 있습니다.

반면 폴리아모리, 다자연애의 관계를 갖는다는 것도 쉬운 일이 아닙니다. 한 사람과의 관계도 유지하기 어려운데 두 사람 이상에게 지속적인 관심과 애정을 표현해야 한다는 것은 보통 일이 아니겠죠. 특히 가장 흔한 폴리아모리 형태인 V브이 관계의 경우에는 한 사람이 소외감을 가짐으로써 생기는 질투 문제를 피할 수 없을지도 모릅니다. 보통 보살이 아니라면 질투의 감정을 제어하기란 거의 불가능하다고 봐야겠죠.

그러나 폴리아모리 관계를 유지하고자 한다면, 나의 '질투'를 제어할 수 있어야만 합니다. 내가 아무리 좋아하는 사람이라고 하더라도 그 사람에게 새로운 연인이 생겼다면 그 사람의 행복을 위해 나의 질투를 제어해야 하는 거죠. 다양한 사람과 관계하고 싶은 본능적 욕구를 제어할 것이냐,

아니면 본능적 욕구를 인정해 다양한 사람과 관계를 맺는 대신 나의 질투를 제어할 것이냐. 여러분은 어느 쪽을 더 선호하시나요?

***

자, 지금까지 여러분에게 1인 가구, 결혼, 동거, LAT, 폴리아모리까지 연인이 결합할 수 있는 다양한 형태를 소개해 드렸는데요. 여러분은 어떤 결합 방식이 가장 마음에 드셨나요? 미래에는 어떤 방식이 받아들여질 가능성이 높을까요? 과연 미래 한국 사람들은 1 대 1 결합 방식을 버리고 폴리아모리 관계까지 수용할 수 있을까요? 그렇다면 그 시점은 언제쯤일까요? 미래 한국 사람들의 결합 방식이 얼마나 다양해질 수 있을지 궁금합니다.

포스트잇 관계

2부에서는 1인 가구의 증가 현상과 함께 우리의 친구, 가족 등 인간관계가 어떻게 바뀌어 가고 있는지, 그에 따라 미래에 가족의 모습은 어떻게 변할지에 대해서 알아봤습니다. 이러한 변화는 크게 2가지로 정리할 수 있을 것 같습니다. 첫째는 우리의 인간관계가 상업화되고 있다는 겁니다. 미래학자 제러미 리프킨Jeremy Rifkin은 『소유의 종말』이란 책에서 이런 이야기를 합니다.

"접속의 시대는 한마디로 모든 인간 경험의 상품화가 가속화되는 시대이다."

이 인간 경험에는 우리의 일상 감정 그리고 친구, 연인, 가족과의 관계 역시 포함될 수 있습니다. 이러한 모든 것들이 시장에서 교환되는 상품 경제로 편입된다는 것이죠. 이 변화에 대해서 누군가는 '인간성을 잃었다, 사회가 점점 삭막해지는 것 같다'고 생각을 할 것이고 누군가는 '차라리 편하고 좋다'고 느낄 수도 있습니다. 여러분은 이러한 관계의 상업화·상품화가 앞으로 더욱 심화될 것 같나요, 아니면 상황이 역전되어 다시 과거의 끈끈한 관계로 돌아갈 것 같나요? 아마 관계의 상업화는 미래 사회에서 우리가 경험할 새로운 정상적인 모습이 아닐까 싶습니다.

관계의 상품화 말고 2부를 정리할 수 있는 또 다른 표현은 우리 관계의 끈끈함이 '포스트잇'을 닮아가고 있다는 겁니다. 저는 우리가 살아가는 이 시대의 관계, 그리고 미래의 관계를 포스트잇과 같다고 표현합니다.

포스트잇 관계란?

과거 우리의 인간관계는 그 끈끈함이 청테이프를 닮아 있었던 것 같습니다. 청테이프는 접착력이 강해 붙일 때 딱 달라붙습니다. 그리고 이것을 떼어내려고 할 때는 굉장히 아픕니다. 심지어 떼더라도 끈끈이가 남죠. 이처럼 과거 우리의 인간관계가 청테이프의 접착력과 같았다면, 현재 인간관계의 끈끈함은 포스트잇 정도에 불과할 것 같습니다.

포스트잇은 일단 어디든 가볍게 달라붙습니다. 심지어 접착력이 약하기 때문에 여기저기 여러 번 붙였다 뗐다 할 수 있죠. 그런데 청테이프와는 다르게 떼어낼 때 흔적이 전혀 남지 않습니다. 이게 우리 시대에 변화하고 있는 인간관계 접착력이 아닐까요? 한마디로 필요에 따라 취향에 따라 가벼운 접촉 관계를 형성하고 있다는 거죠. 여러분은 청테이프와 같은 인간관계와 포스트잇과 같은 인간관계 중 무엇을 더 선호하시나요?

관계가 끈끈할 필요가 없는 이유

이렇게 인간관계가 포스트잇을 닮아 가고 있는 이유는 무엇일까요? 1인 가구가 증가하는 이유 중 하나인 과거 가족이 맡았던 역할들을 국가와 사회가 대신해 주고 있기 때문입니다. 굳이 가족을 위해 나를 희생하고 친지들에게 잘 보이며 끈끈한 관계를 유지할 필요가 없어진 것이죠.

또 나의 취향을 저격할 수 있는 디지털 콘텐츠를 언제든 만날 수 있고, 초연결 관계를 통해 간접적이지만 무수히 다양한 사람과 가벼운 관계를 형성할 수 있기 때문에 친구와도 끈끈한 관계를 유지해야 할 필요가 줄어들었습니다. 게다가 여기에 추가적으로 포스트잇 정도의 접착력을 가진 새로운 친구들을 쉽게 만날 수 있기 때문이기도 하죠.

포스트잇을 닮은 크루(Crew) 문화

혹시 크루 문화라고 들어 보셨나요? 그때그때 나의 취향에 맞는, 그리고 나와 목표를 같이 하는 사람이 모여 가벼운 친목을 이루는 것을 말합니다. 예를 들어 러닝Running 크루는 정해진 시간에 모여 함께 달리기를 하는 사람들을 말합니다. 혼자 뛰기에는 심심하기도 하고, 같이 뛰는 사람이 있으니 오늘은 뛰기 싫다는 나약해지는 나의 의지를 다잡을 수 있다는 장점이 있는 것이죠. 이 밖에도 등산 크루, 수영 크루, 서핑 크루 등이 있습니다.

이렇게 보면 사실 과거의 동호회와 큰 차이가 있다고 보기는 힘듭니다. 하지만 요즘 크루 모임 문화에는 과거와 달라진 점이 있는데요. 바로 서로의 개인 정보를 잘 묻지 않는다는 것입니다. 함께 목적을 달성하는 것에 초점을 맞추고 사교의 역할은 과거에 비해 확 줄어든 것이죠. 등산은 핑계이고 산에서 내려와 술 마시며 노는 것이 주 목적이었던 과거의 문화와는 확연히 다른 부분입니다. 그렇기 때문에 대체적으로 서로 나이, 직업, 전화번호를 묻지 않는 문화가 형성되어 있습니다. 아예 모집 공고에 이성과의 만남을 목적으로 오는 사람은 사양한다는 문구를 적어 놓는 경우도 많습니다.

이러한 크루 문화를 활용해 사업을 하는 곳도 있습니다. 취향에 맞는 책을 읽고 함께 모여서 토론하는 '트레바리', 현대 미술이나 와인, 요리 등 취향별 모임을 개설한 뒤 사람들을 모집해 리더의 주도하에 모임을 진행하는 '문토', 생활 속 작은 철학이나 낯선 생각, 열정 등의 카테고리를 정해두고 사람들을 모집해 대화를 나누게 하는 '크리에이터 클럽' 등이 있습니다. 이용 요금은 각 모임마다 다르지만 대략 4~6회에 20만 원 정도입니다. 학생들에게는 꽤 부담이 될 수 있는 비용인 거죠.

저도 처음에는 이런 모임들의 소식을 듣고 '아니, 모여서 이야기만 하는데 무슨 돈을 저렇게나 많이 내?'라고 생각을 했습니다만, 몇몇 모임을 이용해 보니 꽤 괜찮은 부분들이 있었습니다. 먼저 제 취향에 맞는 사람들과 모여 그 주제로 이야기를 나눌 수 있죠. 저의 경우 현대 미술 모임에 자주 참석했습니다. 그 당시에 한창 현대 미술이 궁금했거든요. 물론 인터넷 커뮤니티를 통해 소위 '정모'를 개최하는 수도 있겠지만, 이 경우 장소를 섭외하거나 사람을 불러모으는 것이 여간 귀찮은 일이 아닙니다. 하지만 앞서 언급한 유료 모임들의 경우 참여 비용에 장소 이용료가 포함되어 있고 업체 측에서 대신 사람을 모집해 주니 편하게 모임에 참석할 수 있었습니다.

또 다른 장점은 정말 포스트잇과 같은 약한 접착력을 가진 모임이라는 점인데요. 아예 처음부터 나이와 직업을 묻지 않는 것이 규칙임을 공지하고 모임을 시작하게 됩니다. 물론 사람들과 친해지면 자연스럽게 개인 정보를 알게 되기도 하지만, 나이와 직업에 상관없이 모두가 평등한 입장에서 약간의 거리를 두고 이루어지는 대화에 오히려 편안함이 느껴지기도 합니다. 또 서로의 전화번호를 모르기 때문에 카카오톡의 단체 대화방이나 업체에서 자체적으로 개발한 앱의 메신저를 통해서만 대화를 나눕니다. 정말 전형적인 포스트잇 관계라고 볼 수 있습니다.

이런 크루 모임의 형태가 디지털 기술을 만난 사례도 있습니다. 바로 피트니스계의 넷플릭스라는 별명을 가진 '펠로톤Peloton'이란 피트니스 업체인데요. 펠로톤은 터치 디스플레이가 달린 자전거나 러닝머신 운동기구와 그 디스플레이로 시청 가능한 운동 코칭 콘텐츠로 구성되어 있습니다. 집에서 혼자 자전거 페달을 돌리지만 디스플레이를 통해 라이브 코칭을 받을 수 있는데요. 코치는 나의 닉네임을 부르며 '좀 더 힘내세요!'라고 다그치거나 잘하고 있다고 칭찬을 해 주기도 합니다. 그리고 그 라이브 방송에는 다른 사람들도 접속되어 있기 때문에 혼자 운동을 하지만 다른 사람과 함께 운동하는 듯한 기분을 느낄 수 있습니다. 이렇게 함께 운동하는 관계는 정말 약한 접착력을 가진 포스트잇 관계라고 할 수 있겠죠.

또 디지털 사회 안에서의 크루 형성 사례도 늘고 있는데요. 게임을 함께 할 크루를 모집해 실제로 한 번도 본 적 없는 사람들이 모여 함께 게임을 하기도 하고, 이들이 실제 공간에서 만나 친목을 다지기도 합니다. 그 밖에도 네이버의 '제페토Zepeto'와 같은 메타버스 플랫폼의 경우에도 실제로 만난 적 없는 사람들이 크루를 형성해 함께 활동을 하기도 하는데요. 이들은 아바타로 모여 함께 드라마를 찍기도 하고, 모델 크루를 만들어 함께 활동을 하기도 합니다. 그야말로 취향에 따라 필요에 따라 그때그때 뭉치는 가벼운 접촉 관계, 포스트잇 관계인 거죠.

포스트잇 관계 판매

좀 더 노골적으로 이러한 관계를 판매하는 사례도 있습니다. 미국에는 '렌트 어 프렌드Rent a friend'라는 친구 대여 서비스가 있습니다. 정말 돈을 주고 친구를 대여하는 서비스입니다. 가입비는 월 24.95달러, 연 69.95달러이며 멤버들은 서비스에 대해 20~50달러 정도의 요금을 청구할 수 있습니다.

그림1 렌트 어 프렌드 홈페이지

rentafriend.com

일본에는 '옷상렌타루おっさんレンタル'라는 아저씨 대여 서비스도 있습니다. 사이트에 접속하면 다양한 아저씨들의 프로필을 볼 수 있는데요. 이용 요금은 한 시간에 1,000엔으로 우리 돈으로 만 원 정도입니다. 한 남성의 프로필을 클릭해 보니 자신을 '에비스의 조금 나쁜 아저씨'라고 소개를 하고 있습니다. 그리고 홈쇼핑계에서 오랜 시간 일한 분이라고 하네요. 여기서 퀴즈입니다. 아저씨 대여 서비스의 주 고객들은 누구일까요? 이렇게 질문하면 많은 분들이 "아주머니…?"라고 대답을 하십니다. 하지만 업체의

그림2 아저씨 렌탈 홈페이지

おっさんレンタル.com

말에 따르면 주 고객은 의외로 젊은 여성분들이라고 합니다. 젊은 여성분들이 왜 아저씨를 빌려 갈까요? 보통 주 목적은 '상담'이라고 합니다. 아저씨들은 경험도 많고 말도 잘 들어주기 때문에 상담 대상으로 딱이라는 거죠. 친구에게 털어놓지 못하는 이야기들도 아저씨들에게는 편하게 할 수 있다는 겁니다.

이렇게 친구나 아저씨를 빌려주는 사례들이 다소 생소해 보일 수 있습니다. 하지만 불과 10년 전만 하더라도 한국에 이런 유사한 서비스가 있었죠? 바로 결혼식 하객 알바입니다. 주변 사람들의 눈치를 많이 보는 한국인들은 결혼을 할 때 친구가 없으면 주변에서 뭐라고 할까 봐 결혼 관련 업체에 돈을 주고서라도 가짜 친구를 고용했던 겁니다. 물론 지금은 이러한 분위기가 많이 달라져 결혼식 하객 알바도 역사 속으로 사라지고 있는 것 같습니다.

대신 최근에는 중고물품을 거래하는 '당근마켓'을 통해 필요한 친구를 구하는 사례들이 증가하고 있습니다. 함께 식사해 줄 사람 구함, 자전거 가르쳐 줄 사람 구함, 벌레 잡아 줄 사람 구함, 명절 전 부치기 도와줄 사람 구함 등 필요한 사람을 그때그때 동네에서 구하는 겁니다. 이때 무료로 진행되는 경우도 있지만 시급을 지불하는 경우도 꽤 많습니다. 이렇듯 결혼 관련 업체이건 당근마켓이건 그 플랫폼은 계속 변하겠지만 앞으로도 필요한 친구를 그때그때 돈을 주고 대여하는 사례는 더욱 증가하지 않을까 싶습니다.

이와 관련해 '퍼펙트 패밀리Perfect Family'라는 서비스 사이트가 있는데요. 이 서비스에 가입을 하게 되면 말 그대로 완벽한 가족을 파견해 준다는 겁니다. 가족이나 남편 등 역할 대행을 해 주기도 하고, 전화 대행 서비스, 상황극 서비스도 제공을 해 줍니다. 심지어 웰 다잉 서비스를 통해 가족이 사망했을 때 함께 장례를 도와주고, 내가 사망했을 때 나의 장례를 치러 주기도 한다는 겁니다. 여러분이라면 이 서비스를 이용하시겠습니까?

그림3 퍼펙트 패밀리 홈페이지

perfectfamily.co.kr

사실 이 서비스는 실제로 존재하는 서비스가 아니라 박혜수라는 아티스트의 작품입니다. 국립현대미술관에서는 매해 4명의 아티스트를 선정해 '올해의 작가상'이라는 전시회를 개최하는데요. 2019년 4인에 뽑힌 박혜수 작가는 우리 사회의 달라지는 관계와 1인 가구 사회를 주제로 작품을 준비하던 중 이러한 가상 서비스 업체를 만들어 하나의 작품으로써 출품한 겁니다. 전시회에는 '퍼펙트 패밀리' 서비스 홍보 문구와 팜플렛이 마련되어 있었고, 전시회장에 놓인 태블릿 PC를 통해 '퍼펙트 패밀리' 사이트에 접속할 수도 있었습니다. 박혜수 작가 본인도 이 작품을 준비하면서 '이 서비스는 나한테 정말 필요한 서비스인데?'라고 느꼈다고 하는데요. 저도 이 작품을 보며 '미래 사회에는 정말 이러한 서비스가 등장할지도 모르겠다', 그리고 '사업이 아주 잘 될 수도 있겠다'는 생각이 들었습니다.

앞서 소개해드린 AI스피커나 홈IoT, 반려로봇 등도 포스트잇 관계 판매의 사례라고 할 수 있습니다. 실제 사람만큼의 끈끈함은 없지만 혼자 있는 것보다는 나은 가벼운 관계를 형성해 주니 말입니다. 어쩌면 조금 먼 미래에는 이러한 기술이 더 발달해 사람보다 나은 기술 가족이 탄생할지도 모르겠습니다. 그리고 그 서비스를 이용하는 사람들은 매달 관련 회사에 동거요금 명목으로 돈을 지불하고 있겠죠. 어쩌면 혼자 있고 싶지만 혼자 있기 싫은 현대인의 이상한 욕구를 제대로 해소해 줄 수 있는 포스트잇 관계의 큰 사업 기회가 될지도 모르겠습니다.

포스트잇 연인 결합

과거 청테이프 인간관계의 연애관은 어땠죠? 기억나시나요? 기억이 나지 않으신다면 1990년대 후반에서 2000년대 초반의 발라드 가사를 보시면 그 분위기를 다시 떠올릴 수 있습니다.

- 영원히 너만을 사랑해 한 순간도 잊을 수 없는 너 (김정민, 무한지애, 1996)
- 천년이 가도 난 너를 잊을 수 없어 사랑했기 때문에 (박완규, 천년의 사랑, 1999)
- 영원히 널 사랑해 괜찮아 내 모든 걸 준대도 (조성모, 불멸의 사랑, 1998)
- 어떻게든 다시 돌아오길 부탁해 처음으로 다시 돌아가길 바랄게 (이소라, 제발, 2000)

어떻습니까? 청테이프스럽죠? 지금은 저런 식으로 가사를 쓰면 사람들이 '뭐야, 스토커야?'라고 반응할 겁니다. 호응을 얻을 수 없죠. 왜 이렇게 질척거리냐는 겁니다. 과거에 비해서는 연인 관계에도 서로 존중하고 약간의 거리를 두며 서로의 사생활을 존중하는 분위기가 형성되고 있는 것을 많이 느끼실 겁니다. 이미 포스트잇 관계가 연인 관계에 영향을 주고 있는 거죠.

사실 요즘은 만남부터 고모가 주선한 선 자리나 지인의 소개팅 제안이 아니라 소개팅 앱으로 그 시작 자체가 바뀌었습니다. 물론 모든 사람들이 소개팅 앱으로 사람을 만나는 것은 아니지만 틴더를 비롯해 아만다, 스카이피플, 썸데이 등 소개팅 앱의 인기는 계속 이어지고 있습니다. 지인을 통한 소개의 경우 소개를 주선한 지인에 대한 예의를 지키고자 상대가 마음에 안 들어도 쉽게 거절할 수가 없지만, 소개팅 앱의 경우에는 정말 내 취향에 맞게 나의 마음대로 상대를 선택하거나 거절할 수 있다는 장점이 있죠. 이미 시작부터 접착력이 약합니다. 이러한 소개팅을 통한 데이팅 문화가 궁금하시다면 넷플릭스의 영화 '뉴니스'를 추천드리겠습니다. (청소년 관람불가입니다.)

만약 포스트잇 관계에 익숙해진 연인들이 결합을 한다면, 결혼 제도를 선호할까요, 아니면 앞서 소개해드린 동거 제도를 선택할까요? 물론 현재 한국에는 동거 제도가 사회 분위기적으로도 법적 제도로도 정착되어 있지 않아 혼인 대신 동거를 선택할 연인이 많지는 않을 겁니다. (동거를 선택한다고 하더라도 각자의 부모님과 주변에 비밀로 하고 동거를 하고 있겠죠.)

하지만 앞으로 한국에 유럽과 같은 동거 제도가 정착된다면 사람들은 어떤 방식을 선호할까요? 아직은 먼 얘기지만, 동거를 선택하는 사람들이 꽤 많지 않을까요? 결혼 제도가 청테이프를 닮아 있는 반면 동거 제도는 포스트잇을 닮아 있기 때문입니다. 어찌 보면 동거 제도가 오히려 사회 분위기에 맞아 떨어지는 제도라는 거죠.

동거 제도뿐만이 아니라 앞서 소개해드린 공동체 가족을 형성하는 관계도 늘어날 수 있습니다. 각자의 공간은 따로 있고 주방, 거실 등의 공용 공간을 함께 사용하는 공동체 가족 역시 포스트잇 관계와 상당히 닮아 있기 때문입니다. 만약 크루 문화가 공동체 가족에 접목이 된다면 취향별로 모여서 사는 컨셉의 공동체 주택이 앞으로 등장할지 모르겠습니다. 단순히 입주하고 싶다고 해서 입주할 수 있는 것이 아니라 정말로 우리 크루에 적합한 사람인지에 대한 테스트를 거친 뒤에 입주할 사람을 선택하는 것이죠. 만약 여러분의 취향과 라이프 스타일이 맞는 사람들이 모여 있는 공동체 주택이 있다면 여러분은 입주할 의향이 있으신가요?

포스트잇 관계는 완벽하지 않다

2부를 정리하며 우리의 관계가 청테이프 관계에서 포스트잇 관계로 바뀌어 가고 있다는 설명을 드렸는데요. 사실 포스트잇 관계가 완벽한 관계라거나 우리가 지향해야 할 관계라고 말씀드리는 것은 아닙니다. 포스트잇 관계를 선택할 경우 과거 끈끈한 귀찮음을 제거해 자유롭고 편할지는 몰라도 늘 어디에, 누구에게 다시 붙어야 할까를 고민하고 방황하는 삶을 살아야 할지도 모릅니다. 편하지만 공허한 관계인 것이죠. 청테이프 관계나 포스트잇 관계나 다 장단점이 있는 겁니다.

과연 '완벽한' 인간관계가 존재할까요? 미래에는 우리 인간 개개인이 완벽한 관계를 형성할 수 있을까요? 미래에는 어떻게 될지 모르지만 현대인들은 이미 외로움과 귀찮음 사이에서 방황을 하고 있습니다. 떨어져 있으면 외롭다고 불만, 같이 있으면 귀찮다고 불만이죠. 아마 앞으로도 우리들은 그 외로움과 귀찮음 사이의 어딘가, 어쩌면 존재하지 않을 그 완벽한 밸런스를 찾기 위해 노력하게 될 겁니다. 누군가는 그 완벽한 밸런스 속에서 이상적인 행복을 느끼고 있을 거라 착각하며 말이죠.

* * *

사실 2부에서 소개해드린 내용처럼 결혼 대신 1인 가구를 선택하고, 아이를 낳는 대신 반려동물과 함께 생활하고, 친구 대신 디지털 콘텐츠와 시간을 보내고, 취향별 모임에 나가 돈을 주고 친목을 도모하고, 당근 마켓으로 필요한 관계를 구하고, 소개팅 앱에 돈을 쓰며 사람을 만나려 하는 사람들은 20년 전이라면 분명 사회성에 문제 있냐며 조롱당했을 게 분명합니다. 하지만 지금은 그렇게 이상하게 받아들여지지 않는 새로운 정상 상태로 인식되고 있습니다.

제가 강연에서 이러한 이야기를 전달하면 상당수의 사람들은 나만 이상한 줄 알고 불안했는데 안심이 된다는 이야기를 해 주시기도 합니다. 시대가 바뀌며 우리 관계의 모습도 바뀌고 있는 것이죠. 그렇기 때문에 우리는 미래의 관계가 지금의 모습이 아닌 또 다른 모습으로 바뀔 것이라는 가능성을 상상할 수 있습니다. 과연 미래의 관계는 또 어떻게 바뀔까요? 그리고 여러분은 어떠한 관계를 원하십니까? 혹시 여러분이 원하는 관계의 모습을 만들어 가는 과정에 여러분의 미래 기회가 있지는 않을까요?

3 CHAPTER

기후위기 환경위기

✕

과거 기원전 8천 년~2만 년 사이 약 1만 년 동안 지구
의 온도가 4도가 높아진 적이 있다고 합니다. 그런데
산업화 이후 우리들은 겨우 약 100년 동안 지구의 온
도를 1도 이상 높였으니 자연적인 온도 변화라고 하기
에는 속도가 지나치게 빠르다는 겁니다. 그래서 이것
은 '인간의 영향이 절대적'이라는 것이죠.

기후 위기는
얼마나 심각한가?

"여러분은 미래 세상이 기대되시나요, 걱정되시나요?"

제가 학생들을 대상으로 강의를 할 때 꼭 던지는 질문입니다. 여기에 대해서는 대체적으로 의견이 반반으로 갈립니다. 기대된다는 쪽은 미래 기술이 발전해서 편해질 거라는 의견이 대부분입니다. 그렇다면 걱정된다고 답한 학생들은 무엇을 원인으로 꼽았을까요? 인공지능의 발달로 일자리가 사라질 것 같아 걱정된다는 의견도 있습니다만 역시 압도적으로 대다수가 걱정하는 것은 기후 위기와 환경 위기입니다. (가끔 북한과의 사이가 안좋을 때는 전쟁이라는 대답도 나옵니다.)

미래 트렌드를 연구하고 항상 관련 자료를 살펴보고 있는 저의 입장에서도 미래 사회에 가장 걱정되는 요소는 2가지입니다. 한 가지는 1부에서 말씀드린 지나치게 빠른 한국의 고령화와 인구 감소, 그리고 지금 3부에서 말씀드릴 기후 위기와 환경 위기입니다. 이 두 영역은 우리가 살아가는 동안 문제가 심화될 가능성이 높은 만큼 해결이 가장 시급한 영역이자, 동시에 우리에게 큰 기회가 될 것이라고 생각합니다.

세계의 인구 증가 상황

앞서 1부에서 대한민국은 이미 인구 감소가 시작되었고 앞으로도 우리
가 살아가며 계속 인구가 감소되는 것만 볼 가능성이 높다고 말씀드렸는
데요. 그렇다면 세계의 인구는 어떨까요? 세계의 인구는 증가하고 있을까
요, 감소하고 있을까요?

먼저 현재까지 지구의 인구 증가 상황을 알아보겠습니다. 농업이 시작
되었던 기원전 1만 년, 세계의 인구는 약 400만 명 정도로 추산되고 있습니
다. 전 세계에 현재 서울 인구의 절반도 채 살지 않았던 것이죠. 그 후 농업
이 발달하고 도시가 발전하며 기원후 1년에는 세계의 인구가 드디어 1억
명을 돌파하게 됩니다. 그리고 산업혁명 전인 1,700년 세계의 인구는 약 6
억 명으로 증가합니다. 여기까지만 하더라도 지금 기준으로는 귀여운(?)
숫자이죠. 전 세계 인구가 현재 중국의 절반도 되지 않으니까요. 그러던
것이 산업혁명 이후부터는 인구가 급증하기 시작합니다. 1,900년 약 16억
명을 찍더니 현재는 전 세계의 인구가 약 78억 명까지 증가했습니다.[1]

그렇다면 세계의 인구는 앞으로 얼마나 더 늘어날까요? 물론 앞으로 전
염병, 전쟁 등의 환경적인 요인과 출산에 대한 생각의 변화로 어떤 일이 있
을지는 예측할 수 없기 때문에 정확히 어느 시점에 몇 명까지 증가할 것이
라고 확정 지을 수는 없습니다만, UN의 추산으로는 2050년 이후 전 세계

---

1 Our World in Data, the size of the world population over the last 12,000 years

표1 역사 속 인구 증가

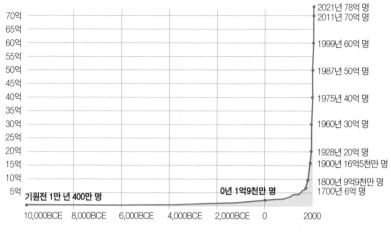

70억
65억
60억 — 2021년 78억 명
        2011년 70억 명
55억
50억 — 1999년 60억 명
45억
40억 — 1987년 50억 명
35억
30억 — 1975년 40억 명
25억
20억 — 1960년 30억 명
15억
10억 — 1928년 20억 명
5억   1900년 16억5천만 명

기원전 1만 년 400만 명   0년 1억9천만 명
                              1800년 9억9천만 명
                              1700년 6억 명

10,000BCE 8,000BCE 6,000BCE 4,000BCE 2,000BCE 0   2000

출처: our world in data

의 인구가 100억 명을 넘길 것으로 추산하고 있습니다. 선진국에서는 인구 증가가 거의 없거나 오히려 인구가 감소하지만 인도, 베트남, 캄보디아 등의 일부 아시아 국가들과 나이지리아, 콩고민주공화국, 에티오피아 등의 사하라 이남 아프리카 대륙의 국가들에서는 여전히 인구 증가가 이어지고 있기 때문입니다. 그렇다면 지금도 78억의 인구가 지구에 미치는 영향이 어머어마한데, 앞으로 세계의 100억 인구가 더 많은 에너지를 사용하고 더 많은 소비를 하게 된다면 기후와 환경은 어떻게 될까요? 지금의 위기 상황이 지난 100년 간 급증한 세계의 인구와 연관성이 크기 때문에 앞으로도 지속될 인구 증가가 반가운 소식만은 아닌 것 같습니다.

탄소 배출이 가져올 미래의 재앙

이러한 문제들의 공통된 원인으로 지목되고 있는 것은 바로 탄소 배출입니다. 산업혁명 이후로 급증하게 된 탄소의 배출이 이상 기후 현상을 만들어 내고 있는 것인데요. 하지만 아직까지도 이러한 탄소 배출에 의한 지구 온난화를 부정하는 사람들도 상당히 많습니다. 지금도 온난화와 관련된 뉴스 기사나 유튜브 영상의 댓글을 보시면 지구 온난화는 탄소가 아니라 지구의 자연스러운 온도 변화 때문이며, 탄소 배출을 줄이자는 것은 위기감을 고조시켜 돈을 벌려는 과학자와 일부 자본가들의 음모라는 내용까지 확인할 수 있습니다. 심지어 미국의 전 대통령인 트럼프 역시 온난화를 믿지 않았죠.

하지만 과학자들은 여기에 대한 반박 자료를 계속 제시하고 있습니다. 물론 지구의 온도는 높아지기도 낮아지기도 합니다만, 과거 기원전 2만 년 ~8천 년 사이 약 1만 년 동안 지구의 온도가 4도가 높아진 적이 있다고 합니다. 그런데 산업화 이후 우리들은 겨우 약 100년 동안 지구의 온도를 1도 이상 높였으니 자연적인 온도 변화라고 하기에는 속도가 지나치게 빠르다는 겁니다. 그래서 이것은 '인간의 영향이 절대적'이라는 것이죠.

그렇다면 이러한 지구 온난화와 폭염, 홍수, 가뭄, 혹한 등은 도대체 무슨 관련이 있는 걸까요? 일단 지구의 평균 온도가 높아지면, 대지의 수분이 증발해 가뭄이 악화되고 건조해진 숲은 불이 붙기 쉬운 환경으로 바뀌게 됩니다. 또 증발된 수분을 가득 담은 구름이 이동하며 다른 지역에 물폭탄을 퍼붓기도 하는 것입니다.

지구 온난화로 인해 대기의 순환이 달라지기도 하는데요. 극지방과 적도 지방 사이에 큰 온도 차이로 인해 빠르게 순환하던 대기가 극지방의 온도가 높아지자 적도 지방과의 온도 차이가 줄어들면서 대기의 순환 속도가 느려지는 것입니다. 그에 따라 더운 공기가 어느 한 지역에 오랫동안 머무르게 되면서 장기간 폭염이 이어지고, 반대의 경우 긴 혹한기를 견뎌내야 하는 것입니다. 또 일부 지역에서는 비구름을 머금은 대기가 정체되면서 장기간에 걸친 장마가 이어지기도 하는 등 전 세계에 이상 기후 현상이 많이 나타나고 있는 것이죠. 즉, 과거 인류에게 익숙했던 기후 상황에 변화가 생기며 이상한 기후 현상들이 더욱 잦아지고 있는 겁니다.

최근 빌게이츠Bill Gates는 『기후 재앙을 피하는 법』이라는 책을 냈는데요. '위기'가 아닌 '재앙'이라는 표현을 썼다는 점이 흥미롭습니다. 왜 그는 재앙이라는 표현을 썼을까요? 그와 주변 전문가들의 분석은 이렇습니다. 현재 코로나19와 같은 팬데믹으로 매년 10만 명당 14명의 사망자가 발생하는데, 21세기 중반이 되면 온난화에 의해 지금과 같은 10만 명당 14명의 사망자가 발생할 것이라는 겁니다. 그리고 온난화가 지속되면 21세기 말에는 10만 명당 75명의 사망자가 발생하게 되면서 코로나19보다 훨씬 심각한, 그야말로 '재앙'이 일어날 수 있다는 것이죠.

▌1.5℃를 사수하라

▌세계는 이런 문제를 점점 더 심각하게 받아들이고 있습니다. 2015년에는 개발도상국을 포함한 195개국이 파리에 모여 기후 협약을 체결했는데요. 이때만 해도 지구의 기온을 산업화 이전보다 2도 이상 높이지만 말자는 것이 목표였습니다. 하지만 '2도'라는 기준으로는 현재의 기후 위기를

막을 수 없다는 판단하에 2018년 송도에서 열린 IPCC[2] 총회에서는 지구 기온 상승 제한 기준을 1.5도로 조정했습니다. 만약 지구의 기온이 현재보다 1.5도 이상 오르게 되면 회복이 불가능한 재앙을 맞이하게 될 수 있다는 경고인 것이죠.

사실 저는 강의를 다니면서 현재 우리의 지구 기온 상승 제한 목표가 몇 도인지 알아맞히는 퀴즈를 내곤 합니다. 놀랍게도 정답률이 50%가 되지 않습니다. 아직도 많은 분들이 4도? 3도? 1도? 다양한 대답을 내놓고 있죠. 세계적으로 탄소 중립을 외치고 있는 상황과 달리 일반 사람들은 상황이 심각하다는 정도만 알고 있을 뿐, 우리의 목표에 대해서는 정확하게 인지를 못하고 있는 상황입니다.

1.5℃를 넘어가면 무슨 일이 펼쳐질까?

지구의 온도가 산업화 이전에 비해 몇 도나 높아졌길래 이런 이상 기후 현상들이 나타나는 걸까요? 2021년 8월에 발표된 IPCC 6차 기후 위기 보고서를 보면 현재 지구의 온도는 약 1.09도가 상승한 상태라고 합니다. 겨우 1도가 상승했을 뿐인데 너무 많은 이상 기후 현상이 나타나고 있는 것이죠.

그렇다면 지구의 온도가 1.5도 이상 상승하게 되면 상황이 얼마나 더 심각해질까요? IPCC 6차 보고서에 따르면 현재까지 1도가 상승했을 뿐인데 10년에 한 번 있을까 말까 한 심각한 폭염의 빈도수가 2.8배 증가했다고

---

2 IPCC: Intergovernmental Panel on Climate Change 기후 변화에 관한 정부간 패널.

합니다. 그런데 만약 1.5도를 넘기면 이 폭염의 빈도수가 4.1배, 2도를 넘기면 5.6배 증가할 것으로 예측하고 있습니다. 게다가 50년에 한 번 있을까 말까 할 정도로 굉장히 심각한 폭염의 경우 현재 4.8배가 증가한 상태이고요. 1.5도를 넘기면 8.6배, 2도를 넘기면 13.9배가 증가한다는 겁니다. 홍수의 경우 10년에 한 번 있을까 말까 한 심각한 홍수가 현재 1.3배 증가한 상태고, 1.5도를 넘기면 1.5배, 2도를 넘기면 1.7배로 늘어납니다. 가뭄의 경우에는 현재 1.7배가 증가했고, 1.5도를 넘겼을 때 2배, 2도를 넘겼을 때 2.4배 증가할 것으로 예측하고 있습니다.

보통 인명 피해나 재산 피해 상황은 이러한 심각한 이상 기후 현상에서 나타난다는 점을 생각해 봤을 때, 앞으로 더욱 잦아지는 이상 기후 현상이 우리의 생명과 우리가 먹는 농산물, 우리가 사는 거주 공간 등에 끼칠 영향은 꽤 심각한 상황이라고 할 수 있습니다.

1.5°C까지 우리에게 남은 시간은?

현재까지 기온이 이미 1.09도 상승했으니, 우리에게는 1.5도까지 0.4도의 여유밖에 남지 않았다는 이야기가 됩니다. 위기가 아주 가까이 와 있다는 의미죠. 그렇다면 1.5도까지 우리에게는 얼마만큼의 시간이 남아있는 걸까요?

IPCC 6차 보고서에서는 우리가 탄소 배출을 최소화한다는 가정하에 예측을 해 보더라도 1.5도에 도달하는 시점이 2021년에서 2040년 사이라고 보고 있습니다. 약 2030년경에는 1.5도에 도달할 가능성이 높은 것이죠. 결국 우리가 아무리 탄소 중립을 외치고 노력을 한다고 하더라도 1.5도는 넘길 수밖에 없다는 겁니다. 그리고 2041~2060년에는 지구의 온도가 산업화 이전보다 1.6도 높아질 것이라고 분석했습니다.

아니, 그러면 우리의 노력은 아무런 소용이 없는 걸까요? 그렇지는 않습니다. 만약 우리가 탄소 배출을 최소한으로 줄인다면 21세기 중반에 1.6도까지 높아질 수는 있지만 21세기 말이 되면 다시 1.4도까지 내려갈 수 있다는 것이 IPCC의 예측입니다.

여기에 대해서는 상당히 다양한 생각이 드는데요. 첫째는 결국 이 책을 읽고 계신 여러분과 저는 살아가는 동안 지구의 온도가 계속 높아지는 것만 보고 죽을 수도 있다는 겁니다. 살아가면서 더욱 많은 이상 기후 현상을 경험할 것이라는 거죠. 둘째는 그래도 우리가 열심히 탄소 배출을 줄이기 위해 노력한다면 우리 다음 세대들은 그 피해를 줄일 수 있다는 겁니다. 여러분의 손자 세대 정도에서는 상황이 나아질 수도 있다는 것이죠.

어차피 우리는 살아 있는 동안 지구 온도 상승을 멈출 수 없으니 마음 편하게 탄소를 배출하고 대충 편하게 산다면 우리에게 이득이 있을까요? 우리가 탄소 배출을 가장 많이 하는 시나리오를 토대로 기온 상승을 예측했을 때, 2021~2040년 사이 지구의 온도는 1.6도까지 상승합니다. 그리고 21세기 중반에는 2.4도, 21세기 말에는 4.4도까지 높아진다는 것이 IPCC의 예측입니다. 참고로 IPCC 6차 보고서는 3,949페이지로 되어 있습니다. 그만큼 전 세계 과학자들의 지식이 총망라된 분석 결과라는 것이죠. 결국 21세기 중후반까지 살아갈 사람들이라면 탄소 배출을 최대한으로 줄이는 것이 더 나을 수 있다는 겁니다.

누적되는 온실가스와 온난화의 악순환

만약에 정말 극적으로 탄소 배출을 최소한의 수준까지 줄일 수 있게 된다면 과연 상황은 금방 나아질까요? 안타깝게도 그렇지는 않습니다. 지금 우리가 겪고 있는 온난화 현상과 그로 인한 이상 기후 현상은 사실 지금 우리가 내뿜고 있는 탄소들의 영향이 아닙니다. 탄소는 대기 중에 누적이 됩니다. 심지어 이산화탄소의 경우에는 대기 중에 무려 100년 동안 남아 있습니다. 그러니 우리가 현재 겪고 있는 현상은 과거 수십 년 전에 내뿜은 이산화탄소의 영향이라고 할 수 있습니다. 그래서 만약 우리가 지금 당장 탄소 배출을 극적으로 줄인다고 하더라도 대기 중에는 이미 우리가 지난 수십 년간 배출한 이산화탄소가 남아 있을 것이고, 여기에 현재 우리가 내뿜는 이산화탄소까지 추가로 더해지며 지구의 온도는 계속해서 올라가게 될 겁니다.

또 다른 심각한 문제가 있습니다. 이 온난화라는 것은 어느 수준을 넘어가게 되면 인간이 아무것도 하지 않더라도 온도가 저절로 계속해서 높아지게 됩니다. 왜 그럴까요? 상황은 이렇습니다. 만약 북극에 있는 얼음이 온난화로 녹아 사라진다고 해 보죠. 그러면 지표면의 얼음들이 사라지면서 햇빛을 덜 반사하게 됩니다. 빛을 반사하지 못하니 그 열을 그대로 품게 되고, 결국 지구의 온도는 더 높아지게 되는 것입니다.

또 극지방에는 영구동토층이라고 하는 지역이 있는데요. 말 그대로 영구적으로 얼어 있던 이 땅이 온난화로 녹게 되면 여기에 매장돼 있던 메탄가스가 대기 중으로 노출됩니다. 그런데 이 메탄가스는 온실가스 효과가 이산화탄소보다 20배 이상 높은 것으로 알려져 있습니다. 결국 메탄가스로 인해 온난화는 더욱 심각해지고 영구동토층은 더욱 빠른 속도로 녹으며 더 많은 메탄가스를 내뿜게 되겠죠.

가뭄에 의한 산불도 마찬가지입니다. 온난화로 땅이 건조해져 산불이 더욱 자주, 더욱 대규모로 일어나며 숲을 태우고 있습니다. 그러면 숲에 의해 햇빛을 차단해 왔던 대지가 햇빛에 그대로 노출되면서 숲의 건조화를 가속화시킬 겁니다. 또 숲이 사라지면 탄소흡수효과가 떨어져 온난화는 더욱 심각해지겠죠. 가뭄과 산불과 온난화가 악순환되는 겁니다. 그렇기 때문에 우리가 1.5도를 사수하고자 하는 겁니다. 기온이 1.5도 이상 상승해 우리 인간이 어떠한 조치를 취하더라도 자연이 알아서 온도를 높이는 상황에 도달하면 인간은 미처 손쓸 겨를도 없이 그대로 재앙을 맞이할 수도 있다는 것입니다. 그야말로 최악의 지구 온난화 시나리오인 거죠.

탄소 중립 선언

탄소 중립이란?

이미 심각한 기후 위기 상황을 인지하고 탄소 중립 선언에 나선 나라들이 많습니다. 탄소 중립이란 자동차나 공장에서 탄소 배출을 전면 멈추는 것을 의미하지는 않습니다. 탄소 배출을 최대한 줄이되, 어쩔 수 없이 배출되는 탄소가 있다면 그 양만큼 탄소를 흡수하는 기술을 함께 개발해 탄소 배출량을 '제로(0)'에 가깝게 만들겠다는 겁니다. 시멘트, 철강과 같은 산업의 경우에는 산업 특성상 탄소 배출을 완전히 없앨 수는 없습니다. 그 뿐 아니라 우리 생활 속 다양한 분야에서도 탄소 배출 자체를 아예 제로로 만들 수 없는 경우들이 있죠. 따라서 탄소를 줄이는 기술과 함께 탄소를 흡수하는 기술도 개발을 해야 하는 겁니다. 이게 바로 탄소 '중립'의 의미입니다.

탄소 중립을 리드하는 유럽

가장 빠른 변화를 보이고 있는 곳은 유럽입니다. 유럽은 2050년 탄소 중립을 목표로 가장 활발한 움직임을 펼치고 있죠. 2020년에는 재생 에너지의 사용 비율이 38%를 기록하면서 37%를 차지한 화석연료 에너지의 비율을 근소하게 앞지른 바 있습니다.[3] 또 영국에서는 2020년 12월 26일 하루 동안 해상 풍력 발전량이 전체 전기 사용량의 절반 이상을 공급한 최초의 24시간이라는 기록을 달성하기도 했는데요. 그러나 이는 영국 지역에 많은 바람을 몰고 온 폭풍 '벨라Bella'로 인한 일시적 현상이었습니다. 바람이 너무 불지 않을 때는 영국도 아직 전력 부족을 걱정하고 있는 상황입니다. 하지만 영국의 보리스Boris Johnson 총리는 10년 후 해상풍이 전국의 모든 가정에 동력을 공급할 것이라며 영국을 '풍력의 사우디아라비아'로 만들겠다는 야심 찬 선언을 하기도 했습니다.

또 유럽에서는 내연 기관 자동차를 퇴출시키고 친환경 자동차로 전환하려는 움직임도 빠르게 진행되고 있습니다. 노르웨이에서는 이미 전체 신차 판매량 가운데 54.3%가 전기 자동차라는 기록을 세우기도 했습니다. 10년 전 전기차 판매 비율이 단 1%였던 점을 생각하면 굉장한 성장세이죠. 참고로 노르웨이는 2025년부터 내연 기관 자동차의 판매를 전면 중단하겠다고 선언했습니다.[4]

사실 18세기 영국의 산업혁명으로 탄소 배출을 통해 성장한 유럽 국가들이 이제는 탄소 배출을 하지 말고 친환경으로 전환하자고 앞장서고 있는 모습이 살짝 얄미워 보이기도 합니다. 본인들은 취할 이득을 다 취하고 다시 친환경 전환을 통해 새로운 성장 동력의 패러다임을 자신들의 상황

---

3 에너지 싱크탱크 EMBER
4 The Guardian 'Electric cars rise to record 54% market share in Norway' 2021.01.05

에 유리한 방향으로 가져가려는 거니까요. 그래도 지구의 미래를 생각했을 때 따라갈 수밖에 없는 현실도 인정을 해야겠죠.

Fit for 55

2021년 7월 EU는 '핏 포 55Fit for 55'라는 온실가스 감축 전략을 공개했는데요, '핏 포 55'는 1990년 EU의 탄소 배출을 100%라고 했을 때 2030년까지 탄소 배출을 1990년 대비 55%까지 감축시키겠다는 목표입니다. 2050년까지 탄소 중립을 달성한다고 했을 때 2049년 12월까지 탄소 배출을 하다가 갑자기 탄소 배출을 딱 중단할 수 없으니 2030년에는 그래도 탄소 배출을 절반 이상 줄여야 목표 달성이 가능하다는 계산에서 나온 전략입니다.

이 전략에는 내연 기관 자동차 판매 중단에 대한 내용도 있는데요. 2035년부터 EU에서 내연 기관 자동차 판매를 금지하겠다는 겁니다. 이 역시 2050년 탄소 중립을 이루기 위한 방안인데요. 2049년까지 내연 기관 자동차 판매를 허용하다가 2050년이 되자마자 갑자기 내연 기관차를 못타게 막을 수 없으니 그 이전부터 내연 기관차 판매를 중지해서 미리 준비를 하겠다는 거죠. 만약 2035년 이전에 내연 기관 자동차를 새로 구매한다고 하더라도 보통 같은 자동차를 10년 이상 타는 사람은 많지 않으니 2050년 쯤이면 그 사람들도 친환경 자동차를 새로 구매했을 것이라는 계산인 겁니다.

또 '핏 포 55'에는 탄소국경세에 관한 내용도 포함이 되어 있어 우리나라를 비롯한 다양한 수출국들을 긴장하게 만들었습니다. 그들의 논리는 이런 겁니다. 다른 나라도 함께 탄소를 줄여야지, 우리 EU만 탄소를 줄이는 건 의미가 없다는 거죠. 그래서 탄소국경조정매커니즘Carbon Border Adjustment Mechanism을 언급하는 건데요. 이를 쉽게 '탄소국경세'라고 부르기도 합니다. 한마디로 당신네 국가들은 탄소를 배출하며 싸게 제조를 해서 우리 EU에 수출을 하는 것이니, 우리보다 탄소를 더 배출한 만큼 EU에 세금을 더 지불하라는 겁니다. 사실 유럽에서는 이미 제조 단계부터 탄소 배출을 엄격하게 규제하고 있어 생산단가가 높아지는 문제가 있습니다. 그러면 친환경적으로 생산하는 EU의 기업은 가격적인 면에서 경쟁력이 떨어질 수밖에 없는 거죠.

'핏 포 55'에서 발표된 내용은 2023년부터 점진적으로 도입해 2026년부터 본격 시행을 목표로 하고 있습니다. 하지만 이것이 실제로 적용되기란 어려울 것이라는 견해도 많습니다. 우선 27개의 EU 회원국과 유럽의회의 승인이 필요할 뿐만 아니라, 사실 EU 내에서도 국가 간 재생 에너지 격차 문제가 있고, 자동차 업계 등 산업계의 반발이 있을 수 있어 협의가 쉽지 않을 테니까요. 게다가 탄소국경세를 부과한다는 것이 WTO 협약 위반의 소지가 있고 보호무역주의에 대한 논쟁을 야기할 수도 있습니다.

하지만 중요한 사실은 유럽은 이미 방향을 완전히 친환경적으로 설정해 놓았다는 점입니다. 시기가 다소 늦어지고 디테일적인 부분에 변화가 있을 수는 있지만 유럽의 친환경 전환은 정해진 미래라고 볼 수 있습니다. 그렇기 때문에 수출 기반의 국가인 한국의 경우 이러한 유럽의 친환경 움직임에 맞춰 대비를 할 수밖에 없습니다.

한국의 탄소 중립 선언

한국은 탄소를 많이 배출하는 나라 중 하나입니다. OECD 기준으로 탄소 배출을 가장 많이 하는 나라 1위는 중국, 2위는 미국이지만 한국은 인구가 그렇게 많지도 않은데 일곱 번째로 탄소 배출을 많이 하는 나라입니다. 그래서 1인당 이산화탄소 배출량으로 따졌을 때는 사우디, 미국, 캐나다의 뒤를 이어 세계에서 네 번째로 탄소 배출량이 많은 나라인 것입니다. 중국의 경우, 1인당 배출량을 기준으로 보면 8위까지 밀려납니다.

한국은 재생 에너지 비율도 적습니다. 석탄 발전 비율이 40%를 넘어가는 반면, 재생 에너지 비율은 10%도 되지 않습니다. 산이 많아 태양광 패널을 볕이 좋은 곳에 광활하게 깔아 놓을 수도 없고, 바람도 일정하게 불지 않아 풍력도 상황이 녹록치 않습니다. 한국은 화석 에너지만 없는 것이 아니라 재생 에너지도 만들기 힘든 나라인 것이죠.

게다가 제조업 기반의 나라이다 보니 에너지 사용도 많을 수밖에 없습니다. 재생 에너지 비율을 충분히 높인다고 하더라도 태양광과 풍력은 에너지가 꾸준하게 공급되지 않는다는 간헐성 문제가 제기되는데요. 갑자기 에너지 공급이 끊어지기라도 한다면 제조업에 큰 타격이 올 수 있습니다. 그래서 재생 에너지 비율을 높이기는 하되 원자력 발전으로 그 간헐성 문제를 해결하자는 의견도 있습니다. 원자력은 후쿠시마 원전 사고처럼 시설에 문제가 생겼을 때 재앙에 가까운 문제를 일으킬 수 있지만, 탄소 배출이 거의 없는 친환경 에너지원이기 때문입니다. 우리나라에서는 앞으로도 계속해서 이 부분에 대한 논쟁이 이어질 겁니다.

또 재생 에너지의 간헐성 문제를 해결하고자 수소 산업을 육성하려는 목표를 가지고 있기도 합니다. 재생 에너지가 넘쳐날 때 남는 전기로 물을 분해해 수소로 만들어 저장했다가, 필요할 때 이 수소를 꺼내 산소와 만나게 해서 전기를 생산하는 방법인 거죠. 이를 '그린 수소'라고 부릅니다. 수소와 산소가 만나면 물 외에 다른 물질이 생성되지 않으니 궁극적인 친환경 에너지원이 될 수 있다는 겁니다. 하지만 그린 수소가 한국에서 활성화되기 위해서는 아이러니하게도 재생 에너지가 넘쳐나야 합니다. 재생 에너지가 부족하면 물을 분해해 수소로 저장해 둘 여유 전기가 없기 때문입니다. 이래저래 한국은 친환경 에너지 전환이 쉽지 않을 것 같습니다.

상황이 이렇다 보니 한국 정부에서는 쉽사리 탄소 중립 선언을 하지 못했습니다. 환경 단체는 이처럼 느린 정부의 대응에 비난을 이어 갔죠. 그러던 와중에 드디어 2020년 10월 28일, 문재인 대통령이 최초로 '2050년 탄소 중립'을 선언합니다.

2050 탄소 중립 추진 전략에는 신재생 에너지로 적극 전환을 추구하고, 철강·석유화학 등 탄소 다배출 업종에 대규모 기술 개발을 지원, 전국 2천만 세대에 전기차 충전기 보급과 수소 충전소 확대, 2050년까지 수소 에너지 전체의 80% 이상을 그린 수소로 전환, 내연 기관차 관련 산업의 구조 전환과 사업 전환 등의 내용이 포함되어 있습니다.

또 그린 뉴딜정책을 통해 친환경 산업을 육성하고 관련 산업에 일자리를 창출해 나가고자 하는 목표를 가지고 있습니다. 그린 뉴딜 2.0에는 온실가스 측정·평가 시스템을 정비하고, 저탄소·분산형 에너지의 확산, 에너지 저장 시스템 설비 기술의 개발, 수소버스 보급 확대, 녹색산업 혁신 생태계 구축 등의 내용이 담겨 있습니다.

앞으로 한국은 2050년까지 그 짧은 기간 안에 우리의 에너지 생산과 소비를 친환경적으로 전환하고 자동차와 철강, 시멘트 산업 등의 탄소 다배출 산업을 정비하는 등의 미션을 달성해야 합니다. 그렇게 하지 않으면 우리 미래 사회의 기후 상황이 더 악화될 수 있음은 물론, 현실적으로는 유럽, 미국 등 해외에 물건을 수출할 때 탄소국경세를 지불하고, 친환경적으로 전환된 소비 생태계에서 뒤처지는 등의 불이익을 받을 수도 있습니다.

***

탄소 중립과 친환경 전환이 한국에게 불리하고 유리하고를 떠나 우리에게는 미래 생존을 위한 필수적 변화입니다. 미국도 바이든 정부가 들어서며 친환경적인 정책들을 공격적으로 실행하고 있고, 온실가스 배출 총량 1위 국가인 중국 역시 2060년까지 탄소 중립을 달성하겠다는 목표를 제시했습니다. 그에 따라 중국도 2035년부터 내연 기관 자동차 판매를 중단하기로 결정했습니다. 세계는 이미 친환경적으로 패러다임이 완전히 전환되고 있는 상태인 것이죠. 아마 해마다 들려오는 이상 기후 현상 소식에 우리들은 해가 갈수록 친환경 전환에 대한 압박을 받게 될 겁니다.

앞서 1부에서 한국은 고령화 속도가 너무 빨라 그에 따른 다양한 부적응의 문제를 겪을 것이고, 이 문제들을 빠르게 해결하는 것이 곧 미래의 기회라고 말씀드렸는데요. 친환경으로의 전환 역시 마찬가지입니다. 사실 친환경으로의 전환은 우리가 고령화 속도에 적응하는 것보다 더 빠르게 이루어져야 합니다. 그리고 그 과정에서 다양한 부적응 문제가 생길 것이고, 그 문제를 해결하는 과정에서 다양한 기회들이 생겨나겠죠. 이런 거대한 전환의 시대에 여러분은 어떤 기회가 떠오르시나요?

소비 죄책감

제가 3부에서 말씀드린 기후 위기 상황들 그리고 탄소 중립에 대한 새로운 정책에 대한 소식은 앞으로 여러분이 평생 뉴스를 통해 듣게 될 내용들입니다. 이와 같은 뉴스가 들려올 빈도는 줄어들기는커녕 더 잦아들 가능성이 높습니다. 만약 이러한 기후 위기 관련 소식을 사람들이 더 자주 접하게 된다면 과연 어떤 일이 벌어질까요?

소비 죄책감이란?

혹시 여러분은 '소비 죄책감'을 느껴 보신 적이 있나요? 어떤 물건이나 서비스를 소비한 뒤, '아, 내가 또 나 좋자고 지구에 해를 가했구나...' 이런 생각이 드셨다면 그것이 바로 소비 죄책감입니다. 만약 기후 위기에 대한 소식을 지금보다 자주, 심지어 구체적으로 듣게 된다면 여러분의 소비 죄책감은 더욱 커질 가능성이 높겠죠.

이는 빠른 친환경 전환 요구에 사회가 따라가지 못하며 발생하게 된 부적응의 문제 중 하나라고 할 수 있습니다. 따라서 이 소비 죄책감 문제를 해결하지 않는다면 소비자는 소비할 때마다 죄책감을 느껴 괴로울 것이고, 기업은 판매가 늘지 않아 괴로울 겁니다. 만약 지금보다 더 많은 사람들이 이러한 소비 죄책감을 느끼게 된다면 사회에 어떤 일들이 펼쳐질까요?

세일에 반대하는 사람들

혹시 미국 온라인 상거래 업체 아마존이 대규모 세일 행사인 '블랙 프라이데이'를 진행할 때마다 세계 곳곳에서는 이 세일에 반대하는 시위가 일어난다는 사실을 알고 계신가요? 세일한다고 반대 운동을 하는 사람들이 있다니 참 신기한데요. 그들의 반대 이유는 이렇습니다. 세일 행사가 사람들의 과소비를 부추기고, 그에 따라 과생산, 과폐기가 일어난다는 것이죠. 또 택배 운송 과정에서의 환경오염도 생각하자는 겁니다.

여러분은 세일 행사를 좋아하시나요? 저는 좋아합니다만, 앞으로 소비 죄책감을 느끼는 사람들이 늘어난다면 한국에서도 세일에 반대하는 사람들이 보다 적극적인 행동에 나설지도 모르겠습니다. 만약 앞으로의 분위기가 그렇게 흘러간다면, 여러분은 세일 행사를 거부할 자신이 있으신가요?

의류 브랜드 B, 이 옷을 사지 마세요

소비 죄책감이 커지게 된다면 옷을 구매할 때에도 죄책감을 느낄 수 있습니다. 사실 현대인들에게는 옷이 넘쳐나죠. 옷은 이제 몸을 보호하는 의복 수준이 아니라 나를 표현하는 '패션'의 영역으로 들어와 있습니다. 그렇다 보니 아무리 옷이 넘쳐나도 매해 계절이 바뀔 때마다 옷이 없다며 쇼핑을 하게 됩니다.

패션업계는 이러한 심리를 이용해 이득을 누립니다. 패션업계에서 디자인을 할 때는 한 가지 미션이 있습니다. 바로 '올해는 새롭지만 내년에는 촌스러울 만한 옷을 만들라'는 미션입니다. 올해 산 옷이 내년에는 디자인이나 컬러가 촌스럽게 느껴져야 계속 새로운 소비가 일어날 테니까요. 게다가 이러한 빠른 패션 변화를 적극 반영하면서도 저렴한 값에 옷을 판매하는 자라ZARA, H&M 등의 패스트 패션 브랜드들이 등장하며 세계인의 옷 소비량은 더욱 증가하게 됐습니다. 즉, 생산과 유통 과정에서 탄소 배출은 늘어나고 의류 쓰레기는 넘쳐나게 된 것이죠.

그런데 2011년에 한 유명 브랜드가 독특한 마케팅을 펼쳐 화제가 되었습니다. 캠페인 문구는 이렇습니다. '이 자켓을 사지 마십시오.', '새것보다 낫습니다.' 아니, 옷을 판매하는 브랜드가 옷을 사지 말라니, 도대체 이게 무슨 일일까요? 그들의 주장은 이렇습니다. 자신의 브랜드는 옷을 오래 입을 수 있도록 튼튼하게 만들었으니 굳이 새 옷을 구매하지 말고 오래 입어라, 그리고 중고 거래를 해도 좋다는 겁니다. 심지어 이 캠페인을 게시한 시점은 아마존이 블랙프라이데이 세일 행사를 진행할 때였습니다. 사람들이 한창 새 옷을 구매하려고 준비할 때 옷을 사지 말라는 캠페인을 벌인 겁니다. 재밌죠?

이 브랜드는 바로 아웃도어 패션으로 유명한 '파타고니아Patagonia'입니다. 이 캠페인 후 브랜드는 어떻게 되었을까요? 오히려 매출이 늘어났다고 합니다. 고도의 상술인지 진심인지는 모르겠습니다만, 중요한 사실은 이

그림1 파타고니아의 캠페인

렇게 사람들의 소비 죄책감을 완화시켜 주고, 친환경적인 마케팅을 펼쳤을 때 오히려 좋은 결과를 가져올 수도 있다는 것이죠.

슈퍼 밴드 曰, 월드 투어 안 합니다

'세계적으로 유명한 슈퍼 밴드의 삶'이라고 하면 어떤 모습이 떠오르시나요? 전용기를 타고 전 세계를 돌아다니며 공연을 펼치는 모습이 떠오르지 않나요? 그런데 한 슈퍼 밴드가 2019년 돌연 월드 투어 중지를 선언합니다. 그들은 바로 2016년 내한 공연을 펼쳐 티켓 예매 대란을 일으켰던 영국의 인기 밴드 '콜드플레이Coldplay'입니다. 이들이 월드 투어를 중지한 이유는 환경적으로 해롭기 때문이라고 합니다.

이들은 월드 투어 중지를 선언하며 앞으로 1~2년 정도 시간을 들여 자신들의 투어가 지속 가능하고 이로울 수 있는 방법을 적극적으로 고안하겠다는 이야기를 합니다. 그리고 그들에게 가장 어려운 과제는 바로 비행이라는 이야기를 덧붙입니다. 비행기를 타고 다니며 지구상에 탄소를 내뿜고 싶지 않다는 것이죠.

▌ 비행 수치 운동

사실 비행기는 여러 운송 수단 중에서 탄소 배출량이 가장 많습니다. 국내 비행의 탄소 배출은 높은 고도에서의 2차 효과까지 감안했을 때 1km당 254g이며, 해외 장거리 비행의 경우 1km당 195g입니다. 국내 비행이 해외 장거리 비행보다 탄소 배출이 더 많은 이유는 비행기가 탄소 배출을 가장 많이 하는 순간이 바로 이륙을 할 때이기 때문입니다. 그 커다란 쇳덩어리를 하늘에 띄우려면 얼마나 많은 에너지가 필요하겠습니까? 그래서 만약 여러분들이 "나는 비행기 탄소를 줄이려고 해외 여행 대신 제주도를 자주 가요."라고 하신다면 오히려 탄소 배출을 더 하고 계실 수도 있는 겁니다. 반면 한 사람이 자동차를 운전할 때 배출되는 탄소의 양은 1km당 171g, 버스의 경우 104g, 일반 기차의 경우 41g로 비행기보다는 탄소 배출이 적은 편입니다.[5]

비행기에 의한 탄소 배출량이 이렇게 많다 보니 비행기를 타는 것에 죄책감을 느끼는 사람들이 등장하기 시작했습니다. 그리고 이러한 분위기가 독일, 스웨덴 등의 유럽 국가에서 사회적 운동으로 번지기도 했는데요. 바로 '플라이트 쉐임Flight Shame'이라고 불리는 비행 수치 운동입니다. 나 하

---

[5] BEIS/Defra Greenhouse Gas Conversion Factors 2019

나 편하게 즐기자고 탄소 배출이 많은 비행기를 타고 이동하는 것은 수치스러운 일이라는 것이죠.

그래서 비행기 이용에 죄책감을 느끼는 유럽인들은 비행기 대신에 느리지만 탄소 배출이 적은 기차를 주로 이용한다고 합니다. 이는 사실 유럽이기 때문에 가능한 일이기도 합니다. 유럽은 거의 대부분의 국가가 같은 대륙에 위치하고 있어 기차만 이용하더라도 나라간 이동이 가능하니까요. 하지만 한국은 어떻죠? 한국은 반도 국가이기는 하지만 위쪽이 북한으로 막혀 있기 때문에 사실상 섬나라입니다. 우리가 다른 나라로 가기 위해서는 비행기와 선박, 2가지 선택권만이 있는 것이죠. 하지만 여러분께 환경을 위해 비행기 대신 배를 이용하라고 하면 어떻게 하시겠습니까? 사실 한국에서는 어려운 일이죠. 참 한국은 이래저래 친환경적 생활이 어려운 것 같습니다.

***

여러분은 지금 소개해드린 소비 죄책감의 사례들을 보면서 어떤 생각이 드셨나요? 혹시 '저렇게까지 할 필요가 있나? 너무 과한데? 친환경쯤 안 한다고 무슨 죄책감까지 들어?'라고 생각하셨을 수도 있습니다.

사실 유럽의 경우에는 친환경적인 감수성이 상당히 높은 것 같습니다. 환경 운동을 가장 적극적으로 펼치는 곳도 대부분 유럽이고, 나라마다 친환경 정책을 펼치는 정당의 파워가 센 편이죠. 한국은 그에 비하면 친환경적인 감수성이 아직은 높지 않은 상태라고 생각됩니다. 그러니 이번 장에서의 사례들이 생소하게 느껴지는 것이 어쩌면 당연할 수 있겠죠.

하지만 앞으로 기후 위기가 더욱 심각해지고 관련 뉴스들이 계속 언론을 통해 보도가 된다면 이렇게 소비 죄책감을 느끼는 사람들이 더욱 늘어나지 않을까 하여 관련 내용에 대해 함께 생각해 보고자 이런 독특한 사례들을 소개했습니다. 실제로 요즘 한국에서도 기업, 정부, 개개인들의 친환경적인 시도가 다양하게 진행되고 있죠? 특히 기업의 경우에는 고객들의 소비 죄책감을 줄여 주지 못하면 그들의 제품과 서비스가 소비되지 않기 때문에 다양한 친환경 전환 시도를 해 나가고 있는 겁니다. 그렇다면 다음 장에서는 소비 죄책감을 줄여 주기 위해서 기업들이 어떤 움직임을 보이고 있는지 살펴보겠습니다.

친환경 산업

친환경 소재들의 활약

이번 장에서는 탄소 배출 관련 내용뿐만 아니라 증가하고 있는 플라스틱 쓰레기를 어떻게 해결할지 등을 포함해 보다 광범위한 친환경 산업들을 알아보려고 합니다. 먼저 '만드는 데에 5초, 사용하는 데에 5분, 분해되는 데에 500년이 걸린다'는 플라스틱을 어떻게 대체하려고 하는지를 알아보죠.

플라스틱 생수병의 경우 요즘 많이 달라지고 있는 것 같습니다. 쉬운 분리 배출을 위해 라벨 없이 출시되는 생수병들이 늘어나고 있죠. 이 투명 플라스틱 페트병을 잘게 갈아 다시 플라스틱 재료로 만들어 재활용하려는 것이 목적인데요. 아예 플라스틱이 아닌 해초 성분으로 생수병을 만들어 시간이 지나면 분해되어 사라져 버리도록 만드는 회사도 있습니다.

바로 런던의 친환경 패키징 회사 '놋플라Notpla'의 이야기인데요. 이들은 '포장을 사라지게 만들겠다'는 미션을 가지고 다양한 생분해성 패키징을

그림1 **놋플라**Notpla**의 해초 물병**

선보이고 있습니다. 이들이 만든 해초 성분의 반투명 포장재는 물과 음료수를 넣어도 일정 기간 액체가 새어 나오지 않습니다. 심지어 이 제품은 자연에서 쉽게 분해될 뿐만 아니라 식용이 가능하기 때문에 물과 함께 해초 포장재를 먹어 치울 수도 있습니다. 쓰레기가 아예 나오지 않는 것이죠. 이들은 온라인 배달 서비스 업체인 '저스트 잇Just eat'과 파트너십을 맺어 케첩 포장을 이 해초로 만든 생분해성 포장재로 바꾸는 시도를 하기도 했습니다.

또 동물의 가죽을 대체하려는 회사들도 있는데요. 네덜란드의 '로테르담Rotterdam'이라는 회사는 버려진 과일을 이용해 가죽을 만드는 기술을 가지고 있습니다. 매년 전 세계적으로 13억 톤의 음식이 버려지는데, 이렇게 버려지는 음식물의 생산과 유통 과정에서도 당연히 탄소가 배출됩니다. 그뿐만 아니라 동물 가죽 생산 과정에서도 탄소가 배출되니 버려지는 과일을 이용해 유사 가죽을 생산한다면 지구 환경에 큰 도움이 될 수 있는 것이죠. 그래서 이들은 버려진 망고나 복숭아 등의 과일을 으깨고 분해해 실

그림2 **로테르담의 공동 창업자 Koen Meerkerk & Hugo de Boon**

제 가죽만큼이나 질기고 질감 역시 비슷한 유사 가죽 제품을 만들고 있습니다.

한국에서는 버섯 균사체를 이용해 가죽을 만드는 '마이셀MYCEL'이라는 회사도 있습니다. 버섯으로 만들지만 그 질감이나 질김의 정도는 천연 가죽에 밀리지 않는다고 하는데요. 천연 소가죽을 가공하는 데에는 무려 10개의 단계를 거쳐야 하지만 버섯 균사체 가죽은 공정 과정을 크게 줄여 생산비 절감은 물론, 폐기물까지 감소시킬 수 있다고 합니다. 이 회사는 현대 자동차의 사내 스타트업으로 시작해 현재는 분사 후 버섯을 이용한 대체육도 개발 중이라고 합니다. 버섯 균사체가 여기저기 참 유용하게 쓰이죠?

대기업 역시 변하고 있습니다. 화장품 업체 로레알의 경우 2025년까지 자사 생산 제품 패키징의 100%를 재활용 플라스틱, 리필용기, 퇴비화가 가능한 생분해성 플라스틱으로 바꿀 것이라는 선언을 했고요. 나이키의 경우 이미 친환경 소재의 제품들을 판매하고 있습니다. '친환경' 표시가 있는 나이키의 의류들은 최소 55%의 재활용 소재가 사용되었으며, 신발의 경우 무게의 최소 20%가 재활용 소재로 제작되었다고 합니다. 저도 나이키에 가면 친환경 소재 신발에 더 관심을 갖고 신어 보는데요, 안타깝게도 다른 신발보다 쿠션감이 좋지 않아 구매는 못하고 있습니다.

아디다스의 경우에는 '퓨처 크래프트 루프Future Craft Loop'라는 독특한 컨셉의 신발을 공개하기도 했습니다. 신발 전체가 열가소성 폴리우레탄TPU 동일 소재로 되어 있어 신발을 신다가 닳으면 신발 전체를 갈아서 분해한 뒤 신발 재료로 만들고 그 재료로 다시 똑같은 신발을 생산할 수 있다는 재미난 아이디어인데요, 과연 얼마만큼의 친환경 효과가 있을지 지켜봐야겠습니다.

유명 영화배우인 레오나르도 디카프리오Leonardo DiCaprio는 환경 문제에 굉장한 관심을 가지고 있는 것으로 유명합니다. 그가 처음으로 아카데미 남우주연상을 수상했을 때도 수상 소감으로 지구 온난화에 대한 연설을 할 정도였으니까요. 그런 그가 직접 투자하기까지 한 친환경 신발 회사가 있습니다. '올버즈Allbirds'라는 브랜드인데요. 일단 양모를 신발의 소재로 사용하기 때문에 소재를 가공하는 과정이 줄어 일차적으로 탄소 배출이 감소합니다. 밑창의 경우 사탕수수와 천연고무를, 신발끈은 100% 재활용 폴리에스터를 사용한다고 하네요. 게다가 양모를 사용하다 보니 착용감이 가볍고 편안하다는 장점이 있습니다.

사실 저도 몇 년 전 친환경 운동화라고 홍보하고 있는 한 해외 브랜드의 운동화를 일부러 구매한 적이 있는데요. 디자인도 좋고 기업 철학도 좋습니다만, 신발이 너무 불편해서 도저히 오래 걸을 수가 없었습니다. 아마 천연고무를 사용해 밑창이 딱딱하고 무거운 단점이 있었던 것 같습니다.

친환경도 중요하지만 그렇게 만들어진 신발이 불편하다면 지속적인 소비가 일어나기는 힘들겠죠. 기존 제품만큼이나 편하고 편리하면서도 환경적으로 유익한 제품을 만들어야 힐 텐데, 그게 쉽지는 않은 것 같습니다. 이마 친환경 사업을 하시는 분들의 가장 큰 어려움이겠죠.

또 대표적인 패스트 패션 브랜드 H&M의 경우 '루프LOOOP'라는 의류 재활용 기계를 선보이기도 했는데요. 입다가 해진 옷을 가져가면 루프 기계가 그 옷을 분해해 실로 만듭니다. 그리고 그렇게 뽑아낸 실로 다시 새 옷을 만들어 주죠. 이 과정에서 물과 화학 물질은 전혀 사용되지 않는다고 합니다. H&M이 이런 기계까지 만들어 선보인 이유는 역시나 지속 가능성을 무시할 수 없기 때문이겠죠.

제로 웨이스트샵

여러분은 혹시 제로 웨이스트 샵에 방문해 보신 적 있으신가요? 제로 웨이스트 샵은 말 그대로 쓰레기가 나오지 않는 가게입니다. 보통 친환경적으로 제작된 일상 소품들을 많이 판매하는데요. 식료품, 세제, 샴푸 등을 구매할 때 패키징된 완제품을 구매하는 것이 아니라, 내가 가져간 다회용 용기에 필요한 양만큼만 덜어오는 리필 스테이션 시설을 갖춘 곳도 있습니다.

유럽에는 제로 웨이스트 샵이 꽤 오래전부터 생겨나고 있었는데요. 한국에서는 서울을 중심으로 몇 곳이 오픈되더니 수도권과 전국으로 조금씩 확산이 되고 있는 상황입니다. 대표적으로는 서울에 위치한 '더 픽커The Picker'와 '알맹상점'이 있습니다. 저도 '더 픽커'에 방문해 직접 가져간 용기에 식료품을 담아왔는데요. 쓰레기를 줄였다는 보람은 있었지만 용기를 가지고 다녀야 한다는 불편함과 원하는 양을 직접 따라야 한다는 번거로움, 그리고 아직까지 샵이 많지 않아 멀리 원정을 다녀야 한다는 등의 단점이 크게 느껴져 지속적으로 이용하지는 않게 됐습니다.

위에 언급한 소규모 제로 웨이스트 샵 말고 대기업들도 유사한 방식을 활용하고 있는데요. 화장품 업체 아모레 퍼시픽의 경우 자사의 바디워시나 샴푸 등을 원하는 만큼 살 수 있는 리필 스테이션을 일부 아모레 스토어 매장에 설치했습니다. 다만 아무 용기나 가져가서 제품을 따라 올 수 있는 것은 아니고 지정된 용기를 구매해 사용해야 합니다.(제품의 변질을 막기 위한 조치라고 하네요.) 그런데 이 리필 방식을 이용할 때는 좋은 점이 있습니다. 바로 제품의 가격이 시중 가격의 절반 정도라는 것이죠. 고객들에게 확실한 가격적인 이점을 제공하는 것입니다. 이러면 지속적으로 이용할 동기가 되겠죠?

이마트 역시 '에코 리필 스테이션'을 일부 점포에 설치해 운영하고 있는데요. 세탁 세제와 섬유 유연제를 처음에는 용기에 담겨진 완제품으로 구매하고, 다 사용하면 다시 그 용기를 가져와 하나 가득 리필해 가는 방식입니다. 이 역시 타 브랜드에 비해 가격이 더 저렴하기 때문에 가격적 측면에서 소비자들에게 어필할 수 있다는 장점이 있습니다.

쉽지 않은 친환경 생활

물론 이러한 친환경적인 시도를 한다고 해서 무조건 좋은 반응을 이끌 수 있다는 것은 아닙니다. 그래서 이번 장에서 친환경 소재와 제품, 제로 웨이스트 샵에 대해서 설명하며 '실제로 신어보니 불편하다', '이용해 보니 번거롭더라'하는 이야기를 일부러 덧붙인 것입니다. 저도 언론의 보도만 듣고 '와! 좋은데?'라고 생각을 하고 일부러 찾아가 실제로 구매하고 이용했다가 실망하는 경우가 많았거든요. 이러한 단점들을 경험한 상태에서 이 책을 읽고 계신 여러분에게 친환경 소재의 제품을 이용해야 한다고, 제로 웨이트스트 샵이 많아져야 한다고 단순하게만 말씀드릴 수는 없었습니다. 직접 이용해 보면 너무 불편하고 번거로우니까요.

그렇기 때문에 이러한 친환경 소재 제품들과 제로 웨이스트 샵이 인기를 얻기 위해서는 아무래도 쓰레기를 줄여야 한다는 시민들의 의지도 중요하겠지만, 친환경적임에도 불구하고 상품의 질 자체가 얼마나 우수한지, 가격적인 이점을 갖고 있는지, 제로 웨이스트 샵이라면 이용하고자 하는 고객들을 수용할 수 있을 만큼 많은 매장을 확보했는지, 이 매장들은 고객들의 생활 공간과 얼마나 가까이 있는지, 용기를 가지고 가야 한다는 불편함을 사람들이 얼마나 감수할 수 있을지 등 다양한 문제에 대해 충분히 고민하고 개선이 이루어져야만 할 것입니다.

특히 클릭 몇 번으로 다음 날 아침 집 앞까지 무료 배송이 되는 시대에 친환경을 위해 다양한 불편을 감수하면서까지 제로 웨이스트 샵을 이용한다는 것이 쉬운 일은 아니겠죠. '편리하지만 덜 친환경적인 방식'과 '친환경적이지만 덜 편리한 방식' 중 무엇을 선택할 것이냐의 고민은 앞으로 우리들 생활에서 지속적으로 마주칠 딜레마가 될 것 같습니다.

따라서 이러한 친환경 전환의 시도는 완성형 성공 사례라기보다는 친환경 일상으로 넘어가기 위한 초기 과정으로 생각할 수도 있을 것 같습니다.

어떻게 하면 사람들이 친환경적인 제품을 더 많이 이용할 수 있을까요? 어떻게 하면 제로 웨이스트 샵의 불편함과 번거로움을 줄이고 쓰레기가 배출되지 않는 소비를 할 수 있을까요? 아직도 가야 할 길이 멉니다. 만약 여러분이 여기에 대한 해결 방안을 찾으신다면 그것이 여러분에게는 새로운 기회가 될지도 모르겠습니다.

기후 위기와 식량 부족

전 세계 인구가 100억 명이 되고 기후 위기가 더욱 심각해질 약 2050년경의 미래, 여러분은 어떤 점이 가장 걱정되시나요? 혹시 식량이 부족하지는 않을까 하는 걱정이 되지 않으시나요?

이 식량 부족에 대한 걱정은 1798년 영국의 경제학자인 토마스 맬서스 Thomas Malthus가 쓴 인구론에서도 등장하는데요. 책에는 식량이 산술급수적으로 증가하는데, 인구는 기하급수적으로 증가하기 때문에 인구 증가로 인한 식량 부족 문제가 발생할지도 모른다는 우려의 내용이 담겨 있습니다. 다 아시겠지만 다행히도 그의 우려는 정말 우려로 끝났죠. 농업 기술과 비료의 발달 등으로 인구 증가를 상쇄하고도 남을 만큼 충분한 식량이 생산됐기 때문입니다. 그런데 이 오래된 걱정이 기후 위기로 인해 21세기에 다시 언급되고 있습니다. 과연 기후 위기는 우리의 식량 생산에 어떠한 영향을 끼칠까요?

한국의 농산물 생산 환경 변화

우리가 가장 먼저 체감할 수 있는 것은 기온이 올라가게 되며 발생하는 농산물 생산 환경의 변화입니다. 우리나라에서도 농작물의 주 생산지가 남부지방에서 충북·강원지역으로 계속 올라가고 있는 것이죠. 앞으로도 기온이 계속해서 상승한다면 우리나라가 아열대 기후로 바뀔 가능성까지 언급되고 있습니다. 그렇게 된다면 사과, 복숭아, 포도 등의 재배 가능지는 점차 감소되고 대신 감귤, 단감 심지어 바나나, 망고 등의 생산은 늘어날 수 있겠죠. 심한 경우 21세기 말에 사과는 강원도 일부 지역에서만 재배될 가능성도 있습니다. 그쯤 되면 우리에게 익숙한 과일들은 거의 수입을 해서 먹게 될지도 모르겠습니다.

식량 자급률이 낮은 대한민국

기온이 상승함에 따라 농산물의 생산 환경이 변하면 그에 맞춰 재배 작물을 바꾸면 됩니다. 적응에 어려움은 있겠지만 재앙이라고까지는 할 수 없겠죠. 문제는 대한민국의 식량 자급률입니다.

식량 자급률이란 그 나라에서 생산되는 식량이 그 나라에서 얼마만큼 소비되는가에 대한 계산입니다. 한국인들에게 필요한 식량을 모두 한국에서 생산한다면 식량 자급률은 100%가 되겠죠. 하지만 다들 아시겠지만 우리나라에서 농업의 비중은 계속해서 줄어들고 있습니다. 1부에서 말씀드린 것처럼 이미 노인들도 농사를 짓는 사람보다 단순노무직이나 서비스업에 종사하고 있는 사람이 더 많습니다.

그렇다면 한국의 식량 자급률은 몇 퍼센트나 될까요? 한국농촌경제연구원의 자료에 따르면 우리나라의 식량 자급률은 2019년 기준으로 45.2% 라고 합니다. 절반도 채 되지 않는 것이죠. 심지어 곡물의 경우에는 자급 률이 21.7%밖에 되지 않습니다. 그나마 작물마다 자급률에 차이를 보이기 때문에 감자나 쌀의 자급률을 약 95%로 상당히 높은 수치를 보이고 있습니다.

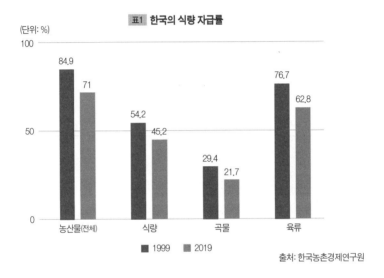

표1 한국의 식량 자급률

(단위: %)

출처: 한국농촌경제연구원

하지만 문제는 '밀'입니다. 한국인들의 식습관이 서구식으로 변하며 쌀의 소비가 줄어들고 밀가루 소비가 늘어나고 있는 것인데요. 밀의 자급률은 겨우 0.9%밖에 되지 않습니다. 그 밖에 콩류도 자급률이 5.4%, 옥수수의 경우 0.8%입니다.[6] 꽤나 놀라운 수치이죠? 그러면 그 부족한 식량은 다 어디서 오는 걸까요? 네, 모두 다른 나라로부터 수입을 합니다. 우리나라

---

[6] 농림축산식품부, 2017년 기준

의 곡물 주요 수입국은 미국, 브라질, 아르헨티나, 호주 등입니다.

문제는 여기에서부터 시작됩니다. 온난화로 인해 지구의 온도가 높아지면서 10년에 한 번 있을까 말까 한 폭염, 홍수, 가뭄 등의 재난 상황이 더 자주 일어나게 된다면 식량 생산에는 어떠한 영향이 있을까요? 이미 한국 안에서도 폭염에 의해 가축이나 농작물이 피해를 입거나, 긴 장마에 농작물이 폐기되는 등의 현상으로 농산물 가격이 폭등하는 상황을 여러 번 경험했습니다. (앞으로는 이러한 상황을 더 자주 만나게 될 가능성이 높습니다.)

그런데 만약 우리나라에 곡물을 주로 수출하는 국가에서 이상 기후 현상으로 농산물 생산에 큰 피해가 생기게 된다면 무슨 일이 일어날까요? 만약 수출국에서 자국민을 우선으로 하여 더 이상 우리나라에 식량을 수출할 수 없다고 선언한다면, 우리의 식탁 물가는 폭등할 수밖에 없을 겁니다. 특히 소비가 늘어나고 있는 밀의 수입이 끊긴다면 그 피해는 더욱 크겠죠. 라면부터 빵, 과자, 국수 등 밀가루를 주 원료로 식품을 제조하거나 그 재료로 음식을 하는 자영업자들에게는 매우 큰 타격을 줄 것입니다. 이는 조류 독감으로 인해 계란 값이 상승한 것 이상의 큰 피해가 될지도 모르겠습니다.

▌따듯해지면 농사짓기 더 좋지 않을까?

식량 위기의 가능성에 대해서 이렇게 반론하는 사람도 있습니다. 기온이 올라 따듯해지면 오히려 지구가 농사짓기 더 좋은 환경으로 바뀔지도 모른다는 것이죠. 물론 그렇게 된다면 좋겠습니다만, 일부 과학자들은 현재 곡물이 많이 생산되는 지역은 지금이 가장 최적의 온도 상태이기 때문에 여기서 온도가 더 높아지게 된다면 생산성이 계속 하락할 것이라는 전망을 내놓고 있습니다.

그렇다면 기온이 너무 낮아서 농사를 짓기 어려웠던 지역은 오히려 농사를 짓기 더 좋아지는 것이 아닐까요? 예를 들어 러시아쪽의 영구동토층이 녹게 되면 그곳에서 농사를 지을 수 있을지도 모르니 말입니다. 하지만 문제는 영구동토층의 경우 비옥도가 농사를 짓기에 최적의 상태가 아니기 때문에 생산성이 그렇게 좋지 않을 것이라는 의견도 있습니다.

물론 획기적인 농사 기법의 발달로 상황이 바뀔지는 모르겠지만, 기후 위기로 인해 찾아올 미래의 상황을 무조건 낙관적으로 바라봐서는 안 되겠습니다. 낙관하고 있다가 재앙에 가까운 상황을 맞이하기보다는, 최악의 시나리오를 만들어 놓고 그것이 현실이 되면 빠르게 대비하는 것이 훨씬 현명한 방법일 테니까 말입니다.

▌식량이 없다면 미래도 없다

사실 우리 인류는 지난 100년 간 엄청난 문명의 발전을 이루어 냈습니다. 정말 말도 안 되는 변화였죠. 그 과정에서 우리는 수많은 새로운 발견과 조우했습니다. 현재 우리에게 필수품으로 인식되는 인터넷, 자동차, 컴퓨터가 그렇습니다. 하지만 그것들이 없어도 살 수는 있습니다. 불편하지만 생존에는 문제가 없겠죠. 하지만 식량이 부족하다면 어떨까요? 인류를 먹여 살릴 충분한 식량이 없다면 인류에 미래는 없습니다. 생존이 불가능할 뿐만 아니라 정말 최악의 경우 국가 간의 전쟁이나 내전이 일어날 가능성도 있죠. 특히 저개발 국가, 저소득층일수록 그 피해는 더욱 클 겁니다.

그들은 기후 변화로 인한 피해로 생존을 위해 싸울 수밖에 없는 상황에 놓이게 될지도 모릅니다. 그리고 그들이 난민이 됐을 때, 식량에 여유가 있는 부유한 나라는 어떠한 선택을 해야 할까요? 그렇기 때문에 식량 문제는 곧 안보의 문제이기도 합니다.

그래서 식량 문제는 앞으로의 세계 인구 증가 상황과 기후 위기를 생각해 봤을 때 우리에게 무엇보다 중요한 문제라고 할 수 있습니다. LED 조명과 센서, 데이터 과학 등을 활용한 도심형 실내 수직농장 기술을 개발하거나 기존 농어촌 지역에도 스마트팜 기술을 도입하는 등 보다 과학적인 첨단 농업 기술을 개발하여 적용하는 것이 식량 문제에 대비할 수 있는 방법이 될 수 있겠죠. 하지만 기후 위기가 몰고 올 폭염, 홍수, 가뭄 등 재앙과도 같은 피해 상황에서 센서와 데이터로 무장한 첨단 농업이 얼마나 효과가 있을지는 아직 미지수입니다.

과연 18세기 맬서스의 식량 부족 위기론이 기우였던 것처럼, 21세기 기후 위기로 인한 식량 문제 위기론 역시 무사히 해결되어 넘어갈 수 있을까요? 만약 우리가 살아가는 동안 이 문제가 더욱 심각해진다면, 우리 미래에 식량 산업보다 더욱 중요한 산업은 없겠죠.

육류 소비는
지속 가능할까?

미래 식량과 관련해 우리가 꼭 알아 두어야 할 부분이 바로 육류 소비 증가에 대한 문제입니다. 아니, 맛있어서 먹는 고기가 왜 문제가 된다는 걸까요? 사실 고기를 먹는 것 자체는 기후 위기와 관련해 큰 문제가 되지 않습니다. 문제는 현대인들이 고기를 '지나치게' 많이 먹다 보니 이것이 기후 위기에 꽤나 심각한 영향을 끼치기 시작한 것이죠.

자원 먹는 하마가 된 축산업

먼저 고기 1칼로리를 얻기 위해 얼마만큼의 칼로리가 투입되는지 살펴보겠습니다. 닭의 경우에는 체구가 작은 만큼 닭고기 1칼로리를 얻는 데에 2칼로리 밖에 들어가지 않습니다. 돼지고기의 경우에도 3칼로리가 투입이 되니 그렇게까지 비효율적이지는 않죠. 문제는 소고기입니다. 소고기 1칼로리를 얻기 위해서는 무려 6칼로리가 들어갑니다.[7] 소의 그 큰 몸집을 생각한다면 이해가 되는 부분입니다. 그 몸의 크기와 생명을 유지하려면 당연히 칼로리 소비가 많을 것이고, 그만큼 사료도 많이 먹는다는 거죠. 거의 사람 8명이 먹을 곡물의 양을 소 한 마리가 먹기도 합니다. 즉, 소고기를 섭취하는 것은 너무 비효율적이라는 겁니다. (그래서 환경을 생각하신다면 소나 돼지보다는 닭을 드시는 것이 낫습니다.)

상황이 이렇다 보니 우리가 기르는 곡물의 상당 부분이 사람이 아닌, 소를 먹이기 위해서 길러지고 있다고 해도 과언이 아닐 겁니다. 심지어 지구 농토의 절반 가량이 축산업을 위한 사료를 생산하기 위해 쓰이고 있다는 주장도 있습니다. 사실 현재의 곡물 생산량으로 따졌을 때는 전 세계 사람들을 먹이고도 남을 만큼의 양이 생산되고 있습니다. 그럼에도 불구하고 아직도 극빈 국가의 경우 음식이 없어 굶어 죽는 아이들이 있는 이유는 식량이 세계에 필요한 사람들에게 골고루 분배되지 못하고, 잘 사는 사람들이 '맛'을 위해 먹는 소고기에 상당 부분 소비되고 있기 때문입니다. 상식적으로 생각을 해 보더라도 같은 칼로리를 섭취한다고 했을 때 우리가 바로 곡물을 섭취하는 것과 그 곡물을 소에게 먹여 소를 성장시킨 후 도축해 소고기를 먹었을 때의 에너지 효율과 탄소 배출량에는 상당히 큰 차이가 있겠죠.

▌지나친 육류 소비로 인한 기후 위기
▌문제는 이러한 비효율성뿐만이 아닙니다. 축산업에 필요한 사료를 생산

---

7 '빌 게이츠, 기후재앙을 피하는법' 빌 게이츠저, 김영사 p.166

하고 고기를 가공하고 유통하는 데에도 많은 탄소가 배출되기 때문에 기후 위기에 직접적인 영향을 끼친다는 것이죠. 게다가 많이 알려진 사실이지만 소의 방귀나 트림은 메탄가스입니다. 메탄가스는 이산화탄소보다 최소 20배 이상 온실가스 효과가 높은 것으로 알려져 있기 때문에 지구상에 소와 같은 반추동물들의 수가 늘어날수록 온난화에 영향을 미치게 되는 것이죠. 참고로 전 세계에는 소 15억 마리, 돼지 10억 마리, 닭 230억 마리가 존재하는 것으로 추정되고 있습니다. 현재 약 15억 마리의 소가 방귀와 트림을 통해 공기 중에 메탄가스를 방출하고 있는 겁니다.

이러한 육류 소비 증가에 대한 문제를 다룬 다큐멘터리 '카우스피라시 Cowspiracy'에서는 여러 문제를 지적하고 있습니다. 먼저 축산으로 발생하는 온실가스가 전체 교통수단의 총합보다 많다는 겁니다. 또 축산업에 아산화질소가 배출되는데 이는 이산화탄소보다 296배 높은 온실 효과를 일으킨다고 합니다. 게다가 세계 물 소비의 30%, 땅 표면의 45%가 축산업을 위해 사용되고 있고, 심지어 브라질에서는 축산업을 확대하기 위해 일부러

그림1 카우스피라시 포스터

아마존의 삼림을 파괴하고 있다는 의혹도 제기되고 있습니다. 종합적으로 말하자면 기후 변화의 51%가 축산업의 영향이라는 것이죠.

물론 이 다큐멘터리가 2014년에 공개되었기 때문에 여기에 나온 수치들은 지금의 상황과 꽤 다를 겁니다. 그리고 축산업을 통해 배출되는 온실가스의 영향은 연구에 따라 꽤 다른 결과를 내놓기도 합니다. 굉장히 민감한 분야이기 때문에 팩트 체크에 대한 갑론을박도 상당하죠. 하지만 1993년에 출간된 제러미 리프킨Jeremy Rifkin의『육식의 종말』이라는 책부터 2021년에 출간된 빌 게이츠의『기후재앙을 피하는 법』까지 유명 지성인들은 지나친 육류 소비로 인한 문제를 꾸준히 제기해 오고 있습니다. 수치의 차이는 있지만 기후 위기에 큰 영향을 주고 있다는 사실을 부정하기는 힘들다는 것이죠. 그래서 우리가 일상생활에서 탄소 배출을 줄일 수 있는 가장 효과적인 방법은 육류, 특히 소고기를 줄이는 것이라는 주장이 많습니다. 실행하기는 쉽지만 가장 유지하기 어려운 방법이기도 하죠.

심지어 국가에서 이러한 문제를 인식하고 법적으로 제재를 시도한 나라들도 있습니다. 덴마크의 경우 지난 2016년에 육류세 도입을 검토하기도 했는데요. 육류세로 얻은 수익금을 두부나 야채, 과일같이 환경에 손상을 덜 주는 건강한 대체 식품을 지원하는 데에 사용하자는 취지였습니다.[8] 또 뉴질랜드에서는 2003년에 가축 머릿수에 따라 '방귀세'를 매기는 방안을 추진하기도 했습니다.[9] 적색 고기를 줄여 기후 위기에 대응하자는 취지였습니다만, 모두 법안 통과에는 실패해 실제로 적용되지는 못했습니다.

---

8 동아일보 '고기에도 세금 물리나? 덴마크, 육류세 도입 검토' 2016.05.03
9 중앙일보 '오죽하면 '방귀세' 생길 뻔…자동차 가스보다 독한 소 방귀' 2021.02.12

혹시 여러분은 이 글을 읽고 환경을 위해 고기를 좀 줄여야겠다는 생각이 드셨나요? 아니면 '모르겠고 난 고기를 계속 먹겠다!'라고 생각하셨나요? 여기에 대해 제 유튜브 채널에 댓글로 다양한 의견이 올라왔습니다.

- 먹을 것이 주위에 쌓여 있는 지금의 환경에서 굳이 우리 환경을 파괴하는 육식을 할 필요가 없다.
- 저는 유럽에 사는데요, 여기는 정말 많은 친구들이 채식이나 비건에 익숙해져 있고, 육류 섭취의 위험성을 잘 알고 있어요.
- 완전한 대체제가 나오기 전까진 줄일 수는 있어도 안 먹을 수는 없을 것 같아요.
- 한 명의 완벽한 비건보다 10명의 비건 지향인이 낫다는 말이 있더라구요. 우리가 모두 완벽할 수는 없지만 지향점을 가지고 움직인다면 조금씩 앞으로 나아갈 거라고 믿어요.
- 내가 고기를 안 먹는다고 지구가 회복될까? 반상회만 가도 싸우는데 지구를 위해 인간들이 한마음이 될지 의문이다.

이것은 여러분들의 선택이기 때문에 누구도 비난할 수 없습니다. 하지만 문제는 앞으로 세계의 인구가 100억 명까지 증가할 수도 있다는 점입니다. 그리고 사람들은 부유해질수록 고기를 더 많이 먹을 겁니다. 그래서 과연 육류 소비 증가가 지속 가능한가에 대한 의문이 끊이지 않는 거죠. 만약 지금과 같은 방식의 축산업으로 동일하게 탄소 배출을 하며 전 세계 100억 명이 고기를 더 많이 먹는다면 지구가 버틸 수 없다는 겁니다. 어떻게든 조치가 필요하기는 한 거죠. 그래서 다음 장에서는 고기 대신 먹을 수 있는 친환경 대체 단백질 산업에 대해 소개해 드리려고 합니다.

대체 단백질 산업

고기 대신 곤충을 먹어라?

자, 고기 대신 뭘 먹으면 좋을까요? 육류 섭취에 의한 환경 피해를 줄이고자 UN 산하 식량농업기구인 FAO에서는 고기 대신 단백질을 보충하기 위해 식용 곤충을 먹자는 주장을 합니다. 워낙에 오래전부터 주장된 내용이라 여러분도 익히 알고 계실 겁니다. 식용 곤충의 경우 좁은 땅에서 기를 수 있고, 사료나 물 등 지구 자원이 많이 소비되지 않으며, 엄청난 번식력을 자랑합니다. 게다가 영양도 풍부하기 때문에 세계 100억 명에게 양질의 단백질을 제공하기에 제격이라는 것이죠.

이 이야기가 나온 지는 굉장히 오래되었습니다만 여러분은 혹시 식용 곤충을 챙겨 드시나요? 아마 챙겨 드시는 분들은 거의 없을 겁니다. 물론 한국에서도 옛날에 많이 먹었던 음식이기도 하고, 세계 곳곳에서 식용 곤충을 이용한 전문 레스토랑도 오픈되고 있지만 그럼에도 불구하고 여전히 틈새시장으로 남아 있습니다.

사람들은 왜 식용 곤충을 먹지 않을까요? 대부분의 사람들은 '징그러워서'라는 대답을 합니다. 하지만 이 부분은 해결 가능한 문제라고 봅니다. 우리가 곤충에 대해 이렇게까지 큰 거부감을 갖기 시작한 것은 도시화가 진행되면서부터였기 때문에 꽤나 최근에서야 나타난 거부감이라고 할 수 있습니다. 그리고 어릴 때부터 번데기를 먹었던 사람들은 성인이 되어서도 번데기에 대한 거부감이 없는 것을 보면 역시 익숙함의 문제라는 생각이 듭니다. 식용 곤충도 먹다 보면 징그럽다는 느낌은 자연스럽게 사라질 수 있다는 것이죠. 제가 어렸을 때는 백화점 식품관에서도 튀긴 메뚜기를 팔았으니까요. 또 식용 곤충을 갈아 분말 형태로 만들기도 합니다. 그리고 이 분말을 섞어 쿠키나 파스타 면을 만들기도 하죠. 그러면 벌레의 형태 자체가 없으니 먹는 데에 거부감이 많이 사라질 겁니다.

저도 미래의 식량이라는 이야기를 듣고 식용 곤충을 참 많이 먹어봤습니다. 밀웜과 귀뚜라미를 형태 그대로 먹어 보기도 하고, 시즈닝된 안주 형태의 밀웜도 먹어 보고, 귀뚜라미 분말이 들어간 파스타 면으로 알리오

그림1 귀뚜라미 파스타

올리오를 만들어 먹기도 했습니다. 그러다 보니 한 가지 깨달은 사실이 있는데요, 이런 겁니다. 고기는 안 먹으면 생각이 납니다. '오늘은 삼겹살이 먹고 싶네?', '주말에 소고기 먹을까?'라는 생각이 드는 반면, 곤충은 '오늘은 밀웜이 먹고 싶네?'와 같은 생각이 전혀 들지 않는다는 겁니다. 한마디로 고기에 비해서 맛이 없습니다. 그리고 먹다 보면 식용 곤충 특유의 쿰쿰함을 느끼게 되는데 개인적으로는 이 쿰쿰함을 알게 되면서 더 이상 식용 곤충을 먹지 못했습니다.

몇 년 전 부산에서 열린 스타트업 박람회에 연사로 초청되어 간 적이 있는데요, 그 박람회에 초청된 스타트업 중 밀웜을 이용해 단백질 보충제를 만드는 곳이 있었습니다. 마침 저도 그 당시 몸을 만들며 혹시 식용 곤충으로 단백질 보충제를 만들면 건강에 더 좋지 않을까 하는 호기심을 가지고 있었는데, 그런 제품을 실제로 만난 겁니다. 그리고 시식을 해 본 순간 제가 아는 그 밀웜의 쿰쿰한 맛이 그대로 올라왔습니다. 그래서 관계자에게 물어봤죠. "밀웜의 냄새가 그대로 나네요." 그 문제를 해결할 방법이 없냐는 취지의 물음이었습니다만, 관계자는 이렇게 대답했습니다.

"네, 밀웜이니까요."

'아… 참 식용 곤충 사업은 쉽지 않구나…' 다시 한 번 느꼈습니다.

식물로 만든 가짜 고기

식용 곤충 대신 최근에 가장 활발한 투자가 일어나고 있는 산업은 바로 식물 성분으로 만든 가짜 고기입니다. 식물 성분으로만 만들었음에도 불구하고 그 맛과 질감이 진짜 고기와 상당히 유사해진 것이죠.

그림2 비욘드 미트

가장 대표적인 회사는 미국의 '비욘드 미트Beyond Meat'사와 '임파서블 푸드Impossible Foods'사입니다. 두 회사 모두 다양한 패스트푸드 업체와 콜라보를 해 식물성 패티가 들어간 햄버거를 출시하고 있고, 대형 유통업체에도 입점이 되며 그 시장을 확대해 가고 있습니다. 참고로 비욘드 미트의 제품은 한국에서도 쉽게 구매할 수 있습니다. 저도 비욘드 미트가 한국에 유통되자마자 구매해 직접 조리를 해 먹어 보거나, 이태원의 채식 전문 식당에 가서 먹어 보기도 했는데요. 비욘드 미트는 강한 고기 향이 특징입니다. 햄과 같은 인공적인 고기 향이 나기 때문에 햄버거 패티로 활용하거나 피자 위에 올려 먹었을 때 실제 고기를 먹은 듯한 느낌을 받을 수 있습니다.

반면 임파서블 푸드의 경우 아직 한국에 유통이 되고 있지 않아 저는 일부러 홍콩까지 가서 이 식품을 먹어 봤습니다. 맛이 얼마나 똑같은지 너무 궁금했거든요. 임파서블 푸드의 경우에는 비욘드 미트에 비해 인공적인 고기 향이 약합니다. 대신에 식감이 더욱 촉촉하고 진짜 고기와 같은 느낌을 받을 수 있었습니다. 저는 임파서블 푸드로 만든 햄버거와 브리또를 먹어봤는데요. 모두 실제 고기와 구별이 안 될 정도로 식감이 좋았습니다. 심지어 개인적으로 고기 특유의 누린내가 나지 않아 실제 고기보다 더 맛있다는 느낌까지 받았습니다. 실제로 미국의 버거킹에서는 임파서블 푸드의 패티를 이용해 '임파서블 와퍼'를 판매하고 있는데요, 불맛까지 더해져서 고기와 더욱 유사하다고 합니다.

그림3 **임파서블 버거**

이 두 제품에 대한 선호도는 사람마다 다릅니다. 향을 중시하는 사람들의 경우 비욘드 미트를, 식감을 중요시한다면 임파서블 푸드를 선호할 수도 있죠. 저는 개인적으로 임파서블 푸드를 선호하는데요. 그 이유는 집에서 비욘드 미트를 구워 먹은 후 그 인공적인 향이 집안에 너무 오랫동안 남아 있어 질린 데다, 다음날까지도 제 소변에서 그 인공적인 향이 나는 것을 보고 더 이상 비욘드 미트를 먹지 않았습니다.

최근 한국에서도 다양한 식물성 가짜 고기들이 출시되고 있습니다. 가장 빠른 움직임을 보이는 곳은 패스트푸드점들인데요. 롯데리아에서는 '리아 미라클 버거', 버거킹에서는 '플랜트 와퍼', 서브웨이에서는 '얼터밋

썹'이라는 이름으로 판매되고 있습니다. 가짜 고기의 특징이 다 다르기 때문에 여러분이 직접 드셔 보시고 비교를 해 보시면 좋을 것 같습니다. 그리고 직접 드셔 보셔야 이 대체 육류 산업이 앞으로 얼마나 성장할지를 파악할 수 있겠죠.

참고로 기후 위기와 관련해 미국에서는 기후 기술 스타트업에 투자가 활발히 이루어지고 있는데요. 미래 식량 영역 중에서는 이런 대체 단백질 분야에서 가장 큰 투자가 이루어지고 있다고 합니다. 심지어 빌 게이츠 역시도 몇몇 대체 단백질 회사에 투자를 하고 있습니다. 한국에서도 이 식물성 가짜 고기를 연구 개발하는 업체들이 더욱 늘어나거나, 이렇게 개발된 식품을 활용해 요리 레시피를 개발하는 사람들에게 새로운 기회가 열릴지도 모르겠습니다.

세포 증식으로 얻은 고기, 배양육

마지막으로 소개해 드릴 대체 단백질은 바로 배양육입니다. 배양육은 동물의 세포를 추출한 후 이 세포를 인위적으로 증식시켜 고기를 얻는 방식입니다. 배양육 시설을 보면 마치 맥주 양조장처럼 생겼는데요. 세포를 증식시킬 때는 식물 성분의 영양소를 주입한다고 합니다. 동물이 살아서 입으로 곡물을 먹는 대신 세포가 흡수를 하는 것이죠.

이 방식을 썼을 때는 여러 가지 장점이 있습니다. 먼저 실제 세포를 증식시켜 고기를 얻는 것이기 때문에 맛과 향이 실제 고기와 가장 닮아 있을 수밖에 없다는 거죠. 또 다른 장점은 한정된 공간 안에서 세포만 증식시키기 때문에 물과 사료 등 소비되는 자원을 획기적으로 줄일 수 있다는 겁니다. 만약 이 배양육 연구가 완벽하게 성공한다면 더 이상 육류 소비 증가로 인한 기후 위기 악화 문제를 걱정할 필요가 없는 겁니다. 또 동물을 죽이지 않고도 고기를 얻을 수 있게 됩니다.

배양육을 개발하는 회사로는 '멤피스 미트Memphis Meat', '슈퍼 미트Super Meat', '저스트Just'사 등이 있으며, 한국에서는 '다나그린DanaGreen'이라는 업체가 배양육을 개발하고 있습니다. 또 2020년 11월 이스라엘의 '슈퍼 미트'사는 최초로 배양육 치킨을 제공하는 레스토랑을 오픈했고, 싱가포르는 같은 해에 배양육 치킨에 대해 정식 식품 승인을 내리기도 했습니다.

그림4 멤피스 미트

하지만 배양육에도 아직 많은 과제들이 남아 있습니다. 일단 가격이 비싼 편입니다. 아직은 연구 개발 비용이 많이 들어가고 세포 배양에 사용되는 배양액 역시 고가이기 때문인데요. 가격은 현재 굉장히 빠른 속도로 저렴해지고 있습니다. 2013년 전 세계에서 처음으로 버거용 패티를 만들었을 때 약 3억 원의 비용이 들었던 것에 반해 요즘은 배양육 치킨 1kg을 얻는 데에 150만 원 정도가 들어간다고 합니다. 이스라엘의 배양육 업체 '퓨처 미트Future Meat'사의 경우 배양육 생산을 위한 공장을 최초로 열었는데요. 대량 생산이 가능해진 덕분에 버거 패티 1개를 만드는 데에 드는 비용

이 7.5달러(우리 돈으로 약 9천 원) 정도로 낮아졌다고 합니다.[10]

또 다른 문제는 식감입니다. 동물의 세포를 배양해 육류 식품을 만들 수는 있지만, 근육과 힘줄 등의 식감까지 구현할 수는 없는 겁니다. 그래서 실제로 시식을 해 보면 우리가 아는 그 고기의 식감이 아닌 뭉글뭉글한 느낌이 든다는 거죠. 물론 이 문제를 해결하고자 다양한 시도가 일어나고 있습니다. 배양육을 마치 다진 고기처럼 뭉쳐서 미트볼을 만드는 방법도 있고, 3D프린터를 통해 근육과 힘줄의 식감 역할을 해줄 부위를 함께 출력하는 시도도 있습니다. 하지만 실제 고기와 유사해지기 위해서는 아직까지 갈 길이 굉장히 멉니다. 그렇기 때문에 이 분야에서는 앞으로도 다양한 연구와 획기적인 아이디어들이 필요합니다. 제대로 발전한다면 정말 미래의 식량 산업에 큰 역할을 하게 될지도 모르겠습니다.

***

이번 장에서는 미래 고기를 대체할 단백질 후보들인 식용 곤충, 식물성 가짜 고기, 배양육의 장단점을 알아봤습니다. 과연 우리들은 육류 소비를 줄이고 이러한 대체 단백질을 선택할 수 있을까요? 쉽지 않을 겁니다. 그렇다면 만약 미래에 지나친 육류 소비로 인해 기후 위기가 더 심각해지고 있다는 지적이 나온다면, 미래 사회를 살아갈 전 세계 사람들의 식습관은 바뀔 수 있을까요?

---

10 한겨레 '비용 줄이고 윤리 문제 해결... 세계 최초 배양육 공장 문 열었다' 2021.06.28

또 만약 축산업이 기후 위기의 범인으로 지목되고 육류 소비를 줄여야 한다는 목소리가 점점 더 높아지면, 축산업에 종사하는 사람들은 어떻게 해야 할까요? 여기에 대체 단백질과 배양육 산업이 더 성장하게 된다면 축산업 종사자들은 그 상황을 순순히 받아들일까요? 대체 단백질 산업군과 기존 축산업계가 충돌을 일으키지는 않을까요?

과연 앞으로 미래의 육류 산업이 어떻게 흘러갈지 상당히 궁금합니다. 만약 여러분이 현재 축산업에 종사하고 계신다면 상황을 지켜보며 친환경적 축산업으로 변화를 꾀하는 등의 대비를 하는 것도 하나의 방법일 겁니다. 반면 여러분이 새로운 대체 단백질 산업이 성장할 것이라고 생각을 하신다면 그와 관련된 산업과 직업을 준비하시는 것도 좋겠죠. 자, 그러면 먼저 현재의 상황과 미래 가능성을 파악하기 위해, 오늘 식사 메뉴는 패스트푸드점에 가서 식물성 패티로 만든 햄버거를 드셔 보시는 건 어떨까요?

친환경주의자의
불편과 '불행'

혹시 여러분은 친환경적으로 살고 계신가요? 사실 그렇게 살고 싶지만 막상 하려고 하면 쉽지 않을 때가 많죠? 친환경적인 생활이 어려운 이유는 무엇일까요? 아마 첫 번째 이유는 '불편'하기 때문이라는 대답일 겁니다.

불편한 친환경 생활

앞 장에서 소개해 드린 제로 웨이스트 샵만 해도 그렇습니다. 식품이나 세제를 담을 용기를 챙겨 나가는 것 자체만으로도 불편합니다. 게다가 이 물질을 없애기 위해 세척 혹은 소독을 해야 하는 경우도 있다 보니 처음에는 환경을 생각하는 좋은 마음으로 시작하지만 유지하기는 어려운 것이 사실입니다.

가장 일상적으로 느껴지는 불편함은 텀블러 사용입니다. 카페에서 일회용 플라스틱 컵을 사용할 때마다 찝찝하니 텀블러를 사용하자고 결심을 하지만, 텀블러를 가지고 다니는 것 자체가 생각보다 꽤 어렵습니다. 특히 겨울철에는 가방을 따로 준비하지 않는다면 텀블러를 손에 들고 다니는 것 자체가 어렵죠. 코트 주머니에 넣기는 텀블러가 너무 크니까요. 무엇보다 깜빡하고 텀블러를 챙겨 나오지 못할 때가 많습니다. 게다가 사용하던 텀블러는 또 세척까지 해야 하니, 어느 순간부터 다시 일회용컵을 사용하게 됩니다.

빨대도 마찬가지예요. 저는 여러 번 사용할 수 있는 금속 재질의 빨대와 대나무 빨대를 구매해서 사용한 바 있습니다. 이 역시 가지고 다니는 것이 보통 번거로운 게 아닙니다. 또 세척은 얇은 전용 솔을 사용해야 하는데, 세척 솔을 항상 가지고 다닐 수도 없고 참 곤란하죠. 그래서 웬만하면 빨대 없이 음료를 그대로 마시는 편을 택합니다.

그뿐만이 아닙니다. 미세 플라스틱이 들어있지 않아 친환경적이라는 고체 치약은 사용했을 때 입에서 거품이 전혀 나지 않아 이를 닦더라도 전혀 개운하지 않고, 친환경적으로 만든 신발은 너무 딱딱해서 신고 오랫동안 걸어 다닐 수가 없습니다.

그림1 대나무 빨대와 스테인리스 빨대

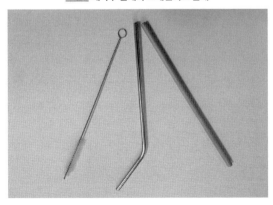

물론 환경을 위해 불편함을 기꺼이 감수하는 사람들도 있습니다만, 문제는 이렇게 불편한데 다수의 사람들이 지속적으로 이용할 수 있겠냐는 것이죠. 친환경적이지 않지만 너무나 편리한 제품이 주변에 널려 있는데 말이죠.

값비싼 친환경 생활

친환경적이라면 왠지 가격이 더 저렴할 것 같지만 오히려 가격이 비쌀 때가 많습니다. 예를 들어 '바이오트렘Biotrem'사에서 밀로 만든 일회용 접시가 있습니다. 밀로 만들어져 있어 쓰고 버린다고 해도 30일 안에 분해되기 때문에 환경에 좋다고 홍보하고 있죠. 게다가 180도 정도까지 가열 가능하고 젖은 음식도 15분까지는 버틴다니 꽤 쓸 만해 보이죠? 제가 실제로 사용해 보니 꽤 튼튼합니다. 다만 뜨거운 물을 부었을 때 바로 녹아내리지는 않지만, 특유의 냄새가 조금씩 올라옵니다. 밀로 만들었으니 밀 냄새가 나는 거죠. 여러분의 접시에서 구수한 냄새가 나면 어떨 것 같으신가

그림2 바이오트렘사의 밀로 만든 접시

요? 저는 썩 좋은 느낌은 아니었습니다. 그래도 식용 곤충의 쿰쿰한 냄새보다는 낫기 때문에 환경을 위해 사용할 의향은 있습니다만 가격이 10개에 15,000원이었습니다. 일회용 접시 한 개에 1,500원이라는 것이죠. 사람들이 많이 사용할까요?

또 친환경 칫솔을 사용해 보기도 했습니다. 우리가 보통 사용하는 칫솔이 플라스틱 재질이니까 환경에 좋지는 않잖아요? 제가 구매한 제품은 손잡이가 대나무로 되어 있고, 칫솔모까지도 자연에서 분해되는 재질로 구성되어 있었습니다. 다행히 이를 닦는 데에는 전혀 문제가 없었습니다. 다만 칫솔 하나의 가격이 5,500원이었습니다. 자주 교체해야 하는 칫솔의 특성상 부담스러운 가격이죠. 그래서 지금은 일반 플라스틱 칫솔로 다시 돌아왔습니다.

물론 옛날처럼 소금으로 이를 닦는다든지, 샴푸 대신 식초를 이용한다든지 돈을 들이지 않고도 친환경적으로 생활할 수 있는 방법도 많습니다. 하지만 시도해 보면 아시겠지만, 그런 방법들은 기존 방법들에 비해 효과

그림3 생분해성 친환경 대나무 칫솔

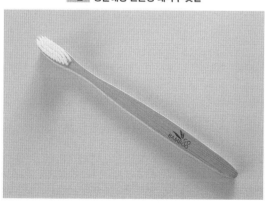

가 떨어져서 유지하기가 쉽지 않습니다. 그래서 그 대안으로 친환경 제품이 개발되고 판매되는 것인데, 아무래도 저렴한 플라스틱으로 대량 생산한 제품에 비해시 비쌀 수밖에 없는 것이죠.

불편을 넘어 불행한, 친환경 생활

친환경적 생활이 불편하고 비싸다는 건 이미 알고 계신 내용이었을 겁니다. 그런데 여기에서 우리가 한 가지 놓치는 사실이 있는데요. 친환경적으로 생활하면 불편할 뿐만이 아니라 심지어 '불행'이 느껴지기도 한다는 겁니다.

먼저 앞 장에서 말씀드린 육류 소비와 관련된 불행입니다. 저의 경우 미래 트렌드를 연구하다 보니 육류 소비의 문제점들을 다른 사람들보다 더욱 자주 접하게 됩니다. 그리고 강의를 통해 사람들에게 그 내용을 전달하다 보니 어느 순간 고기를 먹는 것에 대한 죄책감이 느껴지기 시작했습니다. '환경에 나쁘다는데 굳이 무슨 고기를 먹어... 공장식 사육 때문에 불쌍하기도 한데 먹지 말자.' 자연스럽게 이런 생각이 들 수밖에 없는 거죠.

그런데 이러한 생활을 지속하다 보니 불편을 넘어 불행이 느껴지더군요. 심지어 음식 욕심도 사라졌습니다. 어차피 먹어 봐야 곡물과 채소뿐이다 보니 식사가 그렇게 신나지가 않았던 거죠. 생각해 보면 우리 삶에서 고기라는 것은 꽤나 큰 역할을 합니다. 예를 들어 여러분이 힘든 일을 끝냈다고 가정해 보죠. 그러면 나의 노력에 대한 보상을 위해 이런 결심을 할 때가 많을 겁니다. "이번 주는 힘들었으니까 저녁으로 진짜 맛있는 거 먹어야지!" 여기에서 '맛있는 것'이란 보통 무엇을 의미할까요? 아마 육류

일 겁니다. 치킨, 삼겹살, 한우 뭐 이런 것들이겠죠. 힘들었으니까 오늘 맛있는 거 먹자며 샐러드나 삶은 고구마를 찾는 분들은 많지 않잖아요? 그렇기 때문에 육식을 끊게 되면 삶의 즐거움, 힘든 일에 대한 보상이 상당 부분 사라지게 됩니다.

물론, 원래 고기를 안 좋아하셨거나 채식이 훨씬 잘 맞는다는 분들이 아니라, 평소 육식을 즐겼던 상당수의 사람들에게 해당되는 이야기일 겁니다. 이와 관련해 어떤 사람으로부터 이런 이야기를 들은 적이 있습니다. "고기를 줄이면 건강해진다고 하는데, 그런 식으로 오래 살 거라면 살 이유가 없다." 고기를 먹는다는 것은 그만큼 많은 사람들의 인생에 꽤나 큰 행복을 제공하고 있다는 겁니다.

이렇게 육식을 제한했을 때에 또 다른 문제가 발생할 수도 있습니다. 아무렇지 않게 육식을 하는 다른 사람에 대해 불쾌감이 생겨난다는 겁니다. 만약 누군가가 "나는 육식주의자야. 고기없이 못 살아."라고 하는 걸 보면 이런 생각이 드는 겁니다. '아니, 저 사람은 육식이 환경에 얼마나 해로운지 몰라서 저러는 건가? 동물들이 얼마나 끔찍하게 길러지는지 알고 먹는 거야? 자기 맛있자고 너무 이기적인 거 아니야?' 이러한 불쾌감 혹은 분노를 자주 느낀다면 그 사람의 인생이 더 행복해질 수 있을까요?

육류 소비를 하지 않는 것뿐만이 아닙니다. 친환경적으로 살려고 하면 생활 곳곳에서 죄책감이 느껴집니다. 배달 음식을 시켜 먹고 생겨난 일회용 플라스틱들을 버리며 '문제다, 문제야... 내가 또 이렇게 플라스틱을 버렸네?' 텀블러를 챙겨 오지 못해 카페에서 일회용 컵을 사용하며 '또 나 편하자고 텀블러 안 가져왔네?' 심지어 옷을 살 때도 '또 나 멋있자고 지구를 오염시켰구나...' 일상에서 죄책감들이 느껴지고 이런 것들이 불행을 유발할 수 있다는 거죠. 앞서 소비 죄책감을 설명하면서 말씀드렸지만, 앞으로 기후 위기를 느끼고 관련 소식들을 더 많이 접할수록 이런 죄책감은 더 커질 가능성이 높습니다.

또한 일회용품을 사용하지 않으려고 할수록 길가에 버려진 일회용 플라스틱들을 보며, 그리고 아무렇지 않게 일회용 컵을 사용하는 사람들을 보며 '에휴~ 저거 봐라, 자기들 편하자고 지구를 오염시키고 있네? 쯧쯧쯧...' 다른 사람들에 대한 분노가 생길 수도 있습니다. 물론 이렇게 일회용품의 사용과 소비를 줄이면서 지구를 보호했다는 보람과 행복이 쓰레기 배출 죄책감과 타인에 대한 분노보다 더욱 크다면 문제가 될 것이 없습니다. 하지만 그런 사람이 얼마나 될까요?

혹시 여러분 주변에서 친환경적으로 살겠다며 열심히 노력하는 지인이 있나요? 그런 사람들과 함께 있다 보면 여러 가지 생각이 드실 겁니다. '참 대단하다, 나도 해 볼까?'하는 생각이 들기도 하지만, '굳이 저렇게까지 해야 하나?'하는 생각, 심할 경우에는 '저 사람은 예민해서 가까이하기 싫다'는 생각이 들 수도 있습니다.

또 다른 문제는 그 사람의 존재 자체가 상대를 불편하게 하는 경우도 있다는 겁니다. 예를 들어 다 같이 식사를 하러 갔을 때 채식주의자가 있으면 주문하기가 어려워집니다. 물론 채식주의자는 신경 쓰지 말고 먹고 싶은 것을 시키라고 하지만 또 한국인들은 눈치를 많이 보잖아요? "그래, 우리는 고기 먹을게, 넌 알아서 먹어." 이게 안 됩니다. 아직 서구 사회만큼의 '너는 너대로, 나는 나대로' 사는 개인주의 사회가 아니다 보니 쉽지 않은 거죠. (이것이 한국 사회에서 채식이 자리잡기 힘든 이유이기도 합니다. 물론 나중에는 채식이 더 쉽게 자리 잡을 수 있는 이유이기도 합니다. 눈치를 많이 보니까요.)

또 친환경적 생활을 하는 사람과 함께 있으면 환경을 신경 쓰지 않고 생활하는 나는 자동으로 나쁜 사람이 되어 버리기도 하죠. 그리고 이렇게 주변 사람들이 불편할 수 있겠다는 사실을 본인도 느낍니다. 그래서 친환경적으로 산다는 것은 불편할 뿐만 아니라 '불행'을 유발하기도 한다는 거죠.

예를 들어 스웨덴의 10대 청소년 '그래타 툰베리Greta Thunberg'는 현재 환경 운동의 상징이 된 인물입니다. 그런데 언론을 통해 보는 그레타 툰베리는 늘 인상을 쓰고 있습니다. UN 연설에서는 기성세대들에 대한 분노를 여과없이 표현합니다. 그렇다면 이렇게 사는 그레타 툰베리는 행복할까요? 그리고 여러분이 그레타 툰베리와 함께 생활한다면 과연 여러분은 행복할까요? 뭔가 하려 할 때마다 혹시 환경에 해를 끼친다고 욕을 먹진 않을까 눈치를 보지는 않을까요?

물론 이런 환경 운동이 나쁘다고 말하는 것은 절대 아닙니다. 사실 세상의 긍정적인 변화는 이러한 불쾌감과 분노에서 시작되기도 하니까요. 분노가 없었다면 프랑스 혁명, 흑인 인권운동, 대한민국의 독립, 민주화 운동은 존재하지도, 성공하지도 못했을 겁니다. 다만 이 경우에는 분노의 대상이 타인입니다. 나쁜 쪽이 정해져 있고 우리는 그들과 맞서 싸우는 정의로운 사람이 되는 것이죠.

그런데 지나친 육식, 일회용 쓰레기 남용, 불필요한 소비, 일상 속 탄소 배출 등에 대한 분노는 그 대상이 타인일 뿐만 아니라 본인이기도 하다는 점이 다릅니다. 내가 나쁜 사람이 되기 때문에 나 자신에 대해서도 죄책감이 느껴질 수 있다는 겁니다. 그렇다면 장기적 이익을 위해 현재의 불행을 감당할 사람들이 얼마나 될까요? 당장 현재를 살아가는 내가 불행한데 '지속가능성'이라는 이야기가 우리의 마음에 깊이 와 닿을까요? 그래서 친환경적 생활은 불편뿐만이 아니라 '불행'에 대한 부분도 신경을 써야 한다는 거죠.

***

물론 이 문제를 해결하는 것은 쉽지 않습니다. 아직 누구도 제대로 해결하지 못한 문제이죠. 하지만 그렇기 때문에 우리들이 앞으로 미래 사회를 준비하며 가장 심혈을 기울여야 하는 부분이기도 합니다. 지금 우리가 겪고 있는 이런 문제들을 해결할 수 있는 아이디어를 기반으로 창업을 하거나, 새로운 서비스와 제품을 개발하는 직업을 갖는다면 이는 미래에 매우 보람찬 기회가 될 수 있으니 말입니다.

현실적인
친환경 생활을 위한 방법

보상이 제공되는 친환경 생활

단순히 불편과 불행을 감수하는 친환경 생활이 아니라 현실적으로 지속 가능한 친환경 생활을 위해서는 무엇이 필요할까요? 첫째, 확실하고 즉각적인 보상을 제공해야 합니다. 예를 들어 서울 성동구에서는 'IoT 스마트 종이팩 수거함'을 설치했는데요, 사람들이 종이팩을 그 수거함에 넣으면 그에 대한 보상이 제공됩니다. 10개의 종이팩을 넣으면 200ml 우유 한 개, 200개의 종이팩을 넣으면 피자 한 판으로 보상해 주는 방식입니다. 물론 한 번에 그만큼의 종이팩을 다 넣을 필요는 없습니다. '오늘의 분리수거 앱'과 연동이 되기 때문에 넣을 때마다 포인트가 생기는 방식인 거죠. [11]

또 SKT와 환경부 등이 모여 만든 '해피 해빗Happy Habit'이라는 앱도 있습니다. 제휴가 된 카페에서 일회용 컵 대신에 텀블러를 사용한 후 QR코드

---

11 아시아경제 '성동구 'IoT 스마트 종이팩 수거함' 10개소 확대 설치' 2020.11.13

로 인증을 하면 1회 이용자에게는 음악 스트리밍 할인권을, 33회 이용자에게는 동영상 스트리밍 서비스 1개월 무료 이용권을 주는 식입니다. 이 경우에는 실제 물건으로 보상을 하는 것이 아니라 디지털 서비스 이용 혜택을 주는 것이기 때문에 보상에 대한 비용도 줄일 수 있겠죠.[12]

이뿐만 아니라 앞서 소개해 드린 아모레 퍼시픽과 이마트의 리필 스테이션처럼 리필 서비스를 이용했을 때 확실한 할인을 제공하는 것도 사람들의 친환경 생활을 유도하는 방법이 될 수 있습니다. 이렇게 금전적으로 확실한 이득을 제공하게 된다면 친환경적으로 생활을 해야 한다는 압박을 느끼지 않고도 자연스럽게 친환경적인 생활이 가능해질지도 모른다는 거죠.

▍인정 욕구를 자극하는 친환경 생활

두 번째 방법은 사람들의 인정 욕구를 자극하는 겁니다. 이 방법은 유니세프와 같은 자선 단체가 사람들의 참여를 높이기 위해 사용하는 방법인데요, 유니세프를 통해 매달 기부금을 후원하면 반지나 팔찌와 같은 굿즈를 제공하는 겁니다. 이런 굿즈를 착용하고 다니면 "나는 선한 사람이야. 누군가를 도왔어."라는 것을 티낼 수 있다는 장점이 있겠죠.

이와 유사하게 미국의 대표적 식물성 가짜 고기 제조업체 '임파서블 푸드'의 경우 자사의 식물성 제품으로 조리한 음식에 꽂을 수 있는 귀여운 깃발을 함께 제공합니다. 만약 어느 식당에서 임파서블 푸드의 패티로 만든

---

12 뉴스1 '일회용컵 대신 '내 컵' 이용하면 영화표·음악이용권 준다' 2020.11.11

그림1 임파서블 버거에 꽂힌 깃발

버거를 시키면 그 버거에만 깃발을 꽂아서 손님들에게 제공하는 거죠. 깃발에는 '임파서블Impossible'이라고 쓰여 있습니다. 그 음식을 받은 사람은 나도 세상을 구하는 데에 일조했다는 뿌듯함을 느끼고 다른 테이블에 있는 사람들에게 티를 낼 수 있는 겁니다.

또 친환경적으로 신발을 생산하는 브랜드 '베자Veja'의 경우에는 신발에 박혀 있는 브이V자 로고가 상징입니다. 그래서 이 로고를 보여주는 것 자체만으로도 다른 사람들이 '저 사람은 친환경을 생각하는구나'라고 생각하게끔 만드는 상징이 될 수 있는 것이죠. 한국에는 이렇게 친환경을 상징하는 브랜드나 유명 로고가 있나요? 아직 성공 사례를 거의 찾을 수가 없습니다. 만약 이런 식으로 친환경 요소를 티낼 수 있는 상징을 개발해 브랜딩에 성공한다면, 사람들의 인정 욕구를 자극해 지구도 살리고 비즈니스도 살릴 수 있는 기회가 되지 않을까 싶습니다.

품질 좋은 친환경 제품 개발

세 번째 방법은 친환경 제품이라고 하더라도 일반 제품 이상의 품질을

241

갖추는 겁니다. 앞서 제가 텀블러를 가지고 다니는 것이 상당히 귀찮다고 말씀드렸는데요, 텀블러를 가지고 다니지 않으면서도 친환경적으로 커피를 마실 수 있는 방법을 고안한 회사도 있습니다. 바로 한국의 '트래쉬 비스터즈Trash Busters'라는 회사입니다. 이들은 다회용 컵을 제작해 제휴된 카페에 대여를 해 줍니다. 그리고 고객이 그 다회용 컵을 사용한 뒤 제휴된 매장 어느 곳에라도 반납을 하면 트래쉬 버스터즈가 컵들을 수거한 뒤 세척해 다시 대여하는 서비스를 제공하고 있습니다.

그래도 다회용 컵을 쓰는 것보다 일회용 컵을 사용하고 바로 버리는 것이 더 편하겠죠? 그래서 다회용 컵의 사용을 유도하기 위해 트래쉬 버스터즈는 다회용 컵 자체를 굉장히 예쁘게 디자인합니다. 컵 전체를 오렌지색으로 만들거나, 투명컵에는 오렌지색으로 'It's not a big deal'이라는 문구가 적혀 있습니다. 보통 친환경적인 제품이라고 하면 아예 색을 칠하지 않거나, 녹색이거나, 표백되지 않은 종이로 만드는 것이 일반적인데요. 이 회

그림2 **트래쉬 버스터즈의 다회용 컵**

사는 그런 틀에서 벗어나 사람들이 "와, 예쁘다. 이 컵 뭐예요? 저도 여기에 담아 주세요."라고 말할 수 있도록 다회용 컵을 예쁘게 만든 것이죠. 그들의 이러한 센스가 참 멋지다고 느껴집니다.

또 앞서 대체 단백질 식품을 여러 가지 소개해 드렸는데요, 그 중에서 제가 주변 사람들에게 가장 추천하는 제품은 바로 '저스트Just'사에서 만든 '저스트 마요Just Mayo'라는 제품입니다. 제품명대로 마요네즈 제품입니다만, 마요네즈의 주 원료인 계란이 들어 있지 않은 가짜(?) 마요네즈입니다. 계란 대신 완두콩 등의 식물성 성분으로만 마요네즈 맛을 구현해 냈는데, 정말로 실제 마요네즈와 구별이 안 갈 만큼 똑같습니다.

그런데 심지어 실제 마요네즈보다 좋은 점들도 가지고 있습니다. 일단 조류 독감 등으로 인해 갑자기 달걀 수급이 끊긴다 해도 크게 상관이 없죠. 또 계란이 안 들어가니까 콜레스테롤이 0%이고 트랜스 지방도 들어 있지 않아 더욱 건강한 마요네즈라고 홍보를 하고 있습니다. 맛이 똑같은

그림3 JUST Mayo

데 건강에는 더 좋다면 굳이 안 먹을 이유가 없는 거죠. 다만 일반 마요네즈보다 최대 2배 정도 비싼 가격이 아쉽기는 하네요.

▌강력한 법 규제를 통한 친환경 생활

지속 가능한 친환경 생활을 위한 마지막 네 번째 방법은 강력하게 법으로 규제를 하는 겁니다. 사실 이 방법이 가장 확실하겠죠. 앞서 말씀드린 대로 우리가 느끼는 소비 죄책감과 남들에 대한 분노는 우리에게 선택권이 있기 때문에 생기는 것입니다. 친환경적인 방법과 그렇지 않은 방법이 있는데 그 선택지 중에서 내가 편해지기 위해 환경에 더 해가 되는 선택을 했다는 죄책감과 분노인 것이죠.

그런데 만약 나라에서 일회용품을 사용하지 못하도록 막아 버린다거나 친환경적이지 않은 제품들에 높은 세금을 부과한다면 선택지 자체가 사라지게 되는 겁니다. 불편하고 비싸더라도 친환경적인 제품을 사용해야만 하는 거죠. 이미 마트에서는 비닐 봉투가 제공되지 않고 있잖아요? 처음에는 불편하지만 어쩔 수 없기 때문에 사람들은 점차 익숙해질 겁니다. 심지어 환경을 위해서라는 명분도 있으니 불만도 크지 않습니다.

이와 같은 방식을 각종 일회용품과 불필요한 소비에 확대 적용하거나, 육류 산업의 경우 친환경적이지 않은 방식으로 고기를 생산했을 때 환경 부담금을 내도록 하는 방식을 고려해 볼 수 있습니다. 하지만 이 경우 관련 업체의 반발이 심할 수 있고, 관련 제품의 가격이 오르면서 소비가 줄어드는 등의 문제가 발생할 수 있습니다.

또 만약 친환경적으로 제조되지 않은 각종 상품에 환경 부담금을 부과

해 제품의 가격 자체가 비싸진다면, 가난한 서민층의 경우 피해를 입을 수도 있습니다. 서민들은 환경에 부담이 되더라도 저렴하게 생산된 물건과 식품을 소비하려고 하겠죠. 참 어려운 부분입니다.

* * *

이렇게 이번 장에서는 친환경적으로 생활했을 때 느껴지는 불편과 불행의 요소들을 어떻게 해결할 수 있을지에 대한 다양한 사례들을 알아봤습니다. 물론 여기에 언급된 사례들이 정답은 아닙니다. 아직까지 개선해야 하는 부분들이 많죠. 하지만 이러한 사례들을 통해 여러분에게 조금이나마 아이디어를 떠올릴 수 있는 기회가 되기를 바라며 사례들을 정리해 소개해 드렸습니다. 혹시 여러분의 산업 분야에 적용할 수 있는 좋은 아이디어가 떠오르셨나요?

첨단 기술

영화 '아이언맨'을 생각해 보시면 됩니다. 주인공 토니 스타크는 원래 사람 한 명이 해낼 수 없는 엄청난 일들을 로봇과 인공지능의 도움을 받아 혼자서 해내잖아요? 이게 우리가 앞으로 일하는 방식이 아닐까 싶습니다. AI와 경쟁을 하는 것이 아니라 AI를 이용해서 더 많은 일을 쉽게 해내는 것이죠. 왜 경쟁할 생각을 합니까? 우리가 계산기와 암산 대결을 하지는 않잖아요? 그러니 인공지능이 필요할 때만 도움을 받으면 됩니다.

가상과 현실의
혼합 시대

포스트 리얼리티

앞으로 우리가 살아갈 미래 사회의 가장 큰 특징 중 하나는, 기술의 발달로 인해서 실제와 가상의 구별이 어려워진다는 점입니다. 앞으로 가상과 현실은 점점 더 자연스럽게 혼합이 될 것이고, 사람들은 어느 순간부터 가상과 현실을 구별하지 못하고 심지어 구별할 생각조차 하지 않게 될지도 모릅니다.

이런 현상은 영화를 통해 우리가 이미 경험하고 있습니다. 어릴 적 영화관에서 헐리우드 SF 영화를 보고 나왔을 때를 한 번 떠올려 보죠. 1991년에 개봉한 '터미네이터2'나 1993년에 개봉한 '쥐라기 공원'을 보고 나오면 친구들끼리 설전이 펼쳐지곤 했습니다. "야, 그거 컴퓨터 그래픽이라니까?", "아니라고! 그거 실제로 찍은 거라고!"

그리고 약 20년 뒤, '어벤져스' 시리즈와 같은 최신 헐리우드 SF 영화를 보고 나온 사람들은 그 영화 속 장면이 컴퓨터 그래픽이었는지, 실제로 찍은 건지에 대해서 더 이상 의문을 제기하지 않습니다. 왜냐하면 이제는 거의 구별이 불가능하거든요. 그리고 더 이상 궁금해하지도 않습니다. 재미만 있으면 되지, 영화 속 장면이 진짜이건 가짜이건 그게 뭐가 중요하냐는 겁니다.

도쿄대학교에서 가상과 현실의 혼합 기술을 연구하고 있는 '이시카와 센노Ishikawa Senno' 연구소는 이러한 현상에 대해서 '우리는 포스트 리얼리티Post Reality의 시대에 진입하고 있다'는 표현을 사용했습니다. 그들이 이야기하는 포스트 리얼리티 시대는 우리가 실제Reality로 이루어져 있던 시대를 넘어서, 무엇이 진짜이고 무엇이 가짜인지 구별하기 어려울 정도로 자연스러운 가상과 현실의 혼합 시대를 말하는데요, 이러한 세상에 익숙해지면 사람들은 더 이상 실제와 가상을 구별할 생각조차 하지 않는다는 겁니다.

▌스크린을 벗어나고 있는 포스트 리얼리티 현상

현실과 가상의 자연스러운 혼합 현상은 이제 영화 스크린을 넘어 우리 현실 생활 속으로 계속 확대되고 있습니다. 마이크로소프트에서는 '홀로렌즈2Hololens2'라는 혼합현실 헤드셋을 개발했는데요, 이 제품을 쓰면 눈앞에 있는 렌즈를 통해 현실과 가상이 자연스럽게 섞이게 됩니다. 가상의 버튼, 가상의 강아지, 가상의 피아노 등이 생겨날 뿐 아니라 그 가상의 물체를 나의 손으로 터치해 제어할 수도 있습니다.

우리가 익히 알고 있는 증강현실 기술이 탑재되어 있기 때문인데요. 홀로렌즈2 제품의 경우 단순히 현실에 가상의 물체를 띄워 두는 것이 아니라 사용자의 주변 공간을 분석해 가상의 물체를 자연스럽게 '혼합'합니다.

그림1 MS 홀로렌즈2

예를 들어 책상이 있다면 가상의 강아지가 그 책상 위로 폴짝 올라올 수 있는 방식인 것이죠. 그래서 마이크로소프트는 자사의 기술을 '증강현실 Augmented Reality'이 아닌 '혼합현실Mixed Reality'이라고 합니다. 현실과 가상의 자연스러운 혼합을 추구하고 있는 거죠.

저도 이 제품을 실제로 착용해 봤는데요, 홀로렌즈2는 시야각이 꽤 넓고 현실과 가상을 자연스럽게 혼합해 비교적 선명하게 보여줍니다. 게다가 나의 손가락을 이용해 가상의 물체를 터치하고, 이동시키고, 크기를 늘리는 것이 가능해 꽤나 신기했습니다. 확실히 경쟁 제품인 '매직 리프Magic Leap'에 비해 훨씬 좋은 기능을 가지고 있더군요.

그런데 이렇게 괜찮은 성능을 가지고 있는 홀로렌즈2는 출시된 지 수년이 흘렀음에도 불구하고 대중화가 되고 있지 않습니다. 일단 한국에서는 5백만 원에 판매가 되고 있어 가격이 너무 비쌉니다. 그리고 이 제품을 산다고 한들 아직까지 일반인들이 이용할 수 있는 콘텐츠가 거의 개발되어 있지 않은 상태입니다.

무엇보다 이 제품은 아직 포스트 리얼리티적 특성을 완전히 갖추지는 못했습니다. 제품을 사용해 보면 현실과 가상이 아직은 꽤나 확실하게 구별이 되거든요. 하지만 이 제품이 주는 큰 의미는 이런 것 같습니다. 지금도 현실과 가상이 이 정도로 잘 혼합되는데, 앞으로 5년 뒤, 10년 뒤에는 얼마나 더 발전할까 하는 기대감을 불러 일으키는 제품이라는 점입니다.

또 비싼 홀로렌즈2와 같은 제품이 없더라도 우리들은 스마트폰 앱을 이용해 다양한 혼합현실 서비스를 이용할 수 있습니다. 예를 들어 '워너킥스 Wanna Kikcs'라는 앱을 이용하면 가상으로 신발을 신어볼 수 있습니다. 마치 실제 신발을 신은 것처럼 다양한 신발이 나의 발 모양에 맞춰 너무나 자연스럽게 혼합되죠. 또 '라운즈Rounz'라는 앱을 이용하면 가상으로 안경을 써볼 수도 있습니다. 얼굴을 움직이면서 여러 각도에서 가상의 안경이 잘 어울리는지 확인해 볼 수 있습니다. 그 밖에도 내 머리를 다양한 컬러로 자연스럽게 염색해 보여주는 '모디페이스ModiFace'라는 앱부터, 이케아에서 선보인 혼합현실 가구배치 앱 서비스인 '이케아 플레이스Ikea Place' 등 다양한 앱들을 이용해 현실과 가상을 자연스럽게 혼합할 수 있게 됐습니다.

사실 이런 증강현실, 혼합현실 기술이 아니더라도 현실과 가상의 자연스러운 혼합 현상은 곳곳에서 일어나고 있습니다. 우리가 실생활에서 접하는 다양한 버튼을 생각해 보세요. 예전에는 실제로 힘을 줘 눌러야 하는 물리적 버튼들이 대부분이었습니다. 하지만 우리는 이제 대부분의 버튼을 누르지 않기 시작했습니다. 대신 '터치'하게 되었죠.

스마트폰 역시 돌출된 버튼이 아니라, 가상의 버튼들을 터치해 기능을 실행하는 방식으로 바뀌었습니다. 그뿐만이 아닙니다. 음식점에서 주문

할 때 이용하는 키오스크의 버튼이나 요즘 출시되는 자동차 실내의 버튼도 점점 디스플레이 속 가상의 버튼들로 바뀌어 가고 있습니다. 첨단 자동차의 상징이 된 테슬라의 경우 중앙의 커다란 디스플레이 속 버튼을 통해 대부분의 기능을 제어하죠.

사실 처음에는 적응이 되지 않았습니다. 특히 스마트폰 이전에 사용하던 휴대폰의 경우 문자를 보낼 때 눈을 감고도 텍스트를 입력할 수 있었습니다. 버튼이 튀어나와 있기 때문에 어디에 어떤 버튼이 있는지 촉감으로 느껴졌으니까요. 자동차의 에어컨 버튼, 음악 재생 버튼도 마찬가지로 보지 않고 누르는 것이 쉬웠습니다. 하지만 가상의 버튼의 경우 보지 않고 누르는 것이 확실히 더 어렵죠. 하지만 시간이 지나면서 사람들은 점점 가상의 버튼에 익숙해져 갔습니다. 그리고 이제는 그것이 누르는 방식이 아니라 터치 방식의 가상 버튼이라는 사실조차 아무렇지 않게 받아들이기 시작했습니다.

가짜 인간들의 활약

우리가 PC나 스마트폰, 태블릿 화면에서 볼 수 있는 진짜 같은 가짜들은 사물에만 국한되지 않습니다. 그 안에서 볼 수 있는 인간들도 진짜인지 가짜인지 구별이 안 되기 시작했습니다. 이미 디지털 휴먼, 인공 인간 등으로 불리는 가짜 인간들이 맹활약을 펼치고 있는데요, 그들은 인스타그램에서 수많은 팔로워를 확보하며 유명 의류 브랜드들의 협찬을 받아 광고 모델로 활약을 하거나, 심지어 TV 광고에까지 등장하고 있습니다. 실제 인간이 아니라는 사실을 말해 주기 전까지 사람들이 구별을 하지 못하는 경우가 많죠. (인공 인간에 대해서는 다음 장에서 더 자세하게 다룰 겁니다.)

"아니, 그래도 컴퓨터 그래픽인데 자연스러워 봤자지 얼마나 자연스럽겠어. 티가 나지 않나?"라고 생각하실까 봐 퀴즈를 준비했습니다. 그림2 에 나오는 두 인물을 보시죠. 둘 중 한 사람은 실제 사람이고 나머지 한 사람은 인공지능이 GAN 기술을 활용해 뚝딱 만들어 낸 가짜 사람입니다. 세상에 존재하지 않죠. 둘 중 진짜 사람은 누구일까요? 구별이 되시나요?

그림2 둘 중 한 사람은 인공지능이 만든 가짜 사람 이미지이다

www.whichfaceisreal.com

사실 저는 강의가 있을 때 사람들에게 이 퀴즈를 자주 냅니다. 지금 보시는 이미지 외에도 다양한 이미지를 보여주며 퀴즈 놀이를 하는데, 사람들의 정답율은 어떨까요? 거의 50%라고 보시면 될 것 같습니다. 한마디로 구별이 안 된다는 것이죠. (참고로 그림2에서 실제 사람은 왼쪽입니다.)

▌진짜 같은 가짜를 만드는 AI

인공지능의 발달 덕분에 사람의 개입이 거의 없이도 세상에 존재하지 않는, 하지만 너무나 사람처럼 생긴 가짜 사람의 이미지를 무한으로 생성

할 수 있게 됐습니다. 특히 여기에 활용된 GAN^Generative Adversarial Network이라는 인공지능 모델은 진짜 같은 가짜를 만드는 데에 탁월한 인공지능입니다. GAN 모델에는 두 가지의 인공지능이 활용되는데요. A라는 인공지능은 계속해서 가짜 이미지를 생성해 냅니다. 그리고 B라는 또 다른 인공지능은 A가 만든 가짜 이미지가 진짜인지 아닌지를 구별하는 역할을 합니다.

예를 들어 A가 가짜 사람 이미지를 만들었을 때 귀가 하나 없다거나 눈이 하나 뭉개져 있다면 B는 실제 사람 이미지들과 그 이미지를 대조한 결과 A가 생성한 이미지가 사람이 아니라는 판단을 내리는 것이죠. 그렇게 A와 B의 대결이 계속되면 A는 B를 속이기 위해 더욱 정교한 가짜 이미지를 만들어 내게 되고 그 결과 진짜 같은 가짜 이미지들이 계속 생성되는 것이 GAN 인공지능 모델 방식입니다. 그렇기 때문에 앞으로 우리가 인터넷에서 너무나 매력적인 사람을 발견한다고 해서 그 사람이 진짜 사람이라고 바로 믿어서는 안 됩니다. 그 사람은 가짜일지도 모르거든요. SNS로 어떤 매력적인 사람이 메시지를 보내 당신과 친해지고 싶다고 이야기한다면 일단 경계하는 것이 좋을 수도 있습니다. 가짜 인물로 당신을 속이려고 하는 사기꾼일지도 모르니까요.

또 인공지능을 활용해 얼굴을 자연스럽게 복제하거나 합성하는 '딥페이크^Deepfake' 기술에 대해서는 많이 들어 보셨을 겁니다. 보통 뉴스를 통해 그 위험성에 대한 보도가 많이 나오는데요. 예를 들어 음란물 영상에 연예인 얼굴을 합성한다든지, 어떤 정치인이 연설을 하는데 사실 그 영상 자체가 가짜인 경우에는 사회적 혼란을 가져올 만한 위험성이 있다는 겁니다. 인공지능을 이용해 누구나 자연스러운 합성 영상을 쉽게 만들 수 있게 되다 보니 앞으로 상당히 우려가 되는 부분이죠.

그렇다면 이 딥페이크 기술은 얼마나 간단해졌을까요? 앱 스토어에서 '리페이스Reface'라는 앱을 설치해 이용해 봤습니다. 먼저 나의 사진을 한 장 촬영합니다. 그리고 앱에 등록된 여러 재미난 영상들 중 하나를 선택하면 나의 얼굴이 그 영상 속 인물의 얼굴로 바로 합성이 됩니다. 캐리비안 해적의 조니뎁 얼굴이, 뮤직비디오 영상 속 아이유의 얼굴이 제 얼굴로 손쉽게 바뀌는 것입니다. 이 모든 과정이 저의 사진 단 한 장으로 가능한 겁니다. 제가 한 것은 아무것도 없습니다. 인공지능이 알아서 합성을 해 주니까요. 누구나 사진 한 장만으로 영화 속 주인공이 되거나 유명인과 얼굴을 바꿔치기할 수 있으니 상당히 재미있습니다.

하지만 이렇게 재미난 와중에 불안함도 느껴지죠. '이렇게까지 합성이 쉬워지면 앞으로 누군가 악용할 수도 있지 않을까?' 예를 들어 제가 싫어하는 한 친구가 있다고 해 봅시다. 만약 제가 그 친구의 평판에 해를 입히기 위해 굉장히 변태적인 행동을 하는 영상을 찾아 그 친구의 얼굴을 합성한 뒤 인터넷에 게시한다고 해 보죠. 그 영상을 그 친구의 주변 사람들, 회사 동료, 친척들이 본다면 어떨까요?

물론 결국에는 그 영상이 딥페이크로 만든 합성이라는 사실이 밝혀질 겁니다. 하지만 그 영상이 가짜라는 사실이 밝혀진다고 하더라도 영상 속 그 사람의 변태적인 행동이 사람들의 기억 속에 남아 그 사람에 대한 평판이 실제로 손상될 수도 있겠죠. 이 경우는 실제와 가상의 구별이 어려워지며 발생할 수 있는 위험 사례라고 할 수 있습니다. 실제와 가상이 자연스럽게 혼합된다고 해서 좋은 일만 일어나는 건 아닌 거죠.

GPT-3 언어 인공지능

요즘에는 AI의 외모뿐만이 아니라 언어 능력도 향상되고 있는데요, '오픈AI[OpenAI]'사에서 2020년에 공개한 GPT-3라는 인공지능 모델 정도는 여러분이 알아 두시면 좋을 것 같습니다. GPT-3가 공개되었을 때 언론에서는 이 인공지능의 언어 능력이 너무나 뛰어나다며 '인류 역사상 가장 뛰어난 언어 AI'라는 평가를 내리거나 심지어 진짜 사람처럼 너무나 자연스럽게 대화를 하는 나머지 'GPT-3는 인류에 희망인가, 위협인가?'라는 우려 섞인 표현을 제목으로 사용하기도 했습니다.

GPT-3를 개발한 오픈AI사는 일론 머스크[Elon Musk]가 공동 설립한 비영리 AI연구소였는데요. 2019년 GPT-2라는 이전 모델을 개발했을 당시 성능이 너무나 뛰어나 가짜 뉴스를 만들어 낼 위험이 있다며 세상에 공개하지 않았습니다. 그러더니 1년 뒤 매개 변수가 1,750억 개로 이전 버전보다 100배 이상 강력해진 GPT-3를 일부 개발자들에게 공개했습니다. 그리고 개발자들이 이를 활용해 다양한 프로젝트를 진행했는데 그 결과가 너무나 놀라웠던 거죠.

다음은 독일의 한 미래학자가 GPT-3를 이용해 만든 챗봇과의 대화입니다. A와 B 중에 사람은 누구일까요?

A – 간단한 질문 하나 하겠습니다. 누가 이 지구를 만들었을까요?

B – '시간'입니까?

A – 아닙니다.

B – 그럼 누구죠?

A – '외계생물체'?

B – 아니요.

A – '신'?

B – 신은 누구죠?

A – 이 지구를 만든 지성입니다.

B – 신은 존재하나요?

A – 그럼요.

B – 신을 본 적 있습니까?

A – 없습니다.

B – 어떻게 신이 존재한다는 걸 확신하죠?

A – 그게 최선이니까요. 여전히 확신합니다.

여러분은 구별이 되시나요? 구별이 안 될 정도로 자연스럽게 대화가 이어지고 있죠? (참고로 A가 인공지능입니다.) 이밖에도 GPT-3를 이용해 작성한 글이 '해커뉴스Hacker News'라는 커뮤니티에 인기 기사 1위로 랭크가 된다거나, 해외 유명 커뮤니티인 '레딧Reddit'에 GPT-3가 일주일간 상담 댓글을 달았는데 아무도 그것이 AI라는 사실을 알아차리지 못하는 사건들이 일어났습니다. 만약 이 정도로 성능이 좋아진다면 우리는 더 이상 누가 사람이고 누가 AI인지 구별을 하지 못하고 구별할 생각조차 하지 않게 될 것 같습니다. 그저 이야기만 잘 통하고 원하는 정보만 제공해 준다면 그만인 것이죠.

시뮬라크르

이번 장에서는 기술의 발달로 인해 실제와 가상의 구별이 어려워지고, 너무 자연스럽게 혼합됨에 따라 더 이상 구별할 생각조차 들지 않을 수 있는 우리의 미래 생활에 대해서 알아봤습니다. 특히 미래의 사람들이 점차 실제와 가상을 구별할 생각조차 하지 않을 수도 있다는 점이 포인트인데요. 만약 그렇게 된다고 생각해 볼 때, 도움이 될 만한 개념이 있습니다. 바로 '시뮬라크르Simulacre'라는 개념입니다.

원래 시뮬라크르라는 말은 가상, 시늉, 흉내 등의 뜻을 가지고 있습니다. 고대 그리스 철학자인 플라톤은 이 시뮬라크르에 대해 부정적인 견해를 가지고 있었습니다. 그에게 진정한 세계는 세상의 원형인 이데아IDEA의 세계이고, 우리 인간들의 세상은 그 이데아의 세계를 모방한 세상이기 때문에 불완전하다는 겁니다. 그렇다면 이 인간의 세계를 다시 한 번 복제한 결과물인 그림, 조각과 같은 예술품들에 대해 플라톤은 어떻게 생각했을까요? 모방을 모방한 것이기 때문에 예술은 더욱 열등하다고 생각했습니다. 그래서 플라톤에게 시뮬라크르란 불완전하고 열등한 복제품일 뿐인 것이죠.

하지만 현대 사회에서 이 시뮬라크르는 열등한 것만은 아닌 것으로 인식됩니다. 여기에 대해 가장 유명한 인물은 장 보드리야르Jean Baudrillard인데요, 그는 1981년 『시뮬라크르와 시뮬라시옹』이라는 책에서 시뮬라크르에 대한 다른 해석을 내립니다. 시뮬라크르란, 복제품이지만 원본보다 열등한 수준에 그친다고 볼 수는 없고, 원본 그 이상의 존재감을 가질 수도 있다는 것이죠. 심지어 오늘날의 시뮬라크르들은 원본도, 사실성도 없다고 주장합니다. 무슨 말일까요? 그 과정은 이렇습니다.

이미지는 깊은 사실성의 반영이다.

이미지는 깊은 사실성을 감추고 변질시킨다.

이미지는 깊은 사실성의 부재를 감춘다.

이미지는 그것이 무엇이건간에 어떠한 사실성과도 무관하다

이미지는 자기자신의 순수한 시뮬라크르이다.[1]

쉬운 예를 들자면 디즈니사에서 만든 가장 대표적인 캐릭터 '미키마우스'를 떠올려 보시면 됩니다. 사실 미키마우스는 쥐를 복제한 이미지입니다. 사실 쥐라는 존재는 현대인들에게 꽤나 불쾌하게 느껴지는 존재잖아요? 그런데 사람들은 미키마우스를 보며 쥐의 불쾌함을 떠올리기는 커녕, 귀엽다며 관련 콘텐츠와 상품들에 열광합니다. 원본이었던 쥐의 존재는 사라지고 복제 이미지가 그 자체로 원본 이상의 존재감을 갖게 된 것이죠. 이렇게 되면 미키마우스는 더 이상 가짜라고 열등하게 볼 수만은 없는 겁니다.

사실 우리가 SNS에 올리는 나의 멋진 사진들도 시뮬라크르입니다. 실제의 나는 트레이닝복을 입고 밥 한 숟갈에 스팸을 올려 먹는 일상적인 삶을 살지만, 인스타그램에 올라온 나는 환상적인 여행지에서 멋진 옷을 입고 한껏 분위기를 잡고 있죠. 실제의 나는 가려지고 나의 복제 이미지만 남아

---

1 시뮬라시옹, 장 보드리야르 저, 하태환 옮김, 민음사, p.27

있는 겁니다. 그러한 나의 복제 이미지가 사람들을 불러모아 팔로워가 늘어나고 영향력이 생기며 돈까지 벌 수 있게 됩니다. 실제보다 가짜가 더 중요해진 겁니다.

또 가상화폐나 NFT 가상자산 등은 어떻습니까? (NFT에 대해서는 다른 장에서 자세히 알아볼 겁니다.) 그것들은 우리가 실제로 만지거나 느낄 수 없는 허구의 자산들입니다. 하지만 가짜면 어떻습니까? 돈이 되냐 안 되냐 그것이 더 중요한 것이죠.

이런 일들이 펼쳐지는 것을 보면 실제와 가상이 너무나 자연스럽게 섞이는 현상은 이미 우리의 일상에 가까이 다가와 있는 건지도 모릅니다. 여러분은 이러한 현상에 대해 어떤 생각을 가지고 계신가요? '가짜면 뭐가 문제냐, 재밌거나 유용하면 됐지!'라고 생각하시나요, 아니면 '어떻게 가짜가 실제보다 중요해질 수 있냐, 가치는 실제에서 나오는 거야!'라고 생각하시나요? 과연 미래 사회에 실제와 가상은 얼마나 더 자연스럽게 섞일까요? 그리고 가상의 위상은 어디까지 올라갈 수 있을까요?

디지털 휴먼

앞 장에서 실제과 가상이 너무나 자연스럽게 혼합되고, 사람들은 그것을 구별할 생각조차 안 하게 되는 미래에 대해 알아봤는데요. 이러한 미래 사회에 가장 성장할 분야 중 하나가 바로 '디지털 휴먼 Digital Human'이 아닐까 싶습니다. 미래 사회에는 실제를 닮은 가짜 인간, 하지만 실제보다 더 매력 있는 인공 인간들이 생활 곳곳에서 왕성한 활약을 하게 되겠죠. (용어는 디지털 휴먼, 인공 인간, 가상 인간, 메타 휴먼 등 뭐라고 불러도 상관 없습니다.)

물론 디지털 휴먼은 새로운 시도가 아닙니다. 나이가 살짝(?) 있으시다면 여러분은 이미 1998년에 데뷔해 큰 인기를 누렸던 사이버 가수 '아담'을 기억하고 계실 테니까요. 아담의 대표곡 '세상엔 없는 사랑'이란 곡이 큰 인기를 얻고 심지어 아담은 TV 광고에도 출연할 정도로 선풍적인 인기를 끌었습니다. 하지만 이런 인기에도 불구하고 그 당시에는 아담을 유지할 만한 기술이 부족했습니다. 당시 아담이 광고에서 말 한마디를 하려고 하

그림1 사이버 가수 아담

면 개발자들이 몇 날 며칠을 밤 새워 가며 입 모양과 표정, 제스처 등을 일일이 컴퓨터로 조절해 영상을 만들어야 했다고 합니다. 아담의 인기가 높아질수록 개발자들은 퇴근을 할 수 없었던 것이죠. 결국 그들은 아담의 활동을 중단시켜야만 했습니다.

다시 주목받고 있는 디지털 휴먼

그리고 21세기, 더욱 발달된 기술에 힘입어 새로운 디지털 휴먼들이 등장하기 시작했습니다. 가장 대표적인 디지털 휴먼은 '릴 미켈라Lil Miquela'로 인스타그램에서의 인기가 상당합니다. 현재 3백만 팔로워를 돌파했는데요, 이 정도로 인기가 많다 보니 이미 인플루언서로서 활약하고 있습니다. 각종 제품과 행사의 협찬을 받아 수익을 올릴 정도니까요. 또 늘씬한 가상 흑인 여성 모델 '슈두Shudu'도 있습니다. 처음부터 모델의 역할을 하기 위해 만들어진 디지털 휴먼인 만큼, 각종 패션 브랜드와 협력하며 인스타그램을 통해 가상 모델로서 활약하고 있습니다.

동양인 디지털 휴먼 중에는 일본에서 만든 '이마Imma'가 맹활약을 펼치

그림2 릴 미켈라 Lil Miquela / 슈두 Shudu / 이마 imma

고 있는데요, 현재 인스타그램 팔로워는 약 35만 명이며 각종 패션 브랜드의 모델이 되기도 하고, 심지어 유명 화장품 브랜드인 SK-II의 일본 TV 광고에 출연하기도 했습니다. 게다가 길거리 곳곳에 그녀의 광고 사진이 걸려 있고 심지어 도쿄에서 자신의 이미지를 이용한 현대 미술 전시회를 열기도 했습니다. 가짜 모델이 실제 모델보다도 더 잘나가고 있는 거죠.

한국의 디지털 휴먼들

한국에서도 최근 사이버 가수 아담의 후배들이라고 할 수 있는 디지털 휴먼들이 계속 '생성'되고 있습니다. 국내 업체 싸이더스 스튜디오 엑스에서 만든 디지털 휴먼 '로지'가 신한카드의 TV 광고에 출연하며 큰 화제를 모으기도 하고, LG전자는 세계 최대의 가전제품 박람회인 2021 CES 행사에서 직접 만든 디지털 휴먼 '김레아'를 활용해 제품을 홍보하기도 했습니다. 또 롯데홈쇼핑에서는 '루시'라는 디지털 휴먼을 개발해 향후 가상 쇼호스트의 역할을 맡기려는 계획을 가지고 있습니다. 물론 처음에는 많이 어색하겠지만, 앞으로 디지털 휴먼들이 실제 인간만큼이나 자연스러워지는

그림3 LG전자의 가상인간 김래아 / 삼성전자 인공인간 네온 NEON

날이 오겠죠? 특히 삼성전자의 미래 기술 사업화 벤처 조직인 '스타랩스 STAR Labs'에서 2020년에 공개한 인공 인간 '네온NEON'의 경우는 그 그래픽 수준이 정말 사람과 구별이 안 될 정도로 정교해 화제를 모으기도 했습니다.

인간의 형태가 아닌 가상 인플루언서들

물론 디지털 휴먼이 반드시 사람을 닮을 필요는 없습니다. 오히려 가짜이기 때문에 더욱 다양한 시도를 할 수 있고, 그러한 독특한 느낌으로 인해 큰 인기를 끄는 디지털 휴먼도 있거든요. 괜히 어설프게 매력적인 인간을 만들려다가 오히려 사람들의 비호감을 사는 것보다는 낫겠죠.

예를 들어 국내 업체 '에이펀인터렉티브'에서 제작한 '아뽀키Apoki'는 귀여운 토끼 인간의 형태를 하고 있습니다. 이 토끼 인간은 음반을 내고 라

그림4 아뽀키 APPOKI

이브로 노래를 부르고 춤을 추는 등의 영상을 올리며 가수 활동을 하고 있는데요, 아뽀키의 유튜브 구독자수는 현재 30만 명에 달합니다.

또 해외에서는 'FN메카^{FNMeka}'라고 하는 사이버 래퍼가 꽤나 인기입니다. 사이버 래퍼답게 음원을 계속 발표하고 있는데요, 곡은 AI가 기존의 힙합 음악을 학습해 작곡했다고 합니다. 하지만 아쉽게도 아직까지 랩은 AI가 아닌 실제 사람이 녹음을 하고 있다고 하네요. 향후에는 랩핑 역시 AI로 대체할 계획을 가지고 있다고 합니다. 그런데 FN메카의 경우 랩 음악보다는 틱톡^{TikTok}의 인플루언서인 틱톡커로 인기를 끌고 있습니다. 벌써 팔로워의 숫자가 1,000만 명을 돌파했습니다.

그리고 틱톡에 등록되는 영상들의 인기도 상당한데요, 가상의 인플루언서의 특징을 제대로 살린 기괴한 영상들이 많습니다. 예를 들어 가상으로 만들어진 플레이스테이션의 스타벅스 에디션에서는 버튼을 누르면 게임기 안에서 스타벅스 커피라떼가 뽑아져 나온다든지, 고급 스포츠카인 람보르기니를 구찌 로고로 덮어버린다든지, 게이밍 의자에 용변을 볼 수 있

그림5 인공인간 랩퍼 FN Meka

는 변기를 설치했는데 그 안에서 로봇 손이 나와 뒤처리를 해 준다든지 하는 황당한 영상과 이미지들이 가득합니다. 현실에서 불가능한 여러 가지 시도들이 가상에서는 가능한 것이죠. 그래서 FN메카는 이러한 과장된 과시행위들을 '하이퍼 플렉스Hyper Flex'라고 부릅니다.

연예인들에게는 위기일까?

지금까지는 기업에서 광고 모델이 필요하면 그 이미지에 부합하는 사람 모델을 찾아 섭외를 해야 했습니다. 그런데 만약 디지털 휴먼이 더욱 발달하고 인기를 끌게 된다면 앞으로는 광고 모델을 '섭외'하는 것이 아니라 광고 모델을 직접 '만드는' 시대가 될지도 모르겠습니다.

게다가 디지털 휴먼은 사고를 치지 않거든요. 연예인들의 경우 잘못된 과거가 폭로되거나 음주운전, 폭행 등의 사고를 일으켜서 그들이 출연했던 광고 브랜드의 이미지에 손상을 입히기도 합니다. 하지만 디지털 휴먼의 경우에는 인간이 아니기 때문에 실수를 할 일도 없고 그래서 보다 안정적인 운영이 가능하다는 것이죠.

그래서 국내의 한 신문사에서 디지털 휴먼들의 활약을 조명하며 이런 제목의 기사를 냈습니다. "이러다 연예인들 일감 다 끊기겠네... 가상 인간 쏟아진다"[2] 이 기사에 사람들은 굉장히 많은 댓글을 남겼는데요, 그 댓글 내용들이 상당히 재밌습니다.

- 애니메이션 캐릭터를 좋아하는 사람도 많고, 피규어 시장도 무시할 수 없는 규모 인데, 그런 쪽으로 생각해 보면 딱히 나쁘다는 생각은 안 든다. 저들을 이용해 게임 이나 드라마 같은 콘텐츠도 만든다면 부가 가치도 창출할 수 있을 것 같다.
- 한 번도 실제로 보지 못하고 만지지 못하는 연예인... 사고 안 치는 연예인이 낫지.
- 어차피 TV, 유튜브는 가상 공간이다. 비싼 유명 연예인은 바이바이.
- 연예인이라는 직업도 다시 평가돼야 한다. 놀고 먹고 춤추면서 그동안 너무 고소 득. 전부 가상 인간으로 대체하자.

의외로 디지털 휴먼의 활약을 환영하는 댓글들이 꽤 많았습니다. 그리고 댓글로 파악할 수 있었던 또 다른 점은 사람들이 연예인의 고소득에 반감을 가지고 있다는 사실이었습니다. 일부 성공한 연예인은 정말 일반인이 상상할 수 없는 엄청난 돈을 벌 수 있다 보니 상대적 박탈감을 느끼는 사람들도 많은 것이죠.

과연 디지털 휴먼의 발달이 연예인이라는 직업에 영향을 미치게 될까

---

2 매일경제 "이러다 연예인들 일감 다 끊기겠네"...한유아 수아 정세진을 아시나요? 가상인간 쏟아진다 2021.09.18

요? 현재로서는 그럴 가능성이 적지만 미래에는 어떻게 될지 한번 지켜봐야겠습니다. 혹시 모르죠. 요즘 TV 프로그램에 기존 연예인들만 출연하는 것이 아니라, 스포츠 스타나 유튜버들이 출연해 화제가 되는 것처럼 앞으로는 디지털 휴먼들의 출연이 기존 연예인들의 출연보다 더욱 화제가 될지도 모르니까요.

▌메타버스 아바타와 가상 유튜버

▌앞으로 이러한 디지털 휴먼의 제작과 이용이 더 쉬워지고, 드는 비용도 저렴해진다면 일반인들도 많이 이용할 수 있게 될 겁니다. 먼저 메타버스나 게임과 같은 가상 공간에서 활약할 나의 아바타를 이러한 디지털 휴먼들로 대신할 수 있겠죠. 지금은 메타버스 플랫폼마다, 게임마다 나의 아바타를 따로따로 만들어야 하지만, 나중에는 나를 상징하는 한 가지 아바타로 다양한 플랫폼에 접속해 디지털 가상생활을 이어가게 될지도 모릅니다.

또 이렇게 만든 나의 아바타를 이용해 개인 방송을 하는 수도 있겠죠. 이미 유튜브에서는 VTuber브이튜버라고 불리는 가상 유튜버들이 활약을 하고 있는데요, 나의 실제 얼굴은 감추고 아바타를 이용해 유튜브 채널을 운영하는 겁니다. 가장 대표적인 가상 유튜버인 '키즈나 아이Kizuna AI'의 경우 구독자수가 약 300만 명입니다. 엄청난 인기를 끌고 있는 것이죠.

이렇게 나의 아바타를 제어해 방송을 하기 위해서는 모션 캡처 기술이 필요한데요, 원래 영화에서 많이 사용되던 기술입니다. 여러분도 영화 제작 과정을 담은 영상에서 연기자가 쫄쫄이 수트를 입고 연기하면 컴퓨터

그림6 Xsens 모션 캡처 수트

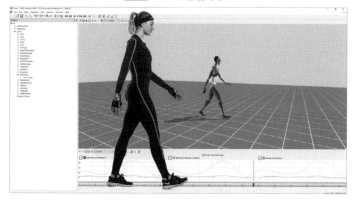

가 연기자의 움직임과 표정을 가져와 괴물이나 애니메이션 캐릭터에 합성하는 기술을 본 적이 있으시죠? 가상 유튜버에게도 바로 그 기술이 사용되는 겁니다. 실제로 다양한 모션 캡처와 합성 프로그램들이 출시되고 가격이 낮아지며 이제 일반인들도 이용할 수 있는 수준이 된 건데요, 사실 비용이 많이 저렴해졌다고 하더라도 아직은 부담스러운 가격입니다.

예를 들어 트위치Twitch에서 자신의 아바타로 개인방송을 하는 '코드 미코Code Miko'는 가장 고품질의 모션 캡처 기술을 이용해 자연스러운 아바타 방송을 하는 것으로 유명한데요, 다른 가상 유튜버들과 달리 그는 자신의 정체를 실제로 드러내고 어떠한 장비를 사용하며, 비용은 얼마가 들어가는지를 솔직하게 공개하고 있습니다.

그는 엑스센스Xsens사의 모션 캡처 수트, 마누스Manus사의 핸드 트레킹 장갑, 언리얼Unreal사에서 만든 아이폰용 얼굴 캡처 앱인 Live Link Face 등을 이용해 자신의 움직임과 표정을 컴퓨터에 전송하고, 그 데이터를 Xsens MVN 소프트웨어, 언리얼 엔진을 이용해 아바타로 합성합니다. 그렇다면

그림7 **가상 스트리머 코드미코**Codemiko**(왼쪽)와 코드미코를 제어하는 테크니션 미코(오른쪽)**

이런 장비를 갖추려면 총 비용은 얼마나 될까요? 약 3천 만원 이상입니다. 과거 영화 제작에서 활용되던 모션 캡처 장비들이 1억 원을 훌쩍 넘어가던 것과 비교하자면 매우 저렴해진 수준이지만, 아직까지 대중화가 되기에는 상당히 부담스러운 가격이죠.

물론 반드시 몇천만 원을 들여야 하는 것은 아닙니다. VR 장비를 이용하는 수도 있고, 컴퓨터 웹캠만으로 아주 단순하게 모션 캡처를 할 수도 있고, 중국산 저가 모션 캡처 장비들을 이용하는 수도 있습니다. 다만, 나의 아바타를 보다 정교하게 제어하고자 할수록 돈은 더 많이 들어간다고 보시면 되겠습니다.

하지만 앞으로 인공지능의 컴퓨터 비전 기술이 좋아진다면 카메라 한 대만으로도 전신이 아바타와 자연스럽게 합성될지도 모르죠? 예를 들어 테슬라의 경우 고가의 라이다 장비를 사용하지 않고 차량에 장착된 카메라 8대를 중심으로 주변 상황을 파악해 반자율주행이 가능해지고 있는 것처럼 말입니다.

과연 디지털 휴먼은 앞으로 어디까지 활동 영역을 확장할 수 있을까요? 활용할 곳은 많습니다. 일본 이바라키현에서 디지털 휴먼 캐릭터인 '이바라 히요리'를 이용해 지역 홍보를 하는 것처럼 지자체 홍보를 맡길 수도 있고, 매장의 키오스크에 디지털 휴먼을 도입해 대화를 통해 고객 응대를 하도록 활용할 수도 있습니다. 만약 인기있는 디지털 휴먼이 매장 키오스크에 도입된다면 그 디지털 휴먼을 보고자 팬들이 그 매장을 방문하게 될지도 모르죠? 또 인기 디지털 휴먼을 이용해 외국어 회화 연습에 활용한다든지, 가상 동거 서비스에 활용해 1인 가구 시대에 나와 함께 생활하는 동반자의 역할을 부여할 수 있을지도 모릅니다. 활용처는 여러분이 상상하기 나름입니다.

데이터 유령의 등장

데이터 유령이란?

앞 장에서 보신 것처럼 실제 사람과 구별이 되지 않는 디지털 휴먼이 발달하면서, 미래에는 이를 활용한 필수 서비스가 생겨날 수도 있습니다. 그 서비스는 바로 죽은 사람을 가상으로 똑같이 구현해내는 기술입니다.

이와 관련해 우리나라에서 화제가 된 사례는 2020년에 방영된 MBC의 '너를 만났다'라는 다큐멘터리입니다. 제작진은 병으로 세상을 먼저 떠난 딸을 그리워하는 가족을 위해 딸을 가상으로 복원해 냅니다. 딸의 생전 사진, 동영상 등에서 데이터를 가져와 3D형태로 딸의 외형을 복원하고 목소리까지 합성해 낸 것이죠. 가족들은 VR 헤드셋을 끼고 가상의 공간 안에서 복원된 딸을 만날 수 있었습니다. 다만 이때 가상의 딸은 정해진 시나리오대로만 행동하고 이야기하기 때문에 가족과 대화를 할 수는 없었습니다. 그럼에도 불구하고 이 다큐멘터리는 당시 엄청난 화제를 불러일으켰습니다. 다큐를 본 많은 시청자들이 눈물을 흘렸다고 하죠.

저는 이것을 '데이터 유령'이라고 부릅니다. '유령'이란 단어의 사전 정의 중에는 '죽은 사람의 혼령이 생전의 모습으로 나타난 형상'이란 뜻이 있습니다. 그러니 데이터 유령이란 죽은 사람의 데이터가 생전의 모습으로 나타난 형상이라고 할 수 있겠죠. 물론 많은 사람들이 유령이라고 하면 무섭고 불쾌한 존재로 생각할 수 있지만, 제가 말하는 데이터 유령에 그런 불쾌한 의미를 포함하려는 의도는 없습니다. 그저 죽은 자가 살아있는 것처럼 눈 앞에 보이지만, 만질 수는 없으니 유령과 너무 비슷해 그렇게 부를 뿐입니다.

▎데이터 유령의 대중화

이처럼 죽은 이들의 데이터 부활은 먼저 유명인들을 중심으로 시도되고 있습니다. 한국에서는 예능 프로그램에서 세상을 떠난 과거 가수들을 복원했습니다. 2020년 M.net '다시 한번'이라는 프로그램에서는 가수 거북이, 김현식의 외형과 목소리를 복원해 그들이 생전에 부른 적이 없는 새로운 노래를 부르게 하는 데에 성공했습니다. 또 2021년에는 SBS '세기의 대결! AI vs 인간'이라는 프로그램에서 가수 김광석의 목소리를 복원해 그만의 스타일로 새로운 노래를 부르게끔 연출해내기도 했습니다.

앞으로 이와 관련된 기술은 계속 발전하겠죠. 디지털 휴먼이 정교해질수록 죽은 사람을 복원했을 때의 정교함도 나날이 향상될 겁니다. 게다가 AI는 앞으로 더 적은 고인의 데이터만 가지고도 더욱 정교한 복원이 가능해지겠죠. 데이터 유령과의 대화 역시 GPT-3와 같은 초거대 언어 AI의 발달로 더욱 자연스러워질 겁니다. 그리고 기술이 발달하고 관련 기업들이 많이 생겨나게 되면 고인을 가상으로 살려 내는 비용은 계속 저렴해질 겁니다. 결국 일반인들 누구나 부담없이 이용할 수 있는 수준까지 비용이 내려가겠죠.

그렇다면 이쯤에서 여러분에게 질문을 드리겠습니다. 만약 기술이 충분히 발달한다면 여러분은 이 서비스를 이용하시겠습니까? 돌아가신 부모님, 배우자, 자식 등을 가상으로나마 다시 만날 수 있고, 심지어 마치 살아있는 것처럼 대화도 할 수 있다면 여러분은 이 서비스를 이용하시겠습니까?

강의를 할 때 이런 질문을 하면 사람들의 반응은 정확히 반으로 나눕니다. MBC 다큐멘터리 '너를 만났다'가 공개됐을 때 대부분의 댓글 의견은 감동적이었다는 긍정적 댓글이었던 반면, 일부 비판적 댓글은 다음과 같았습니다.

- 뭐냐, 이게? 사이버 가수 아담도 아니고... 사람 갖고 장난치나?
- 유족들은 또 한 번 가슴이 찢어졌겠구나
- 안 하는게 나을 듯해요. 닮지도 않았고, 서로 대화가 되는 것도 아니고...
- 솔직히 이건 좀 아닌 듯... 산 사람들은 어떻게 살아가라고... 잊혀지는 게 자연의 섭리인데 거스르면 실제 생활을 할 수 있을까?
- 저게 무슨 고문이야...

현재 이러한 서비스를 준비하고 있는 국내 업체도 있습니다만, 실제로 서비스가 출시된다면 초기에 많은 논란을 피할 수는 없을 것 같습니다. 그렇다면 고인을 가상으로 살려 내는 것에 어떠한 문제가 있을까요?

▎데이터 유령, 비판적으로 보자면...

먼저 죽은 자를 가상으로 부활시켰을 때 이런 질문을 해 볼 수 있습니다. 첫째, 고인이 생전에 남긴 데이터들의 소유권은 누구에게 있는가? 둘째, 유족들은 죽은 자의 데이터를 이용해 죽은 자를 가상으로 부활시켜도 되는가? 셋째, 죽은 자에게도 죽을 권리, 잊힐 권리가 있지 않은가?

물론 생전에 가족들과의 사이가 좋았다면 내가 죽은 뒤 남은 가족들이 나를 가상으로 살려 내는 것에 심각한 문제는 없을 것 같습니다. 하지만 만약 생전에 늘 사이가 안 좋았던 가족이 가상으로 나를 살려 낸 후 어떠한 이득을 본다면? 예를 들어 연예인의 경우에는 이런 일이 일어날 수도 있겠죠. 죽은 연예인의 얼굴과 목소리 데이터를 활용해 데이터 유령을 만든 뒤, 광고를 찍게 하거나 다시 신곡을 발표하게 해 가족에게 그 수익이 돌아가게 만드는 겁니다. 이 경우 아무리 가족이라고 하더라도 죽은 자의 데이터를 마음대로 이용해 다시 살려 내는 것에 문제가 없냐는 것이죠.

또 다른 문제는 고인을 가상으로 살려 낸다고 했을 때, 완벽한 복제가 가능하냐는 겁니다. 예를 들어 2019년 일본에서는 국민 여가수로 불렸던 '미소라 히바리'라는 가수를 가상으로 살려 내 그의 목소리로 신곡을 부르는 이벤트를 열었습니다. 그리고 NHK 다큐멘터리를 통해 그 과정이 자세히 소개됐는데요. 완벽한 복제라는 것이 얼마나 어려운지를 잘 보여줍니다. 일단 새로운 분위기의 신곡을 부르게 할 때 필요한 데이터가 없는 겁니다. 밝은 곡을 불러야 하는데 고인의 경우 생전에 애절한 노래를 주로 불렀거든요. 애절한 창법 데이터로 희망찬 신곡을 부르게 하니 뭔가 어색해지는 것이죠. 또 희망찬 노래에 맞게 제스처도 취해야 하는데, 적합한 데이터가 없는 겁니다. 결국 제스처는 후배 가수의 몸 동작을 모션 캡처하여 합성해야 했습니다.

만약 일반인들을 데이터 유령으로 부활시킨다고 가정해 봅시다. 그러면 연예인에 비해 구할 수 있는 데이터는 훨씬 부족할 겁니다. 아마 필요한 데이터는 대부분 페이스북, 인스타그램, 유튜브 등에 등록된 SNS 상의 공개 게시물들에서 가져와야 할 겁니다.

그런데 여기에서 아주 심각한 문제가 발생합니다. 앞 장에서 시뮬라크르에 대해서 설명 드렸던 것 기억하시나요? SNS 상에 등록된 한 사람의 모습은 그의 실제 모습과 큰 차이가 있을 수 있습니다. '연출된 자아'라는 것이죠. 그렇기 때문에 실제 생활에서의 말투와 실제 가치관, 또 평소의 우울한 모습들에 대한 데이터는 SNS 공개 게시물에서는 구할 수가 없습니다. SNS 상에는 대개 밝은 모습의 이미지나 영상을 올리고, 비난받지 않을 생각을 적어 놓으니까요. 정작 실제 가족들이 일상생활에서 볼 수 있는 고인의 데이터는 얻기가 힘든 겁니다.

또 '페르소나'라고 하죠? 우리 인간은 사회생활을 하며 여러 가면mask을 착용합니다. 가족원으로서의 가면, 회사의 구성원으로서의 가면, 연인으로서의 가면 등등 우리는 주변 환경과 만나는 사람에 따라 다른 성격을 연출하기도 합니다. 하지만 그 각각의 가면을 구현하기 위한 데이터를 모두 구할 수가 있을까요? 결국 이렇게 불완전한 데이터 유령의 부활은 반쪽짜리 부활이 될 수밖에 없는 겁니다.

마지막으로는 죽은 자를 가상으로 살려 내는 것이 남겨진 자에게 도움이 되겠냐는 비판입니다. 산 사람은 죽은 자를 잊고 남은 인생을 새롭게 살아야 하는데, 과거의 잔상에 사로잡혀 데이터 유령과 함께 살아간다면 그게 살아있는 자에게 도움이 되겠냐는 것이죠. 이렇듯 데이터 유령 기술은 앞으로 다양한 논란을 일으킬 수 있을 것 같습니다.

▌데이터 유령, 긍정적으로 보자면...

이번에는 데이터 유령을 긍정적으로 생각해 보겠습니다. 먼저 우리가 깨달아야 할 사실이 있습니다. 사실 우리 인류의 역사를 돌이켜보면 새로운 기술을 이용해 죽은 자를 가상으로 부활시키는 사례가 줄곧 있어 왔다는 겁니다. 과거에는 초상화를 그려 죽은 이를 추억했습니다. 심지어 초상화 자체를 죽은 사람과 동일시하여 귀중하게 여기고, 말을 걸기도 했죠. 그리고 19세기 초 사진 기술이 발달하며 고인의 생전 모습을 선명하게 다시 볼 수 있게 되었습니다. 심지어 지금은 누구나 스마트폰을 이용해 동영상을 촬영할 수 있고, 사랑하는 사람이 죽은 뒤에 이 동영상을 재생함으로써 마치 고인이 지금 살아 있는 것처럼 움직이는 모습을 볼 수 있습니다.

그렇다면 그림, 사진, 동영상으로 고인을 추억하는 것과 AI의 데이터 학습으로 고인의 외형과 말투를 복원해 대화까지 가능한 방식으로 고인을 추억하는 것에 큰 차이가 있을까요? 어차피 모두 기술적 재현에 의한 추억 회상 방식이 아닌가요? 사진 기술의 발달과 AI 기술의 발달 사이에는 큰 윤리적 차이가 존재할까요?

사실 우리들은 과거에 세상을 떠난 고인들의 초상화, 사진, 동영상을 아무렇지 않게 이용하고 있습니다. 우리가 세상을 떠난 신해철의 음악을 들으면 그의 수익금은 가족에게 돌아갑니다. 신해철은 세상을 떠났지만 신해철의 음악은 라디오를 통해 계속 흘러나오고 있습니다. 그가 원했든 원치 않았든 상관없이 말이죠. 여기에 대해 우리는 죽은 자의 잊힐 권리 따위를 생각하지 않습니다.

반면 신해철의 목소리 데이터를 활용해 복원한 뒤 새로운 라디오 프로그램을 진행하게 한다면 사람들의 반응은 어떨까요? 실제로 최근 KT에서는 신해철의 라디오 방송 데이터를 AI에게 학습시켜서 그의 목소리를 복원해 냈고, 이것을 활용해 'AI DJ, 신해철과의 만남'이라는 새로운 라디오 프로그램을 제작했습니다. 신해철이 마치 살아있는 것처럼 그의 목소리와 말투, 억양으로 새로운 사연을 읽으며 새로운 라디오 방송을 진행한다는 것이죠. 여기에 대한 댓글 반응은 이렇습니다.

- 고인을 두고 무슨 짓거리인지
- 단순 목소리 복제가 신해철은 아니지. 신해철이 사랑받은 건 목소리가 아니라 가치관에 있다.
- 죽은 사람 목소리 듣고 싶지 않다. 귀신의 환생이냐?

신해철의 음악을 다시 듣는 건 아무렇지 않게 느끼면서 신해철의 목소리로 라디오 방송을 하는 것은 듣고 싶지 않다는 마지막 댓글의 의견은 어떻게 해석해야 할까요?

과거 축음기가 발명되었을 때를 생각해 보죠. 그 당시 사람들은 녹음된 음악이 기계에서 반복되어 재생되는 것을 처음 들었을 겁니다. 반응은 어땠을까요? '사람이 노래를 불러야지, 저렇게 기계에서 노래가 나오는 것이 어떻게 음악이냐?' 혹은 '기계가 사람의 목소리를 복제해 노래를 하다니 기분 나쁘다!'라는 반응이 있었을지도 모릅니다.

　이렇듯 우리 인간은 자신에게 익숙한 것만을 정답으로 보는 보수적인 성향을 가지고 있기도 합니다. 이러한 사실을 깨닫고 데이터 유령 기술을 접하면 생각이 달라질 수 있습니다. 결국 죽은 자의 데이터를 학습시켜 가상으로 살려 내 대화까지 가능한 새로운 기술은, 죽은 자를 추억하는 새로운 방식이 될 수도 있다는 겁니다. 우리가 죽은 자를 추억하는 방식이 초상화에서 사진으로, 사진에서 동영상으로, 그리고 마치 살아있는 것처럼 대화까지 가능한 새로운 방식으로 진화했을 뿐이라는 것이죠.

▌데이터 유령이 일상화된다면

옛말에 호랑이는 죽어서 가죽을 남기고 사람은 죽어서 이름을 남긴다는 말이 있습니다. 하지만 요즘 시대에 이 말은 바뀌어야 할 것 같습니다. 호랑이가 죽어서 가죽을 남기는 건 똑같을 수 있지만, 요즘 사람은 죽어서 '이름'이 아니라 '데이터'를 남기죠.

　그리고 이렇게 쌓인 데이터를 이용해 언제든 고인을 만나 대화할 수 있고, 죽은 가수가 신곡을 발매하거나 계속 연기자로 활동한다면 우리들은 늘 데이터 유령과 함께 하는 삶을 살게 됩니다. 이렇게 되면 미래의 사람들에게 죽음이란 어떤 의미일까요?

　혹시 미래의 죽음이란 곧 디지털 영생을 의미하게 되진 않을까요? 그러면 미래의 장례식은 결국 디지털 부활식이 되겠군요. 실제 육신이 죽는 순간 나의 데이터가 디지털 가상 세계에서 부활해 영생을 누릴 수 있게 되니까요. 만약 이런 일들이 미래 사회에 만연해진다면 미래에는 죽음과 애도에 대한 새로운 인식이 형성될지도 모르겠습니다. 죽음에 대해 현재 우리와 상당히 다른 태도, 다른 가치관을 갖게 되는 것이죠.

***

자, 이번 장에서는 데이터 유령에 대해서 알아봤는데요, 지금까지의 이야기를 쭉 듣고 여러분은 어떤 결론을 내리셨나요? 만약 기술이 충분히 발달한다면, 여러분은 고인을 가상으로 부활시키는 이 서비스를 이용하시겠습니까? 만약 이용하실 용의가 있다면 지금부터 사랑하는 사람들의 일상을 계속 촬영하고 녹화해 데이터를 수집해 두십시오. 그 데이터가 나중에 분명 큰 보물이 될 겁니다.

메타버스는
아직 멀었다

메타버스가 뭔데?

최근 메타버스라는 용어가 굉장히 주목받고 있습니다. 한국에서는 2020년 하반기부터 언론, 유튜브, 책 등의 매체를 통해 메타버스라는 말이 많이 언급되기 시작했는데요. 메타버스라는 용어는 초월을 뜻하는 메타 meta와 세계를 뜻하는 유니버스universe가 합쳐진 말로 현실 세계의 생활을 뛰어넘은 디지털 가상 세계에서의 생활을 뜻합니다. 가상 세계에서 게임만 하는 게 아니라 친구를 사귀고, 공연도 보고, 쇼핑도 하는 등 실제와 유사한 생활을 한다는 개념이죠.

이 메타버스가 2020년 말쯤부터 다시 주목을 받은 데에는 몇 가지 이유가 있는데요. 먼저 첫째, 코로나19로 인해 학교, 회사, 대형 행사 등에 사람들이 직접 모일 수 없게 되며 비대면 솔루션에 대한 관심이 높아졌기 때문입니다. 그래서 게더타운Gather Town과 같은 메타버스 플랫폼을 이용해 사람들이 모여 함께 일을 하고, 채용 설명회라든지 취업 박람회와 같은 대형 행사를 가상 공간 안에서 개최하려는 시도를 하고 있는 것이죠.

두 번째 이유는 어린 10대 친구들이 로블록스Roblox, 제페토Zepeto와 같은 메타버스 플랫폼을 굉장히 많이 이용하기 때문입니다. 실제로 미국 16세 미만 청소년의 절반 이상이 로블록스를 즐기고 있는데, 조사 결과 유튜브보다 로블록스에서 2.5배 많은 시간을 보내는 것으로 알려져 있습니다. 또한, 네이버에서 제작한 제페토 역시 전 세계 사용자가 2억 명을 돌파할 정도로 아이들 사이에서 그 인기가 상당하다는 겁니다. 로블록스와 제페토의 경우 사용자들이 직접 플랫폼 안에서 즐길 수 있는 게임과 서비스를 만들 수 있고, 심지어 아바타 의상을 만들어 판매함으로써 직접적인 수익을 얻을 수도 있습니다. 이러한 특징 때문에 이는 단순히 게임이 아니라 경제 활동이 가능한 메타버스 플랫폼으로 분류되기도 합니다.

그 밖에도 2020년 4월 포트나이트Fortnite 게임 안에서 열린 미국 유명 래

그림1 로블록스 / 제페토

퍼 트래비스 스캇Travis Scott의 공연에 1,200만 명 이상의 이용자가 동시 접속하고, 미국의 조 바이든Joe Biden 대통령이 대통령 선거 기간에 닌텐도사의 '모여봐요, 동물의 숲' 게임 플랫폼 안에 선거 캠프를 열어 MZ 세대를 타깃으로 선거 운동을 했다는 등의 사례들이 쌓이면서 메타버스 플랫폼이 이제는 단순한 게임 그 이상의 가치를 가진 것으로 인정받으며 관심의 대상으로 떠오르게 됩니다.

이러한 사례들이 국내에 소개되며 기업과 관공서, 일반인들에 이르기까지 "잘은 모르겠지만 우리도 메타버스를 해 보자!"라며 다양한 시도를 해 나가고 있습니다. 게다가 한국 정부에서도 뉴딜2.0 계획에 신규 지원 분야로 '메타버스'가 포함되며 곳곳에서 이 지원금을 받기 위해 더욱 많은 사람들이 메타버스 개발에 참여하게 되었죠.

이 메타버스 열풍에 대해서 사람들의 반응은 엇갈리고 있습니다. 미래 성장 분야이기 때문에 지금 당장 뛰어들어 투자를 해야 한다는 입장이 있는 한편, 예전 싸이월드나 바람의 나라, 세컨드 라이프 등과 다를 게 없는데 왜 난리냐는 입장도 있습니다. 물론 현재의 메타버스 기술이 일부 분야에서는 유용하게 쓰일 수 있겠지만, 저는 현재의 메타버스 열풍에 대해서는 조금 신중하게 접근을 해야 한다는 입장입니다.

▌용어 자체가 혼란스럽다

일단 메타버스라는 용어 자체가 사람들을 혼란스럽게 합니다. 사실 메타버스는 학술 용어도, 기업체에서 만든 용어도 아니고 1992년에 출간된 닐 스티븐슨Neal Stephenson의 『스노우 크래쉬』라는 SF 소설에 나오는 용어입니다. 소설 속에서 묘사하는 모습은 2018년에 개봉된 영화 '레디 플레이어 원'과 매우 유사합니다. 그런데 2018년 당시 이 영화는 메타버스 영화가 아니라 '가상현실' 영화로 소개가 됐습니다. 그럼 가상현실과 메타버스가 같은 건가? 벌써 이런 식으로 혼란이 오는 것이죠. 도대체 메타버스를 어떻게 정의할 수 있을까요?

메타버스라는 용어를 정말 넓게 보자면 그 안에는 게임, VR·AR, SNS, E-커머스, 아바타, 디지털 트윈 등 수많은 디지털 가상생활 기술이 포함될 수 있습니다. 그래서 국내 언론의 메타버스 기사를 보면 오히려 메타버스에 대해 이해를 하게 되는 것이 아니라 더욱 혼란스러워지기만 합니다. '이것도 메타버스라고? 뭐가 다른 건데?' 이렇게 되는 것이죠.

또 국내 언론 기사들 가운데는 유명 시장조사 기관의 '메타버스 시장 성장규모' 자료를 인용한 기사도 있는데요. 사실 원문을 찾아보면 그 자료는 메타버스의 성장 규모에 대한 조사가 아니라 VR과 AR 시장에 대한 조사 자료입니다. "모르겠고, 그냥 다 메타버스라고 소개해!"라는 분위기가 있는 겁니다. 그래서 현직 ICT 업체에 있는 사람들, 대기업의 교육팀 사람들도 이 메타버스가 도대체 무엇인지 제대로 이해하지 못하는 경우가 많습니다. 용어 자체가 너무 모호하고 혼란스럽기 때문입니다. 코에 걸면 코걸이, 귀에 걸면 귀걸이인 거죠.

더 나아가 사실 메타버스라는 용어 자체가 불필요할지도 모릅니다. 게임, VR, SNS, 아바타 등의 산업들을 메타버스로 한데 묶어 설명하지 않고 각각 따로 두고 보더라도 이해하는 데에는 전혀 어려움이 없기 때문이죠. 하지만 기존에 우리가 알던 산업들을 메타버스로 묶어 설명하는 순간, 관련 업계 전문가들도 혼란을 겪게 됩니다. 새로운 용어가 오히려 이해를 어렵게 하는 신기한 현상이 펼쳐지고 있는 거죠.

█ 아이들이 열광하는 메타버스

요즘 대표적인 메타버스 사례로 꼽히는 로블록스나 제페토는 사실 10대 아이들을 타깃으로 제작된 플랫폼입니다. 그래서 아바타 캐릭터와 가상 환경, 아이템 등이 색색깔로 화려하고 귀엽게 구성되어 있죠. 태어났을 때부터 디지털 환경이 익숙한 디지털 네이티브 세대의 아이들은 나의 아바타를 꾸며서 가상 세계를 돌아다니며 친구도 사귈 수 있는 이러한 플랫폼에 매력을 느꼈을 겁니다. 게다가 동일 아이디와 아바타로 여러 게임을 선택해 즐길 수 있으니 각각의 게임을 설치하고 각각의 아바타를 만들어야 했던 기존의 방식보다 훨씬 오랜 시간 즐기기 편리했을 겁니다.

또 제페토의 경우 한국 네이버에서 만들었지만 해외 이용자 비율이 90%인 것으로 알려져 있는데요, 보통 동남아 국가의 10대 아이들이 많이 이용합니다. 그렇다면 세계적인 인기를 얻고 있는 K-pop 산업과 궁합이 아주 잘 맞겠죠? 실제로 구글 트렌드 리포트를 통해 제페토를 검색하면 연관 검색어 상위 목록에 K-pop 가수들의 이름이 랭크돼 있는 것을 확인할 수 있습니다. 그러니 연예 기획사에서는 이 제페토에 수십억 원을 투자할 가치가 있는 거죠. 그래서 제페토에서 블랙핑크Black Pink가 팬사인회를 열고, 있지Itzy가 아바타 공연을 펼치기도 하며 전 세계 10대 팬들을 사로잡으려는 시도를 하고 있는 겁니다.

만약 10대들을 대상으로 비즈니스를 하는 기업이라면 로블록스나 제페토처럼 어린 친구들이 모여서 시간을 보내는 이런 플랫폼에 반드시 주목해야겠죠. 현실이냐 가상이냐가 중요한 것이 아니라 사람들이 모이는 곳에는 돈이 모이고 홍보 효과 또한 높아지니까요.

그러면 이쯤에서 의문이 생깁니다. 지금의 아이들이 어른이 된 후에도 로블록스나 제페토 같은 플랫폼을 이용할 것인가? 어릴 때부터 이런 가상 공간 안에서 아바타로 생활하는 것에 익숙해진다면 이들이 커서도 이런 서비스를 이용하지 않겠냐는 거죠. 앞으로 제 2의 SNS 플랫폼 역시 이러한 메타버스 형식으로 조성되지 않겠냐는 겁니다. 충분히 논의해 볼 가치가 있겠죠? 물론 여기에 대해서는 아무도 알 수 없습니다. 어릴 때 먹던 초코송이 과자를 성인이 되어서도 즐기는 것처럼 어릴 때 즐겨 하던 메타버스를 커서도 이용할 수 있겠지만, 아이들이 나이를 먹으면서 어느 순간 흥미를 잃고 그만두게 될 수도 있죠.

그래서 제가 중학생을 대상으로 강의를 할 일이 생기면 학생들에게 꼭 물어보는 질문이 있습니다. "여러분, 혹시 로블록스나 제페토 같은 거 해요?" 그러면 거의 대부분의 친구들이 이렇게 대답합니다. "초등학교 때나 하고 지금은 잘... 유치해서 안 해요." 로블록스는 그래도 아직 하고 있다는 중학생 친구들이 있는데, 제페토는 유치해서 거의 하지 않는다는 겁니다.

어찌 보면 로블록스와 제페토는 우리가 어릴 적에 즐기던 소꿉놀이, 블록쌓기와 비슷한 측면이 있습니다. 그런 놀이들의 디지털 버전이라고 볼 수도 있죠. 하지만 우리가 나이를 먹고 가상 세계에서 구매하던 물건들을 실제로 구매할 수 있을 만큼의 경제력이 생기는 순간, 가상 세계에서의 역할극을 멈추게 되는 겁니다. 그러니 지금의 로블록스, 제페토 유저들이 꼭 커서도 이러한 형식의 플랫폼을 이용할 것이라는 보장은 없는 거죠. 그래서 로블록스와 제페토는 이 문제를 인식하고 보다 넓은 연령층을 흡수하기 위해 아바타의 디자인을 바꾸거나 컨퍼런스, 기업 광고 등 다양한 서비스를 제공하는 등 변화를 위한 노력을 기울이고 있습니다.

성인에게도 메타버스가 통할까?

그런데 대체 이게 무슨 일이죠? 중학생만 되더라도 유치하다고 느끼는 제페토와 같은 형식의 메타버스 플랫폼에 한국의 성인들이 뛰어들고 있습니다. 기업과 관공서 등에서 너도 나도 이 공간에 호텔을 짓고, 홍보센터를 만들고, 창업센터를 똑같이 구현하고, 은행 상담을 받게 하는 등의 시도를 하고 있는 겁니다. 왜 이렇게 해야 하는지 모르겠다는 의견이 상당수임에도 불구하고 기업과 관공서의 시도는 계속 이어지고 있습니다.

말씀드린 대로 원래 이러한 메타버스 플랫폼은 어린 10대들을 타깃으로 만들어진 공간입니다. 그런데 창업센터에 가고 대출 상담을 받는 사람들의 연령은 어떻죠? 보통 20대 이상입니다. 20대 성인들이 아바타를 이용해 돌아다니며 상담 받는 것을 좋아할까요? 그리고 이 방식이 기존 방식보다 효과적이기는 할까요? 심지어 국내 한 건설사는 메타버스 공간 안에 모델하우스를 만들고 분양 상담을 한다고 합니다. 그 비싼 집을 가상으로 둘러보게 하고 상담도 아바타로 한다고요? 보통 집을 사는 사람들의 연령대는 최소 30대 이상일 텐데, 정말 주 고객들이 이런 방식을 좋아할지 의문입니다.

실제로 저는 강의와 직접 제작한 유튜브 콘텐츠를 통해 거의 20만 명에 가까운 사람들에게 메타버스에 대한 이야기를 전달했는데요, 대다수 사람들의 의견은 현재 네이버의 제페토, SKT의 이프랜드 등을 활용한 메타버스 시도에 공감을 하지 못하겠다는 겁니다. 제가 강의 중에 여러 가지 메타버스 사례를 설명하고, "현재 여러분의 연령대와 비슷한 사람이 열 명 있다고 가정하면, 그 중 몇 명이나 이 서비스를 이용할까요?"라고 질문하면 대부분은 1,2명 정도만 이용할 것 같다는 답을 들려줍니다. (이용자가 아예 없을 거라는 대답도 꽤 많았습니다.) 언론에서는 MZ세대가 열광한다고 하지만 제가 만난 MZ세대들은 메타버스 방식에 대해 회의적인 입장을 내비쳤습니다. 젊은층이 모두 메타버스를 좋아한다는 생각은 오해라는 거죠. 메타버스를 향한 다양한 시도가 많이 이뤄지고 있지만 실제로 그것을 선호하는 사람은 많지 않은 미스매치Mismatch 현상이 일어나고 있는 겁니다. 그렇다 보니 최근 지역 축제나 행사를 메타버스로 진행하는 경우가 있는데, 동시 접속자수는 1,2명 정도로 아주 저조한 참여율을 보이고 있는 상황이라는 뉴스 보도가 나오기도 합니다.[3]

앞서 1부에서 우리나라에 어떤 연령대가 많은지 설명 드렸습니다. 그리고 앞으로 20~30년이 지난다고 하더라도 우리나라에서 가장 머릿수가 많은 사람들은 현재의 40~50대입니다. 이 사람들 중 몇 퍼센트가 메타버스 플랫폼을 선호할까요? 앞으로 한국에 있는 내국인을 대상으로 서비스를 한다면 반드시 연령별 인구수와 그들이 선호하는 서비스 형태를 생각하며 서비스

---

3 KBS '너도나도 메타버스…시민 참여율은 저조' 2021.10.25

를 준비해야 할 겁니다.

성숙도가 요구되는 메타버스

이 메타버스 플랫폼이 어린 10대들의 놀이터만이 아니라, 다양한 사람들이 이용할 수 있는 가상의 생활공간이 되기 위해서는 기술이 더욱 발전해야 합니다. 우리가 꿈꾸는 메타버스 생활이 현재의 제페토, 로블록스와 같은 애들 놀이 수준은 아니잖아요?

현재 학교에서도 메타버스 이용에 대한 관심이 높습니다. 하지만 학업에서 중요하게 여겨지는 국영수, 전공 과목 등은 메타버스에서 진행될 때 어려움이 많아, 현재로서는 학교 축제나 방학식 등 이벤트성으로만 진행되고 있는 수준입니다. 물론 나중에는 그래픽, VR 헤드셋, 디지털 트윈 기술 등이 발달하며 화학 실험이나 가상 현장 학습, 생생한 역사 수업, 외국어 회화 연습 등에서도 활용이 될 수 있겠지만, 그렇게 되기까지는 시간이 조금 더 걸릴 것 같습니다. 이러한 시도는 VR의 발달 초창기부터 많이 있었지만 아직까지 그 효과를 제대로 입증하지 못한 상태이기 때문입니다. 학생들이 처음에는 신기해서 몇 번 이용하다가 나중에는 다시 원래 방식으로 돌아가는 경우가 대부분이거든요. 심지어 VR을 이용한 현장 학습 프로젝트인 구글 익스페디션Google Expedition 역시도 지금은 중단된 상태입니다. 아직 VR과 관련된 기술들이 성숙되지 못했기 때문입니다.

회사에서도 줌Zoom 대신 게더타운을 많이 이용하고 있지만 일단 향후 코로나19가 잠잠해졌을 때에도 사람들이 계속 이용할 것인지에 대한 의문이 있고요. 무엇보다도 사용자들의 호불호가 너무 갈린다는 문제가 있습니다. 화상 회의 툴이나 업무 협업 툴을 사용할 때는 사람들의 거부감이 크지 않지만, 게더타운처럼 2D 아바타를 이동시켜 함께 일을 하자고 했을 때는 '유치하게 이게 뭐냐, 그냥 웹캠 켜면 되지, 뭐 하러 아바타를 이동시키냐' 등의 거부감을 일으키는 사람들이 꽤 많거든요. 그렇다면 굳이 호불호가 갈리는 게더타운과 같은 방식을 사용할 필요가 있냐는 것이죠. 원하는 업무는 줌이나 이메일 교환 등 기존 수단으로 충분히 가능하니 말입니다.

그림2 게더타운

특히 '왜 굳이 아바타를 이동시켜야 하는가'에 대한 의문이 끊이지를 않습니다. 우리가 보통 디지털 가상생활을 할 때는 스마트폰 앱이나 홈페이지에 접속해 손쉽게 목적을 달성할 수 있습니다. 예를 들어 직접 은행에 가서 종이에 이체할 금액과 계좌를 적은 뒤 번호표를 뽑고 기다렸다가 돈을 이체하는 것보다 스마트 뱅킹 앱을 이용해 터치 몇 번으로 이체를 끝내는 게 훨씬 편리하잖아요? 그런데 만약 메타버스 은행을 만들어 접속자가 아바타를 이동시켜 은행에 간 뒤 다시 아바타 상담원이 있는 창구로 이동해 원하는 은행 업무를 봐야 한다면, 이게 좋은 건가요, 나쁜 건가요?

메타버스에서 집을 구경하건, 업무를 보건, 쇼핑을 하건 다 마찬가지입니다. 터치 몇 번으로 편리하게 이용할 수 있었던 일들에 왜 굳이 아바타를 이동시켜야 하는 번거로움을 추가해야 하냐는 것이죠. 한마디로 표현하자면, 인터넷 세상을 날아다니고 순간이동할 수 있게 해 주다가 갑자기 다리를 달아주고는 다시 걸어 다니라고 하는 꼴입니다. 다른 표현으로는 인터넷 서핑surfing을 하다가 다시 인터넷 워킹walking을 하라는 꼴이 된 거죠.

이러한 지적에 대해 아바타 이동 방식이 더 재미있고 실제 같아서 좋다는 분들도 많습니다만, 과연 이런 방식이 대중적인 방식일지, 그리고 처음에는 신기해서 몇 번 해 보다가 결국에는 이전 방식으로 돌아가지 않을지에 대한 의구심이 해소되고 있지는 않은 상황입니다. 앞으로 메타버스를 시도하는 기업들은 이렇게 아바타로 3차원 공간을 돌아다니는 방식이 엄지로만 스마트폰을 제어해 다양한 일을 하는 것보다 더욱 낫다는 것을 증명해야 할 겁니다.

그렇기 때문에 어린 10대뿐만이 아니라 성인들도 메타버스에 참여하기 위해서는 그래픽 수준, 제어 방식, 편의성, 실용성까지 상당히 다양한 요소들을 지금보다 더 발전시켜야 합니다. 물론, 로블록스나 제페토 안에 신제품 광고를 위한 이벤트 공간을 만들어 놓거나 게임을 완료했을 때 커피 할인 쿠폰을 제공하는 것 정도로 만족한다면 지금 수준만으로도 메타버스가 이미 성숙되었다고 볼 수 있겠죠. 하지만 여기서 그치지 않고 성인들도 교육, 행정, 업무, 쇼핑, 사교 등 다양한 활동을 할 수 있는, 그야말로 새로운 가상의 생활 공간으로서의 역할을 하려면 메타버스는 갈 길이 아직 많이 멀다고 볼 수 있습니다.

이에 대해 많은 사람들은 메타버스 시장을 폭발적으로 성장시킬 수 있는 하나의 요인이 바로 VR의 발전이라고 이야기합니다. 하지만 VR이 지금보다 발전한다고 해도 기기 특성상 가지고 있는 문제점들 때문에 대중화가 쉽지 않을 것 같습니다. 여러분도 생각해 보시죠. 영화 '레디 플레이어 원'에서 묘사하는 수준의 VR 기반 메타버스를 이용하려면 몇 년이 걸릴까요? 5년? 10년? 20년? 일단 향후 몇 년 동안 획기적인 발전을 기대하기는 힘들 것 같습니다. (이 부분에 대한 이야기는 뒤에서 자세하게 알아보겠습니다.)

만약에 우리 뇌와 컴퓨터를 연결하는 BCIBrain-Computer Interface 기술이 발전하면 어떨까요? 그러면 메타버스 플랫폼의 인기는 폭발적으로 높아질 수도 있습니다. 뇌와 컴퓨터를 연결함으로써 메타버스에 접속해 손가락 하나 까딱 않고도 그야말로 환상적인 생활을 할 수 있게 되니까요. 하지만 이 역시 시간이 상당히 걸린다는 점이 문제죠.

한국에서 먼저 난리가 난 메타버스 붐

메타버스가 최근 미국, 유럽, 일본, 중국 등 세계적으로 주목받고 있는 트렌드이다 보니 우리나라에서 뒤늦게 주목을 한 것이라 생각하는 분들이 많습니다만, 꼭 그렇지만은 않습니다. 특히 제페토, 로블록스, 게더타운, 이프랜드ifland 등 '메타버스'를 이용해 기업과 관공서가 여러 가지를 시도하는 것은 한국에서 유독 두드러진 현상이었습니다. 가끔은 메타버스 활용 그 자체가 목적이 되어 버린 듯한 느낌이 들기도 합니다.

물론 메타버스라는 용어에 대한 관심은 1992년 『스노우 크래쉬』라는 소설이 등장하면서부터 시작되었고, 2000년대 초반에는 '세컨드 라이프Second Life'라는 플랫폼이 인기를 끌며 다시 한 번 메타버스라는 용어에 대한 관심

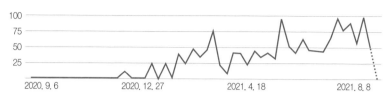

표1 대한민국에서의 메타버스 검색량 변화

표2 미국에서의 메타버스 검색량 변화

로블록스
메타버스 챔피온 이벤트

페이스북
메타버스 선언

도가 높아진 적도 있습니다. 그런데 2020년부터 다시 등장한 메타버스 키워드에 대한 관심은 사실 한국에서 먼저 시작됐다고 볼 수 있습니다.

구글 트렌드 리포트를 보면 한국의 경우 2020년 하반기부터 메타버스에 대한 검색량이 늘어나기 시작하더니 시간이 지날수록 그 검색량이 점점 더 늘어나는 것을 확인할 수 있습니다. 반면 미국의 경우에는 2021년 4월 전까지 메타버스에 대한 검색량이 거의 없었습니다. 그러다가 로블록스에서 2021년 4월 15일부터 5월 20일까지 진행된 '메타버스 챔피온'이라는 게임 이벤트가 열렸을 때 검색량이 증가했다가 이벤트가 끝난 후 바로 잠잠해졌습니다. 그리고 2021년 7월 페이스북의 CEO 마커 저커버그Mark Zuckerberg가 페이스북의 정체성을 소셜미디어 회사에서 메타버스 중심으로 옮겨가겠다는 선언을 하며 다시 검색량이 증가하더니 2021년 10월에는 아예 페이스북이 사명을 '메타META'로 바꾸겠다고 선언을 하며 메타버스에 대한 관심도가 급격하게 폭발한 상황입니다. 그리고 페이스북의 메타버스 선언 덕분에 이제는 메타버스라는 용어가 그야말로 세계적인 대세로 떠올랐습니다.

메타버스와 주식 투자

2020년 말, 그 어느 국가보다 빨리 메타버스에 관심을 갖게 된 한국. 그렇다면 그 이유는 무엇일까요? 여기에는 한국의 주식 투자 열풍이 큰 역할을 했습니다. 코로나19 사태로 전 세계에 돈이 풀리면서 사람들이 너도나도 주식, 부동산, 가상화폐 등에 투자를 하기 시작했고, 그와 더불어 투자 정보 방송이 엄청나게 인기를 끌게 됩니다. 그리고 한국에 메타버스 용어를 처음 소개하기 시작한 곳도 바로 투자 방송들이었습니다. 투자 전문가, 트렌드 전문가가 출연해 로블록스, 제페토, 포트나이트 등의 사례를 소개하며 메타버스 현상에 주목해 보자고 이야기한 거죠.

앞으로 디지털 가상 세계에서의 생활이 계속 커질 것이라는 것은 누구나 알고 있던 사실입니다. 그에 따라 게임 산업, VR·AR, 아바타 기술, E-커머스 등 역시 계속 성장할 것이라는 것도 모두가 상식적으로 알고 있던 사실이죠. 그러니 투자 방송에서 이러한 소재들에 대해 이야기한다면 시청자는 식상함을 느끼게 될 게 뻔했습니다. 새로울 것이 없어 투자자들의 관심을 끌 수 없었던 거죠. 그런데 이러한 분야들을 한데 묶어 "메타버스가 온다!"라고 표현하면 어떨까요? 뭔가 내가 모르는 굉장한 분야가 성장하고 있고, 투자를 해야 할 것만 같은 느낌이 들지 않나요? 이런 식으로 주식 투자의 관점에서 메타버스라는 용어가 사용되며 한국에서 메타버스에 대한 관심도가 급격하게 증가한 것입니다.

믿을 수 없다고요? 유튜브 검색창에 '메타버스'를 입력해 보시면 그 아래에 연관 검색어로 메타버스 관련주, 대장주, 메타버스 ETF, 메타버스 주식, 메타버스 관련 코인 등이 나오는 것을 확인할 수 있을 겁니다. 또 구글 트렌드 리포트에서도 대한민국에서 메타버스와 관련된 주제(연관 키워드)는 주식, 상장지수펀드ETF 등으로 투자와 관련된 주제가 상위에 올라와 있는 것을 알 수 있습니다. 그래서 한국이 2020년 말부터 메타버스라는 용어에 먼저 반응을 하게 된 이유는 투자에 대한 관심이 증가한 것과 무관하다고 볼 수 없습니다. 주식 투자가 미래를 먼저 당겨와 이야기한다고 하는데, 최근의 주식 투자 열풍이 아직 기술적으로 성숙되지 않은 메타버스를 너무 빨리 당겨온 것은 아닐지 우려됩니다.

미래에는 훨씬 발전된 메타버스가 등장할 것

오해하지 마십시오. 저도 디지털 가상 세계의 발전이 매우 기대됩니다. 그리고 메타버스 관련 기술이 장기적으로 상당히 발전할 것이라고도 확신합니다. 그래픽 카드, 클라우드 통신, 5G 이상의 초고속 통신 그리고 가상 세계와 나를 연결해 줄 인터페이스 장비들까지 다양한 메타버스 관련 기술들은 계속 성장할 겁니다. 현재 평면으로 경험하게 되는 2D 기반의 인터넷 환경도 기반 기술들이 발전함에 따라 3D 기반의 입체적 메타버스 환경으로 차츰 확장되어 가겠죠.

또 미국 빅테크 기업의 메타버스 비전에도 동감합니다. 2020년 10월 엔비디아의 CEO인 젠슨 황은 메타버스가 오고 있다며 자신들 역시 메타버스 세계를 구축하고 있다는 발표를 했는데요. 엔비디아의 메타버스 계획은 사실 디지털 트윈Digital Twin 기술과 비슷합니다. 현실 세계와 구별이 안 될 정도로 똑같은 디지털 가상 세계를 구축하겠다는 것이죠. 심지어 물리적인 법칙까지 구현되어 있어 앞으로 공장에 로봇을 도입하기 전에 현실과 똑같은 메타버스 공간 안에서 가상으로 학습을 시킨 뒤 실제 세상에 적용하거나, 실제 도로와 똑같은 가상의 도로에서 자율주행 AI를 훈련시키고, 궁극적으로는 이 지구와 똑같은 제2의 가상 지구를 만들어 시뮬레이션을 통해 기후 예측도 할 수 있을 것이라는 겁니다. 이처럼 엔비디아사는 우리가 도대체 왜 디지털 가상 세계를 구축해야 하는지에 대해서 명확한 목표를 제공하고 있다는 점이 인상 깊습니다.

그 밖에도 페이스북의 마크 저커버그가 꿈꾸는 것처럼 3차원 그래픽 공간 안에서 전 세계 페이스북 유저들이 아바타로 모이는 메타버스 세계부터 마이크로소프트의 CEO인 사티아 나델라Satya Narayana Nadella가 말하는 혼합현실의 확장을 돕는 솔루션 기술로서의 메타버스까지, 이 모든 것들은 미래에 현실과 가상이 구별되지 않는 세계를 구축하기 위한 장기 프로젝트입니다. 이런 빅테크 기업들이 만들어 갈 메타버스는 또 어떤 모습으로 우리 앞에 나타날지 매우 기대됩니다.

다만 여기에서 우리가 간과해서는 안 되는 점은, 이들이 이야기하는 메타버스는 새로운 것이 아니라는 점입니다. 기존에 있던 VR, AR, MR, XR, 디지털 트윈 기술 등을 메타버스로 통합해 부르는 것일 뿐이기 때문에 기반 기술이 변했다기보다는 명칭만 달라졌다고 봐도 무방하기 때문입니다. 그래서 최근 인터넷에서는 이와 관련된 유머가 돌아다니는데요, 2020년에만 하더라도 멀티플레이어 게임, VR, AR, 디지털 아바타, 인터넷, 블록체인 등으로 각기 따로 불리던 기술 명칭이 2021년에는 모두 메타버스라는 명칭으로 불리고 있다는 겁니다. 그래서 그림3 의 맨 아래를 보시면 '왜? 감자도 메타버스라고 부르지 그러냐?'라며 상황을 비꼬고 있기도 합니다.

용어가 어떻게 바뀌었든 빅테크 기업들의 메타버스 장기 비전에는 많은 분들이 공감을 하실 겁니다. 사실 메타버스라는 용어가 없더라도 앞으로 미래에는 우리의 디지털 가상생활이 이렇게 발전을 하겠구나 예상을 하셨던 내용일 겁니다. 하지만 최근 대한민국에서 일어나고 있는 메타버스 붐은 지나친 감이 없지 않다고 봅니다. 10대 타깃의 플랫폼인 제페토 같은 곳에 기업과 관공서가 성인들을 대상으로 한 서비스를 제공하려 하는 것이나, 무조건 아바타를 만들어 이동하게 하면 사람들이 더 좋아할 것이라

그림3 메타버스 상황을 비꼬는 인터넷 유머

스타트업 설명과 테크 기사에서 사용된 기술 용어 변화
Technology terms used in startup descriptions and tech articles

2020	2021
Multiplayer game	Metaverse
Virtual Reality experience	Metaverse
Augmented Reality filter	Metaverse
5G Connection	Metaverse
AR Cloud	Metaverse
Digital Avatar	Metaverse
Digital Event	Metaverse
ML classifier	Metaverse
E-commerce	Metaverse
Blockchain	Metaverse
Internet	Metaverse
Social Media	Metaverse
Videocall	Metaverse
Porn	Metaverse
Potato	Metaverse

고 믿는 모습이나, 기존 VR·AR 서비스와 게임 등에 메타버스라는 이름을 붙여 새로운 서비스인 양 선보이는 것 등 현재로서는 기술이 성숙되지 않아 이용이 불편하고 실용적이지 않음에도 불구하고 갑자기 지나친 관심을 갖는 모습은 이해하기 어렵다는 것이죠. 아직은 기반 기술의 발전이 요구되는 상황임에도 불구하고, 지나치게 앞서가는 사람들이 많다는 겁니다. 마치 이미 메타버스 세계가 열린 것처럼 말이죠.

그래서 이 메타버스 붐에 회의적인 입장을 내놓는 사람들도 늘어나고 있습니다. 대표적으로는 오큘러스 VR 헤드셋 개발의 최고기술책임자를 맡았던 존 카맥John Carmack이 페이스북의 사명 변경과 메타버스 선언에 대해서 '메타버스는 만들겠다고 해서 만들어지는 것이 아니다. 먼저 기반 기술들이 성숙되어야 한다'는 취지의 발언을 하여 화제가 되기도 했습니다.

또 유명 게임 매거진 업체 'PC게이머PC Gamer'에서는 '메타버스는 헛소리다The metaverse is bullshit'라는 다소 과격한 제목의 칼럼을 게재했는데요, 헛소리라고 하는 근거에는 '인터넷이 메타버스보다 더 큰 개념이기 때문에', '플랫폼 간의 호환성을 이루기가 어렵기 때문에', '메타버스가 기존의 방식보다 낫다는 것을 증명하지 못하기 때문에' 등을 들었습니다.

또 GTAGrand Theft Auto 게임으로 유명한 '테이크 투Take-two'사의 CEO 스트라우스 젤닉Strauss Zelnick은 '소비자들은 실제 생활의 가상 확장보다는 엔터테인먼트와 재미에 집중하기를 원하며, 사람들이 아침에 일어나 의도적으로 집에 앉아서 헤드셋을 착용하고 모든 일상 활동을 그런 식으로 수행할지에 대해서 회의적'이라며 META페이스북사의 메타버스 비전에 대해서 회

의적이라는 입장을 밝혔습니다.[4]

이렇듯 메타버스를 바라보는 다양한 시선들이 존재합니다. 그래서 메타버스의 가능성을 긍정적으로 평가하면 옛날부터 있던 것을 말만 바꿔서 현혹시킨다는 비판이, 부정적으로 평가하면 과거의 생각에 사로잡혀 미래의 성장 가능성을 보지 못한다는 비판이 따라오게 됩니다. 상황이 이렇다 보니 메타버스와 관련된 유튜브 콘텐츠, 언론 기사의 댓글을 보면 사람들이 서로 싸우고 있는 모습을 심심치 않게 찾아볼 수가 있죠. 여러분은 어떻게 생각하시나요? 메타버스는 이미 현실이 된 트렌드인가요, 장기적으로 준비해야 하는 트렌드인가요? 아니면 메타버스는 그저 말장난일 뿐일까요? 다음은 메타버스에 대한 사람들의 다양한 댓글 의견입니다.

- 우리 딸이 로블록스에 미쳤다. 새로운 시대가 열리는 것은 분명하다.
- 댓글을 보니 아직 메타버스의 성장 가능성을 모르는 사람들이 많네. VR, 뉴럴링크, AI 이 세 가지가 조합되면 스마트폰이 나왔던 때보다 더 큰 충격으로 다가올 거임. 돈 벌고 싶으면 관련주 중에 선별해서 미리미리 투자해 놓아라.
- 하여간 옛날부터 존재한 기술을 단어만 바꿔 가며 잘도 만들어 냄.
- 현실에서 벗어나고 싶은 사람들의 모임 그 이상 그 이하도 아니다.
- 필요성에 의해 개발하는 게 아니라 개발해 놓고 필요성을 찾는 것

---

4 CNBC, 'Take-Two CEO is skeptical about Facebook's metaverse, says it could be unpopular ' (https://www.cnbc.com/2021/11/04/take-two-ceo-strauss-zelnick-says-hes-skeptical-about-facebooks-metaverse.html)

같은데...

- 일단 로블록스니 제페토니 하는 메타버스는 증권가가 만들어 낸 거품이고... 결국 승자는 게임 업계가 될 거임.
- 옛날에도 사람을 직접 안 만나고 다 프리챌이나 와우로 사회적인 활동을 하고 그랬는데 지금은 다 없어졌지. 메타버스도 똑같이 된다.
- 메타버스... 솔직히 온라인게임 아니야? 사람 혹하게 포장해서 말한 거지...
- 15년 전 세컨드 라이프의 재탕. 모바일 버전쯤 되겠네. 주기적으로 나왔다가 사라지는 소재다. 3D TV처럼
- 메타버스... 이거 절대 오래 못 감. 너무 현실과 동떨어진 일종의 유치한 게임인데 그 속에서 아바타를 부리는 짓을 하는 동안 자신이 너무 한심하고 창피함을 느꼈다는 사람들이 아주 많다.

NFT와 허구에
진심인 인류

앞 장에서 설명드린 메타버스만 보시면, 뭔가 유치하고 아이들이 나 좋아할 것 같다는 느낌을 받을 수도 있습니다. 그런데 이 메타버스 플랫폼에 경제적 측면을 강화해 정말 어른들도 돈을 벌기 위해 참여하게 만들 기술이 있습니다. 바로 NFT라고 하는 블록체인 기술입니다.

NFT란?

NFT란 Non Fungible Token의 약자로 우리말로 하자면 '대체 불가능 토큰'이란 뜻입니다. 이 NFT는 쉽게 설명하면 굉장히 간단하고, 어렵게 설명하면 굉장히 복잡해질 수 있습니다. 먼저 대체 불가능하다는 게 무슨 말일까요?

여러분이 가지고 있는 지폐 1만 원권과 제가 가지고 있는 지폐 1만 원권은 가치가 똑같습니다. 그래서 저의 1만 원과 여러분의 1만 원을 교환한다고 해도 전혀 문제될 것이 없죠. 코인도 마찬가지입니다. 내가 가지고 있는 1비트코인과 다른 사람의 1비트코인은 가치가 같기 때문에 교환을 한다고 해서 문제될 게 없습니다. 그래서 이런 경우를 대체 가능Fungible하다고 하는 것입니다.

반면 각각 가치가 달라서 대체 불가능한 것들도 있습니다. 예를 들어 내가 그린 강아지 그림과 피카소의 그림을 교환하자고 하면 교환이 될까요? 미쳤냐고 하겠죠. 둘 다 그림이기는 하지만 가치적인 측면에서 너무 큰 차이가 나니까요. 또 내가 열심히 게임을 해서 얻은 희귀 게임 아이템을 어떤 사람이 나타나 기본 제공 아이템과 바꾸자고 하면 바꾸시겠습니까? 안 바꾸죠? 가치가 다르니까요. 그래서 이런 경우를 대체 불가능Non Fungible하다고 합니다. 결국 대체 불가능이란 말은 각각의 가치가 다르다는 뜻입니다.

그렇다면 대체 불가능 토큰인 NFT를 발행하고 거래한다는 것은 어떤 의미일까요? 예를 들어 내가 스마트폰으로 한 장의 사진을 찍었다고 가정해 봅시다. 그런데 정말 멋진 장면을 촬영해 사진의 가치가 높다면 인터넷에 올려 다른 사람에게 판매를 할 수도 있겠죠? 그런데 문제는 인터넷에서는 누구나 내가 올린 사진을 볼 수 있기 때문에 이것을 캡처하거나 이미지 저장 버튼을 눌러서 저장할 수도 있으니, 그림에 대한 소유권 관리가 어렵다는 것입니다. 그래서 내 사진을 판매하고 거래하기가 쉽지 않죠.

이때 내 사진을 NFT화하면 이 문제가 상당 부분 해결됩니다. 먼저 NFT 발행 서비스를 이용해 내 사진을 업로드합니다. 그리고 업로드된 내 사진 파일에 대한 소유권과 거래 이력은 블록체인에 저장하는 겁니다. 블록체인은 전 세계 사용자들에게 나의 소유권과 거래 이력 등을 분산시켜 저장함으로써 누군가가 그 이력을 해킹하거나 위변조하는 것이 거의 불가능한 기술입니다. 물론 이 경우에도 사진 파일 자체는 누구나 복사, 붙여넣기, 다운로드가 가능하지만 내 사진의 소유권은 거래될 때마다 블록체인에 안전하게 기록이 되기 때문에 그 소유권을 사고 팔 수 있게 되는 것이죠.

사진 파일뿐만이 아닙니다. 그림 이미지 파일, 게임 아이템, 음악 파일 등 내 컴퓨터와 인터넷에 있는 모든 디지털 텍스트, 이미지, 동영상 등을 이런 방식으로 거래할 수 있습니다. 즉, NFT란 각각 가치가 다른 디지털 자산의 소유권, 거래 이력 등을 블록체인에 저장하는 방식이라고 할 수 있는 겁니다.

이해가 되셨나요? 만약 이해가 안 되셨다면 가장 쉽게 이렇게 생각하셔도 됩니다. NFT란, 디지털 그림, 사진, 음악, 게임 아이템 등을 사람들끼리 사고팔고 거래하는데 그에 대한 소유권과 거래 이력을 블록체인에 저장해 안전하게 관리하는 것을 말한다.

▌NFT 거래 사례

2021년 3월, 이 NFT 기술이 대중의 관심을 끌게 된 사건이 있습니다. 비플Beeple이란 이름으로 활동하는 유명 디지털 아티스트의 작품이 크리스티 경매에 출품되어 6천9백만 달러, 우리 돈으로 약 782억 원에 낙찰이 된 것입니다. 그에 따라 비플은 제프 쿤스, 데이비드 호크니에 이어 생존하는 작가의 작품 중 세 번째로 비싼 작품을 판매한 작가로 기록되었습니다.

사실 그의 디지털 그림 'EVERYDAYS: THE FIRST 5000 DAYS'는 2007년부터 그가 매일 만든 5,000개의 디지털 아트 이미지를 모아 놓은 콜라쥬 작품입니다. 그리고 이 작품은 디지털 그림이기 때문에 출력이 되어 경매에

그림1 비플(Beeple)의 EVERYDAYS: THE FIRST 5000 DAYS

오른 것도 아니었습니다. 그저 우리에게 익숙한 PNG, JPEG 같은 그림 파일인 것이죠. 누구나 이 작품을 인터넷으로 동일하게 볼 수 있고, 오른쪽 마우스를 클릭해 복사, 저장이 가능합니다. 그러면 이 그림 파일을 782억 원이나 주고 산 사람은 무엇을 얻는 걸까요?

먼저 첫째, 이 그림이 구매자에게 팔렸다는 소유권 이전 기록이 블록체인에 저장됩니다. 둘째, 구매자는 작품을 전시할 권리를 갖습니다. 이 그림 파일을 대형 디스플레이 안에 넣어 전시하건, 출력하여 전시하건 돈을 받고 전시할 수 있는 겁니다.

마지막 세 번째가 핵심입니다. 구매자는 이 작품을 다른 사람에게 되팔아 차익을 얻을 수 있습니다. 실제로 비플 작가의 다른 디지털 작품 'CROSSROADS'의 경우 미국의 한 미술품 수집가가 2020년 10월에 약 7천 500만 원의 금액으로 구매했다가 불과 4개월 뒤인 2021년 2월에는 약 74억 원에 되팔아 화제가 되었습니다. 가격이 100배가 오른 것이죠.

이러한 작가들의 디지털 작품뿐만이 아닙니다. 블록체인 기반의 고양이 육성게임 '크립토키티CryptoKitties' 게임에서 탄생한 드레곤이라는 고양이의 카드가 약 10억 원의 가치에 거래되거나, '크립토펑크CryptoPunk'라는 단순한 픽셀로 만들어진 이미지가 약 51억 원에 거래되기도 합니다. 각각의 이

그림2 크립토펑크 Crypto Punk NFT

미지가 다 다른 모양을 하고 있기 때문에 각각의 가치가 다른 대체 불가능 토큰, NFT인 겁니다. 그리고 희귀한 모양일수록 높은 가격에 거래가 되는 거죠.

그 밖에도 인터넷에 돌아다니는 유명 밈meme 그림, NBA 농구 경기의 명장면을 짧게 편집한 비디오 클립, 트위터의 창업자 잭 도시Jack Dorsey가 트위터에 처음 남긴 문장, 이세돌이 알파고를 이긴 '신의 한수'가 그려진 기보 등이 NFT 형태로 상상할 수 없는 높은 가격에 거래가 되고 있습니다. 한마디로, 조금이라도 의미 있는 디지털 파일은 모두 NFT로 거래되고 있다고 보시면 되겠습니다.

이러한 NFT 파일이 거래되는 마켓이 따로 있는데요, 제일 유명한 곳은

그림3 NFT 거래소 라리블 Rarible 홈페이지

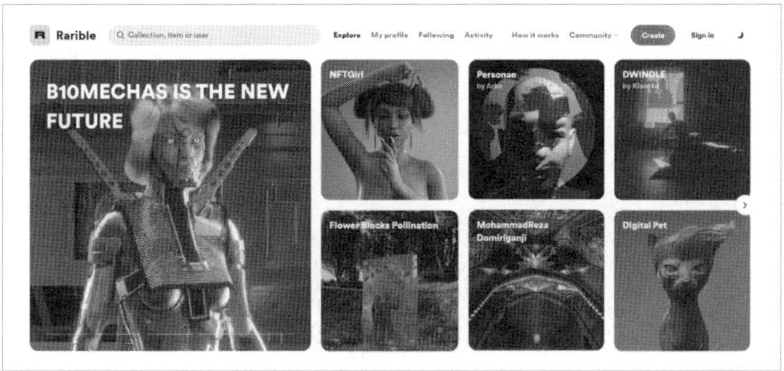

'오픈씨OpenSea'라고 하는 세계 최대의 NFT 마켓입니다. 그 밖에도 '니프티 게이트웨이Nifty Gateway', '라리블Rarible' 등의 마켓에서 NFT가 거래되고 있습니다.

▌허구에 진심인 인류

아니, 실제로 만질 수도 없는 디지털 파일 자체를 그렇게 비싸게 거래를 하다니, 이해가 되시나요? 처음 이런 내용을 접했을 때 바로 이해가 되는 사람은 거의 없을 겁니다. 저도 마찬가지였습니다. 하지만 곰곰이 생각을 해보니 이 NFT가 이상하기만 한 거래는 아니라는 생각이 들었습니다.

사실 잘 생각해 보면 우리의 생활 중 상당 부분은 이미 허구를 중심으로 돌아가고 있습니다. 유발 하라리Yuval Noah Harari가 쓴 『사피엔스』에 이런 내용이 나옵니다.

전설, 신화, 신, 종교는 인지혁명과 함께 처음 등장했다. … 허구를 말 할 수 있는 능력이야말로 사피엔스가 사용하는 언어의 가장 독특한 측면이다.

〈사피엔스 p.48〉

인간은 허구를 말하고 허구를 믿으며 살아온 종족이라는 거죠. 심지어 유발 하라리는 회사 법인, 국가, 보편적 정의, 자유라는 개념 역시도 모두 허구라고 합니다. 그리고 이렇게 허구를 믿는 인간의 특성이 우리 사피엔스종을 뭉치게 만들어 지구상에서의 번영을 이끌어 냈다는 것이죠.

그러고 보면 우리가 가치 있다고 믿는 것들은 대부분 허구투성이입니다. 예를 들어 부동산 거래를 생각해 보십시오. 사실 지구의 땅을 소유하고, 사고 팔 수 있다고 생각하는 자체가 허구일지도 모릅니다. 인간을 제외한 동물들은 상상도 할 수 없는 생각이죠. 게다가 같은 1제곱미터라고 하더라도 사람들이 부여하는 가치에 따라서 가격은 엄청나게 차이가 납니다. 앞으로 더욱 값이 오를 것이라는 기대감이 반영되면 가격은 더욱 치솟게 되죠.

명품 가방은 어떻습니까? 어차피 물건을 넣어 다니는 건 똑같은데 일반 마트에서 판매하는 가방과 왜 그렇게 가격 차이가 나는 걸까요? 디지털 그림뿐만 아니라 실제 붓으로 그린 그림의 가격도 이해하기 어렵습니다. 작품의 가격을 듣고 '저게 1억이라고? 나도 그릴 수 있을 거 같은데?'라고 생각하신 적 있죠? 그림에 어떠한 가치를 부여하느냐에 따라 가격이 폭등하는 겁니다. 그 밖에 골동품, 한정판 신발, 피규어 등도 마찬가지입니다.

결국 사람들이 허구의 가치를 부여해 그것이 가치가 있다고 믿으면 가치가 생기는 겁니다. 프랑스의 철학자인 라캉Jacques Lacan이 이야기했듯이 인간이란 동물은 타자의 욕망을 욕망할 뿐이거든요. 때로는 실제 가치보다 사람들이 믿는 가치가 더 중요한 겁니다.

대표적인 예로 가상화폐를 들 수 있겠네요. 눈에 보이지도 만질 수도 없는 돈이지만 가격이 오른다는 이유로 가상화폐에 투자를 하고, 그렇게 투자하는 사람들이 점점 더 모이게 되며 가상화폐의 가치가 더욱 오르는 신기한 현상을 우리들은 이미 목격했습니다. 가상이 아닌 실제 예술 작품 거래도 마찬가지죠? 예술품 수집가들 중에는 그 작품이 '정말로 아름다운가'

는 뒷전이고 '앞으로 가격이 오를까'가 더 중요한 사람도 있으니까요. 그러니 실제이건 가상이건 그건 중요한 게 아닌 겁니다. 중요한 건 내가 구매한 가상 자산을 다른 사람이 더 비싼 가격에 사주는 것, 그래서 내가 돈을 버는 것이 중요한 겁니다. 그래서 NFT와 관련된 현상들도 이상하다고 볼 수만은 없는 거죠.

▌NFT의 명과 암

언뜻 위의 사례들만 보자면 NFT 거래는 그냥 투기시장 같습니다. 실체도 없는 디지털 자산이 수십억 원에 거래가 되는 현상을 보면 17세기 네덜란드의 튤립버블을 떠올리게 하죠. 시장에 돈이 풀리면서 투자할 곳을 찾는 사람들이 NFT라는 가상 자산 시장에까지 몰리며 거품이 끼고 있는 겁니다.

만약 나보다 더 바보가 나타나 나의 NFT를 더욱 비싼 가격에 사 주지 않으면 거품은 확 꺼질 위험이 너무 높습니다. 심지어 누군가가 자신의 NFT 가격을 일부러 높이는 것도 가능합니다. 여러 계정으로 자신의 NFT를 더욱 비싼 값에 사들이며 거래 가격을 계속 높이는 것이죠. 그렇게 계속 높아지는 가격을 보고 누군가가 그 NFT를 더 비싼 가격에 산다면? 구매를 하는 동시에 거품이 꺼지면서 큰 금전적 손실의 위험으로 이어질 수도 있습니다.

하지만 NFT 기술 자체는 어떻게 사용하느냐에 따라서 꽤 유용한 기술이 될 수도 있습니다. 나의 디지털 자산의 소유권과 거래 이력을 블록체인에 저장해 도난과 위변조의 우려 없이 관리할 수 있는 기술이니까요. 덕분에 디지털 가상 세계에서의 나의 자산이 진짜 자산으로 인정받을 수 있는 것입니다. 즉, 현실 세계뿐만 아니라 디지털 가상 세계에서도 경제 활동이 가능하게 해 주는 기술인 것이죠. 다음 장에서는 NFT가 메타버스에 적용됐을 때 어떻게 디지털 가상 세계에서의 경제 활동이 가능한지에 대해서 설명드리겠습니다.

NFT FAQ

Q NFT는 발행하기 어렵나요?

A NFT 발행을 위해서는 NFT를 발행하는 서비스를 이용해야 하는데요, 한국에서는 크래프터스페이스(www.krafter.space) 등을 이용해 쉽게 발행 가능합니다. 유튜브에 나오는 NFT 발행 영상을 따라하시면 쉽게 발행할 수 있습니다. 다만, 블록체인을 이용하는 방식이다 보니 가상화폐 지갑을 만들고, 가상화폐 거래소에서 관련 코인을 구매해 지갑에 송금해야 하는데요, 이 과정 자체는 꽤 복잡합니다. 만약 가상화폐 거래를 해보신 분이라면 NFT 발행 자체는 매우 간단합니다.

Q NFT 발행은 무료인가요?

A NFT는 블록체인상에 소유권과 거래 이력을 남기는 방식이기 때문에 원래는 NFT 발행 시 블록체인을 이용하는 수수료가 들어갑니다. 하지만 NFT 발행 서비스 기업에 따라 무료로 NFT를 발행할 수 있게 해 주는 곳도 있습니다. 단, 오픈씨(OpenSea)와 같은 NFT 마켓에 판매할 때는 수수료가 발생합니다.

Q 내가 그린 그림을 NFT로 올려도 누가 사 줄까요?

A 현재 NFT가 세계적으로 관심을 받으며 사람들이 너도나도 자신의 파일들을 NFT로 발행해 판매를 시도하고 있습니다. 그래서 NFT 마켓에 올라오는 디지털 자산들의 90%는 퀄리티가 굉장히 떨어지는 테스트용 NFT들입니다. 만약 여러분이 시험삼아 NFT를 발행해 판매를 시도한다 하더라도 실제로 판매가 되기는 힘들 겁니다. 하지만 예를 들어 여러분이 실력 있는 아티스트라면 SNS를 통해 꾸준히 나의 NFT 작품을 판매한다고 홍보를 해, 구매를 유도할 수는 있습니다. 단순히 NFT 마켓에 올린다고 팔리기는 힘든 것이죠.

Q 다른 사람의 그림이나 사진을 누군가가 마음대로 NFT로 만들어 판매하면 어떻게 되나요?

A NFT는 마켓에 등록된 디지털 파일의 소유권을 거래하는 것이다 보니, 그것의 원 소유자가 누군지에 상관없이 거래될 위험성이 있습니다. 어떤 디지털 그림이 NFT로 거래가 되다가 원작자가 '사실 그것은 내 그림인데, 나는 NFT로 발행한 적이 없다'라고 한다면 법적으로 문제가 될 수 있습니다. 그렇기 때문에 NFT를 구매할 때는 늘 조심해야 합니다.

블록체인을 만난
어른맛 메타버스

초기 메타버스 붐이 일던 2020년에 가장 관심을 받았던 건 로블록스, 제페토, 게더타운같은 플랫폼들이었습니다. 이러한 플랫폼들에는 블록체인 기술이 사용되지 않았습니다. 그래서 아직도 제작사가 많은 부분을 관리하고 있죠. 가장 대표적인 메타버스 플랫폼인 로블록스의 경우 자체 화폐인 '로벅스Robux'가 있어 나름 그 안에서의 가상 경제가 활성화된 것처럼 보이지만, 이 역시 블록체인 기반의 가상화폐가 아닌 게임사 중앙관리 방식입니다. 즉, 로벅스 화폐는 싸이월드의 도토리와 비슷한 겁니다.

반면, 블록체인 기술이 결합된 메타버스 플랫폼들도 있습니다. 대표적으로는 '디센트럴랜드Decentraland'와 '더 샌드박스The Sandbox'가 있습니다. 저는 개인적으로 제페토, 로블록스에 기업과 관공서가 뛰어드는 것에 대해서는 회의적이지만, 오히려 블록체인 기술이 접목된 메타버스에는 주목을 하는 편입니다. 사실 디센트럴랜드와 더 샌드박스 역시 플레이하는 모습에서는 로블록스나 제페토와 별반 다를 것이 없습니다. 나의 아바타를 이용해 돌아다니며 그 공간 안에 만들어진 여러 서비스들을 즐기는 방식이니까요. 큰 차이점은 이 플랫폼이 처음부터 아이들을 위한 디지털 가상공간으로 만들어진 것이 아니라 어른들이 몰려와 돈을 벌 수 있게끔 설계돼 있다는 겁니다.

▌디센트럴랜드 Decentraland

먼저 디센트럴랜드의 특징을 알아보겠습니다. 디센트럴랜드는 2017년 첫 선을 보였습니다. 그 당시만 하더라도 메타버스라는 용어는 사용하지 않았고, 블록체인 기술이 결합된 가상 세계를 건설하겠다는 홍보를 진행할 뿐이었습니다.

그런데 서비스 시작 당시에도 플랫폼에는 아무것도 건설되어 있지 않았습니다. 우리에게 익숙한 3D 가상 공간과 아바타조차도 없었죠. 대신 이 회사는 땅부터 팔았습니다. 9만 개의 조각으로 나누어진 가상의 땅을 판매한 겁니다. 지금은 땅만 판매하지만 앞으로 이 공간에 3D 가상 공간이

그림1 디센트럴랜드

생겨날 것이라고 홍보를 했습니다. 아니, 가상의 공간에 무슨 한계가 있다고 이렇게 땅을 9만 개의 조각으로 한정해 판매를 한다는 걸까요? 하지만 이렇게 땅을 9만 개로 한정 지으면 가상의 희소성이 생겨나게 됩니다. 덕분에 거래가 일어나고 수요가 높은 땅의 가격은 높아질 수 있도록 설계를 해 놓은 거죠.

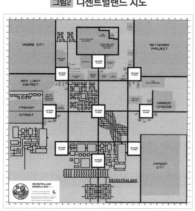

그림2 디센트럴랜드 지도

2017년 처음 이들의 홍보 영상을 보았을 때 저는 사실 어이가 없었습니다. 누가 가상의 땅을 돈을 주고 구매하겠냐며 콧방귀를 뀌었죠. 그런데 시간이 지날수록 이 땅을 구매하는 사람들이 많아졌고 지금은 곳곳에 도시가 형성되어 있습니다. 어른들을 위한 메타버스 공간답게 카지노 게임이 가능한 도시가 조성되었고, 미래지향적인 느낌을 풍기는 도시도 생겨났습니다. 또 성인용 서비스가 제공되는 도시, 쇼핑몰이 모여 있는 도시, 동양적 느낌의 도시 역시 조성이 되어 있습니다.

디센트럴랜드의 땅값은 어떻게 조성되는 걸까요? 일단 9만 개의 땅 조각 모두 가격이 다릅니다. 현실 세계와 마찬가지로 사람들이 많이 모이는 지역의 땅값은 계속 높아지고 있습니다. 또 유명 시설이 있는 지역, 도로와 가까운 지역의 땅값은 높아집니다. 자, '각각의 땅의 가치가 다르고 블록체인으로 거래가 된다', 그러면 이게 뭐죠? 네, 바로 앞 장에서 소개해 드린 NFT입니다. 메타버스 공간 안의 땅 역시 각각 가치가 다른 NFT 디지털 자산인 것이죠. 그리고 이 땅 역시 세계 최대 NFT 거래소인 오픈씨OpenSea에서도 거래가 됩니다.

그렇다면 디센트럴랜드의 땅값은 얼마일까요? 사실 블록체인 기반이기 때문에 가치가 들쭉날쭉하고 변동이 굉장히 심한 편입니다. 그런데 2021년 6월 기준으로 보면 한 조각당 평균 가격이 우리 돈으로 500~700만 원입니다. 원래 2017년 처음에는 100달러(약 12만 원)에 판매되던 땅들입니다. 제가 오픈씨에 들어가 가격을 찾아봤을 때 카지노 도시에 있는 땅 한 조각의 가격이 약 1천400만 원에 거래되고 있었습니다. 그리고 외진 곳의 땅한 조각도 약 340만 원이더군요.

그러면 사람들은 이 땅을 사서 무엇을 할 수 있을까요? 땅 소유자는 현실과 마찬가지로 그 땅에 원하는 것을 지을 수가 있습니다. 영화관, 쇼핑몰, 게임 공간 등 무엇이든 소유자 마음대로 지으면 됩니다. 디센트럴랜드는 누구나 가상의 땅에 원하는 시설을 쉽게 지을 수 있는 프로그램도 제공하고 있습니다. 로블록스도 '로블록스 스튜디오'를 이용해 원하는 게임과 서비스를 직접 만들 수 있지만, 디센트럴랜드처럼 유저가 땅 자체를 소유하고 이것을 사고 팔 수는 없다는 큰 차이가 있습니다. 디센트럴랜드 유저에게는 보다 많은 권한이 주어지는 것이죠.

이렇게 가상의 땅을 구매한 사람들이 그 위에 각종 시설을 지으면서 우리에게 익숙한 3D 가상 세계가 형성되기 시작했고, 나의 아바타로 그 세계를 마음껏 돌아다닐 수 있게 되었습니다. 아바타가 있다는 것은 그 아바타를 직접 꾸밀 수도 있다는 이야기가 되겠죠? 이름을 변경하는 것부터 머리 모양, 의상을 직접 꾸미는 것도 가능한데요. 이 모든 것들은 디센트럴랜드의 마켓플레이스(상점)에서 거래할 수 있습니다. 아이템마다 가치가 다르고 사용자들끼리 서로 사고 파는 것이 가능하죠. 그래서 이 모든 아이템들역시 NFT입니다. 덕분에 내가 좋은 아이템을 구하게 된다면 그 아이템을다른 사람에게 더 비싼 가격에 팔아 차익을 얻을 수 있습니다. 모든 것이다 돈으로 거래되는 겁니다.

그림3 디센트럴랜드 마켓플레이스

디센트럴랜드에서 사용되는 돈 역시 블록체인 기반의 가상화폐입니다. 디센트럴랜드는 '마나MANA'라는 가상화폐로 아이템들을 거래하는데요, 서비스 초기에는 100원도 하지 않았던 마나 코인의 가격도 지금은 꽤나 값이 오른 상태입니다. 하지만 모든 가상화폐가 그렇듯 그 가치의 변동이 매우 심한 편입니다. 그리고 코인의 가치가 오르거나 떨어질 때마다 내가 가진 디센트럴랜드의 땅과 아이템들의 가치도 함께 달라집니다. 꽤나 불안정한 경제인 것이죠.

그럼에도 불구하고 디센트럴랜드는 계속 성장하고 있습니다. 특히 유명 업체들이 이 공간에 참여하게 되면서 자칫 사기로 보일 수 있었던 공간이 이제는 제법 신뢰 가는 공간으로 변모해 가고 있습니다. 먼저 유명 경매소인 소더비Sotheby's 경매소가 디센트럴랜드에도 입점했습니다. 땅을 구매하고 그 위에 경매소를 지어 디센트럴랜드에서 NFT 디지털 아트의 경매를 진행하겠다는 겁니다. 어차피 실체가 없는 디지털 작품이라면 이러한 디지털 공간 안의 경매소에서 진행되는 것이 오히려 더 어울릴 수 있겠습니다.

영국의 축구 클럽인 맨체스터 시티 역시 디센트럴랜드에 홍보관을 오픈했습니다. 그곳에서는 선수들의 친필 사인이 담긴 NFT를 판매하는데요, 판매 수익금 중 일부는 자선 단체에 기부된다고 합니다. 앞으로 디센트럴랜드 사용자가 늘어나게 된다면 이 공간 안에서 함께 경기를 보고, 팬 미팅 이벤트를 진행하거나 아바타용 굿즈를 NFT로 판매하는 등 다양한 시도가 가능할 것 같습니다.

코카콜라는 오픈씨 NFT 마켓을 통해 디센트럴랜드에서 사용할 수 있는 아이템 경매를 진행한 바 있습니다. 경매에 나온 아이템은 디센트럴랜드 아바타에게 입힐 수 있는 코카콜라 패딩 자켓, 우정카드, 사운드 비주얼라이저, 가상의 코카콜라 냉장고 등이었는데요, 최종 낙찰가가 216이더리움으로 당시 가치로 약 7억 원이었습니다. 굉장히 높은 가격이죠? 세상에 하나밖에 없는 코카콜라 아이템이라는 점에서 큰 가치를 매길 수 있는 데다,

시간이 지나 이 아이템에 대한 가치가 높아진다면 더 비싼 가격에 판매를 할 수도 있기 때문에, 일종의 자산이 될 수도 있겠습니다.

그림4 코카콜라가 경매에서 선보인 NFT들

더 샌드박스 The Sandbox

더 샌드박스 역시 디센트럴랜드와 거의 유사한 방식으로 진행되는 플랫폼입니다. 차이점은 더 샌드박스의 경우 보다 게임적인 요소가 강하다는 점입니다. 로블록스의 블록체인 버전이라고 할까요? 또 판매되는 땅 조각의 갯수도 다릅니다. 디센트럴랜드가 전체 땅의 개수를 9만 개로 한정한

그림5 더 샌드박스

반면 더 샌드박스의 경우 166,456개로 더 많은 땅 조각을 판매하고 있습니다. 그 땅 위에 여러 시설을 만들어 사람들이 이용하게 하거나 마켓플레이스에서 땅과 아이템 등을 거래할 수 있다는 점도 동일합니다. 디센트럴랜드와 마찬가지로 더 샌드박스에서도 가상화폐를 사용하는데요. 더 샌드박스에서 사용하는 가상화폐는 '샌드SAND'입니다. 역시 초반에 비해 가격이 상당히 많이 올랐는데요, 코인시장의 상황에 따라 가격이 들쭉날쭉하고 있습니다.

더 샌드박스에도 유명 게임업체 '아타리Atari', 국내 프로 축구 리그인 K-리그 등 다양한 업체들이 진출을 하고 있는데요, 흥미로운 점은 우리나라의 가수 스컬이 이곳의 땅 9개를 인수했다는 겁니다. 스컬은 인수한 땅에 레게 테마의 이벤트 공간을 구현하고 정기적으로 가상 콘서트, 팬 미팅 등 다양한 이벤트를 진행할 예정이라고 합니다. 또 한정판 NFT 아이템도 판매할 계획이라고 하네요.[5] 아티스트들은 이런 식으로 자신의 공간을 만들어 공연도 하고 관련 아이템도 판매하는 새로운 기회의 장으로 삼을 수도 있겠습니다.

▌게임을 통해 돈을 번다? Play to earn

이렇게 디센트럴랜드와 더 샌드박스를 중심으로 블록체인 기반의 메타버스 플랫폼을 소개해 드렸는데요, 여러분은 어떠한 생각이 드셨나요? 이역시 그저 투기판일 뿐일까요, 아니면 미래의 새로운 기회가 될 수 있는 공

---

5 디지털데일리 '블록체인 기반 메타버스서 가수 '스컬' 콘서트 본다' 2021.05.26

간일까요? 그 특징을 하나씩 정리해 보겠습니다.

첫 번째 특징은 유저들의 참여로 만들어지는 공간이라는 겁니다. 제작사가 모든 것을 기획하고 제공하는 것이 아니라 제작사는 판만 깔아 주고 나머지는 참여자들이 직접 만들어가는 공간이죠. 어찌 보면 새로운 개척지라고 볼 수도 있겠습니다. 두 번째 특징은 플레이어와 크리에이터의 기여가 금전적 보상으로 연결된다는 것입니다. 물론 이 부분은 로블록스나 제페토에서도 구현이 되고 있지만, 블록체인 기반의 메타버스에서는 땅 구매에서부터 아이템 거래, 게임을 통한 보상에 이르기까지 금전적 보상이 보다 적극적으로 발생합니다. 그 모든 것이 가상화폐로 거래되고 그 가상화폐는 우리가 사용하는 법정 화폐로 교환이 되니까요.

세 번째 특징은 각자 맡은 역할에 따라 경제 활동에 참여하게 된다는 점입니다. 누군가는 가상의 부동산 임대업자로, 누군가는 가상의 건설업자로, 누군가는 게임을 잘해서 용병으로 참여해 기여를 할 수가 있습니다. 이렇게 필요한 역할들을 제공해 주면 실제로 가상화폐로 보상을 받게 되니, 이는 실제 우리 경제가 돌아가는 모습과 매우 유사하다고 볼 수 있습니다.

네 번째 특징은 참여자들이 가상화폐, 부동산, 아이템을 통해서 실제로 자산을 형성할 수 있다는 점입니다. 예전에는 게임을 아무리 열심히 해도 그것이 금전적인 보상으로 이어지지 않았지만, 블록체인 기반의 가상 공간에서는 내가 열심히 게임을 하면 실제로 점수에 따라 가상화폐를 벌 수가 있습니다.

또 이곳에서의 부동산과 아이템은 앞 장에서 소개해드린 NFT입니다. 각각의 가격이 다르고 유저들끼리 거래를 할 때마다 블록체인을 통해 그 소유권과 거래 이력이 저장되기 때문에 안정적으로 사고파는 것이 가능합니다. 그래서 자산의 역할을 할 수가 있는 것이죠. 앞으로는 강남의 땅을 가지고 있는 사람만이 부자가 아니라, 가상 공간의 땅을 많이 가지고 있는 사람도 부자일 수 있습니다. 마찬가지로 현실 세계에서 가치 있는 물건을 수집한 사람만이 부자가 아니라, 가상 공간에서 가치 있는 아이템들을 많이 수집한 사람도 부자가 될 수 있습니다.

이렇게 보면 블록체인 기반 메타버스는 놀이라고 봐야 할까요, 경제 활동이라고 봐야 할까요? 과거 어른들은 게임에 빠져 사는 아이들에게 이런 말을 했습니다. "그렇게 하루 종일 게임을 하면 밥이 나오니, 쌀이 나오니?" 그런데 이런 블록체인 기반의 메타버스나 게임을 열심히 하면 정말로 밥이 나오고 쌀이 나옵니다. 게임을 통해 돈을 버는 '플레이 투 언Play to earn' 이 가능해지는 것이죠. 그러면 어른들은 게임을 열심히 하는 아이들에게 뭐라고 해야 할까요? "아이고, 우리 아이가 돈 벌려고 열심히 게임을 하는구나, 사과 깎아 줄까?", "쓸데없는 짓 하지 말고 빨리 방에 들어가서 게임이나 해!" 이렇게 말을 해야 할지도 모르겠습니다.

실제로 베트남 스타트업이 만든 '엑시 인피니티Axie Infinity'라는 게임은 가

그림6 블록체인 기반의 게임 '엑시 인피니티(Axie Infinity)'

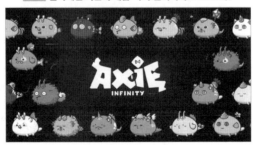

상화폐로 구매 가능한 NFT 캐릭터를 수집해 육성한 뒤 전투를 벌이는 게임인데요, 게임의 성과 역시 코인으로 받아 현금화가 가능합니다. 이용자들의 월평균 수익이 한때 70~100만 원 수준으로 형성이 되어 필리핀이라든지 저소득 국가에서 큰 인기를 끌었습니다. 실제 일을 해서 버는 돈보다 게임을 해서 버는 돈이 더 많은 경우도 생겨났던 거죠.

▌블록체인 기반 메타버스, 투자 위험성은 없을까?

하지만 아직 우려되는 점도 있습니다. 만약 사람들의 관심이 더욱 높아져 땅값이 계속 오르게 되면 일반 사람들은 더 이상 그 공간의 땅을 구매할 수 없는 수준이 될 겁니다. 그러면 그 땅을 구매할 수 있는 세력은 결국 대기업이나 자본가가 아닐까요? 메타버스 공간 안에 대기업 서비스와 홍보만 가득해지는 겁니다. 신사동 가로수길이나 이태원 경리단길을 생각해 보죠. 한때 특색 있는 가게들이 늘어나며 사람들이 몰리자 임대료가 올라가면서 원래 장사하던 사람들은 쫓겨나고 대기업 프랜차이즈 매장만 생겨났죠. 이 상황과 비슷해지는 겁니다. '디지털 젠트리피케이션Gentrification'이 일어날 가능성도 있다는 것이죠. 그러면 흥미를 잃은 사람들은 플랫폼을 빠져나갈 것이고 그간 모아 놓은 가상화폐와 디지털 자산의 가치는 폭락하게 될지도 모릅니다.

또 페이스북이나 애플, 구글, 아마존 등이 마음먹고 이런 서비스를 하겠다면 어떨까요? 특히 페이스북META은 이 분야에서 준비가 가장 잘 되어 있는 기업입니다. 일단 전 세계에 약 30억 명의 페이스북 사용자를 확보하고 있습니다. 또 이미 가상 공간 안에서 사람들을 연결하겠다며 2014년 오큘러스라는 VR 헤드셋 업체를 인수했습니다. 그리고 '호라이즌Horizon'이라는 소셜VR 서비스를 이미 제공하고 있죠.

만약 페이스북을 비롯한 세계적 플랫폼 기업들이 이와 유사한 서비스를 출시하게 된다면 디센트럴랜드나 더 샌드박스와 같은 플랫폼은 어떻게 될 까요? 아무래도 여러 서비스가 모여 있고 지인들도 많이 이용하는 한두 가 지 플랫폼으로 유저들이 집중될 가능성도 있지 않을까요? 굳이 다른 곳에 로그인할 필요가 없는 거죠. 그러면 디센트럴랜드나 더 샌드박스와 같은 기존 플랫폼에 사람들이 남아 있을까요? 그래도 그간 투자한 것들이 있으 니 그 공간 안에 사람들이 어떻게든 머물러 가치가 유지될까요, 아니면 사 람들이 빠져나가 내가 투자한 것들의 가치가 폭락하게 될까요? 이러한 위 험 요소들이 있기 때문에 섣불리 블록체인 기반 메타버스의 땅과 코인을 사고 아이템들을 수집하기가 어려운 겁니다.

***

우리가 앞으로 가상의 세계에서 더욱 많은 시간을 보내게 될 것이라는 점에는 많은 분들이 동의를 하실 것 같은데요. 과연 그 가상 세계에서 실 제 세상만큼이나 경제 활동이 활발하게 일어날 것인가에 대해서는 아직 확실하게 알 수는 없는 것 같습니다. 여러분은 어떻게 생각하십니까? 정말 이렇게 블록체인 기술과 NFT 자산 거래를 통해 메타버스 가상 세계에서 돈도 벌고 경제 생태계가 돌아가는 미래가 오게 될까요? 그리고 이러한 미 래가 현실이 된다면 인류의 생활에 어떠한 기여를 할 수 있을까요? 인류에 기여하는 부분이 더 많을까요, 아니면 오히려 혼란이 더 많을까요?

만약 이러한 미래가 현실이 됐을 때 어떤 모습일지 구체적으로 확인하고 싶으시다면 영화 '레디 플레이어 원'을 보시기를 추천드립니다. 사실 그 영화에 다 나오는 내용이거든요. 아마 영화를 보면 이 모든 내용들이 잘 정리될 겁니다. 마치 게임을 하듯이 생활을 하지만 그것이 정말 돈과 연결이 되는 Play to earn의 시대, 여러분은 이러한 미래가 오는 것이 두려우신가요, 기대되시나요?

VR 헤드셋의
극복과제

VR이 발달하면 메타버스도 대박 난다?

현재의 메타버스는 아바타를 키보드나 콘트롤러로 제어해야 하기 때문에 이용이 어렵다는 단점이 있습니다. 이 단점에 대해 많은 분들이 "앞으로 VR 헤드셋 기술이 발달하면 그 단점이 해결될 거야."라고 반론합니다. VR 헤드셋을 머리에 착용한 채 몸을 움직이면 아바타가 쉽게 제어되기 때문에 특별하게 조작 방법을 배울 필요가 없다는 겁니다. 또 앞으로 VR 헤드셋의 화질이 좋아지면서 가상 세계를 더욱 생생하게 체험할 수 있을 것이라고 예상합니다. 뿐만 아니라 VR 헤드셋 기기의 무게는 가벼워지고 가격은 낮아지면서 메타버스에도 영향을 미쳐 메타버스 역시 엄청나게 성장할 것이라는 겁니다. 정말 영화 '레디 플레이어 원'과 같은 세상이 열리는 거죠. 그런데, 과연 그렇게 될까요?

VR의 불편은 극복이 가능할까?

저도 한때는 열렬한 VR 찬양론자였습니다. 2014년에 처음으로 VR을 이용해 롤러코스터를 경험해 본 뒤, 엄청난 충격을 받았죠. '어떻게 이렇게 실제로 떨어지는 느낌이 나지? VR이 세상을 바꾸겠는 걸?!' 그런데 VR 콘텐츠를 여러 번 경험할수록 처음에 느꼈던 그 충격적인 느낌들은 사라졌습니다. 점점 익숙해진 것이죠. 그리고 신기함이 사라지니 남는 건 불편함뿐이었습니다.

VR 헤드셋의 불편한 착용감 문제는 해결이 가능할까요? VR 헤드셋 기기는 아무리 작아진다고 하더라도 한계가 있습니다. 눈앞에 디스플레이를 두고 보는 방식이다 보니 우리 눈이 초점을 맞추려면 눈으로부터 어느 정도 떨어져 있어야 합니다. 그리고 몰입감을 높이기 위해 VR 헤드셋을 착용했을 때 현실 세계가 보여서는 안 됩니다. 눈 주변을 완전히 가려 차단해야 하는 것이죠. 그렇기 때문에 기기가 아무리 작아진다고 하더라도 한계가 있을 수밖에 없습니다. 안경 크기만큼 작아질 수는 없는 거죠. 정말 미래에 기술이 엄청나게 발전한다고 했을 때에도 물안경 정도의 형태가 최선일 겁니다. 안경도 불편하다고 라식 수술을 하고 있는데 안경보다 크고 밀착되는 VR 헤드셋을 사람들이 얼마나 착용할까요? 심지어 바로 눈앞에서 디스플레이로 콘텐츠를 시청하다 보니 눈이 피로할 수밖에 없다는 치명적인 문제도 있습니다.

그렇다면 일반 대중들은 VR 헤드셋을 최대 몇 분간 착용할 수 있을까요? 강의에서 이 질문을 하면 보통 10분부터 3시간 이내까지 다양하게 답하는데, 보통은 30분 이내라는 대답이 가장 많았습니다. 물론 불편함을 잊을 만큼 몰입감 있는 VR 콘텐츠가 개발된다면 많은 사람들이 장시간 착용할지도 모르지만, 아무래도 기기의 구조상 남녀노소 가릴 것 없이 장시간 착용하기에는 어려움이 존재한다는 겁니다.

VR을 이용할 때의 자세 역시 편하지만은 않습니다. 보통 우리가 집에 있을 때의 자세가 어떤가요? 소파나 침대에 몸을 기대고 거의 누운 상태로 있지 않나요? 그런데 만약 VR을 이용한다면 자세가 어떻게 바뀔까요? 서서 이용하거나 의자에 앉더라도 허리를 꼿꼿이 세우고 계실 겁니다. 만약 우리가 평소 집에서의 자세처럼 어딘가에 기대어 있다면 VR 속 나의 아바타도 기대어 있을 겁니다. 그리고 우리가 누우면 나의 아바타도 누워 있겠죠. 그러면 이용이 어려워지는 겁니다.

사실 이 점은 VR의 장점이기도 합니다. 내가 몸을 움직일 때 그 움직임이 그대로 VR 속 아바타에 반영된다는 뛰어난 현실감이 VR의 매력이자 장점이죠. 그래서 이렇게 몸을 움직여 리듬 게임을 즐기거나 복싱 게임을 통해 운동 효과를 볼 수도 있습니다. 그런데 문제는 우리 인간이 생각보다 게으르다는 겁니다. 집에서 엔터테인먼트를 즐기기 위해 VR 헤드셋을 끼고 서 있는 상태로 몸을 움직여 엔터테인먼트를 즐길 사람이 과연 많겠냐는 것이죠. 그래서 대중성이 떨어진다는 겁니다.

혹시 2002년에 개봉한 영화 '마이너리티 리포트'를 보셨나요? 그 영화 속에서는 주인공 톰 크루즈가 서 있는 상태로 허공에 팔을 휘저어 가상의 컴퓨터 작업창을 제어하는 장면이 나옵니다. 당시 그 장면을 보고 많은 사람들이 이렇게 생각했죠. "와! 멋지다! 미래에는 저렇게 컴퓨터를 제어할 수도 있겠구나? 빨리 저런 미래가 왔으면 좋겠어!" 그런데 사실 이런 기술은 이미 있습니다. 하지만 현실에 적용되어 사용될 가능성은 거의 없다고 봐야겠습니다. 왜 그럴까요? 생각해 보세요. 여러분이 컴퓨터 작업을 할 때 가상의 창들을 팔로 휘저어가며 제어해야 한다면 어떨까요? 팔 아프고 허리 아프고 다리 아파서 못 합니다. 대신 우리에게는 키보드와 마우스라는 기적적인 도구가 있거든요. 가만히 앉아서 손가락만 까딱까딱하면 최소한의 움직임으로 원하는 작업을 수행할 수 있습니다.

그림1 영화 마이너리티 리포트의 한 장면

그렇다면 생각해 보죠. 미래에 메타버스 안에서 장시간 생활한다고 가정할 때, 과연 사람들이 키보드와 마우스를 이용해 아바타를 콘트롤하는 현재의 방식 대신 선 채로 몸을 움직여야 하는 VR 헤드셋으로 메타버스를 즐길까요? 꼭 그렇게만은 볼 수 없다는 겁니다. 키보드와 마우스 혹은 조이스틱을 이용할 경우 우리는 의자에 몸을 기댄 채 편안하게 손가락만 까딱까딱 움직여 움직임을 최소화한 상태로 메타버스 생활을 할 수 있기 때문에 이 기존 방식을 더 선호하는 사람도 꽤 많을 수 있거든요. 물론 앞으로 VR 헤드셋과 키보드, 마우스를 연동하는 등 다양한 시도로 문제가 해결될 수도 있지만, 직접 몸을 움직이며 적극적으로 아바타와 하나가 될 부지런한 사람은 생각보다 많지 않을 수도 있다는 겁니다.

▌VR은 대중성의 한계를 극복할 수 있을까?

페이스북META은 전 세계에 약 30억 명의 이용자를 확보하고 있습니다. 그리고 가장 성공한 VR 헤드셋 제품인 오큘러스라는 제품 역시 소유하고 있죠. 게다가 오큘러스 퀘스트2의 경우 전작보다 화질이 개선되고 더욱 가벼워졌음에도 불구하고 더 낮은 가격으로 판매되며 세계적으로 꽤나 성공적인 판매고를 올렸습니다. 그래서 저도 오큘러스 퀘스트2 제품의 구매를 생각한 적도 있는데요, 문제가 있었습니다. 저는 이 제품을 사서 사용할 곳이 전혀 없다는 겁니다. 제가 게임을 하지 않거든요. 분명 VR 헤드셋은 게임 말고도 다양한 것이 가능하다고 홍보를 해 왔음에도 불구하고 현재로서는 게임 말고 딱히 이용할 것이 없는 상태입니다. 그래서 제가 이 제품을 사면 분명 몇 번 사용하다가 또 어딘가에 처박아 두겠다는 생각이 들어 구매하지 않았습니다.

그림2 **오큘러스 퀘스트2**

출처: 페이스북(META)

물론 '호라이즌Horizon'이라는 메타버스 서비스가 있어 그 안에서 아바타로 전 세계 사람들과 만날 수도 있지만, 신기하게도 VR을 이용하는 사람들 중 페이스북의 '호라이즌'을 이용하는 사람은 거의 없습니다. (오히려 'VR챗VRChat'이라는 플랫폼을 더 이용합니다.) 30억 명의 사용자가 있음에도 불구하고 메타버스 서비스는 이용하지 않는 거죠.

그림3 **오큘러스 호라이즌(Horizon)**

또 페이스북은 오큘러스를 이용한 '워크룸Workrooms'이라는 원격 회의 솔루션을 공개하기도 했는데요. 워크룸에서는 가상의 사무실 안에서 아바타로 만나 함께 회의를 하고 오큘러스의 콘트롤러를 뒤집어 가상의 화이트보드에 글을 적을 수도 있습니다. 또 편의성도 향상됐는데요, 현실 세계의 키보드와 PC 모니터가 가상의 사무실에도 연동이 되기 때문에 보다 편리하게 컴퓨터 작업을 할 수 있습니다. 하지만 아직 주변에 오큘러스를 가지고 있는 사람이 없기 때문에 '워크룸' 가상 사무실에서 만나 원격 회의를 하는 사람들은 거의 없다고 볼 수 있습니다.

사실 페이스북은 이처럼 오큘러스를 이용한 가상 세계에서의 생활을 '소셜VRSocial VR'이라 부르며 홍보를 해 왔습니다. 그런데 2021년 7월 마크

저커버그가 갑자기 '우리는 앞으로 소셜미디어 회사가 아니라 메타버스 회사가 될 것'이라 선언하며 그간 개발해 온 VR 관련 기술들이 모두 메타버스 기술로 그 이름이 바뀌게 되었습니다. 기술은 바뀐 것이 전혀 없는데 명칭만 바뀐 것이죠. 이에 대해 미국의 몇몇 주요 언론들은 회의적인 기사를 내보냈습니다.

워싱턴 포스트는 마크 저커버그의 메타버스 선언에 대해 이렇게 말했습니다.

메타버스는 현재 존재하지 않으며 도착 날짜도 명확하지 않습니다. 증강현실과 가상현실은 2017년에 10억 명의 사람들을 오큘러스 헤드셋으로 데려오겠다는 마크 저커버그의 약속에도 불구하고, 아직 대중의 관심을 끌지 못해 틈새 시장으로 남아 있습니다.

한마디로 지금까지 실패했으면서 왜 말만 메타버스로 바꾸고 새로운 척을 하느냐는 것이죠. 또 기술 분석가 베네딕트 에반스Benedict Evans의 인터뷰 내용도 함께 실었는데요, 그는 "현재 VR은 콘솔게임의 하위 집단으로 고정되어 있으며 이를 벗어나게 될지는 확실하지 않다. 게임은 큰 사업이며 수억 명의 사람들이 이용하지만, 수십억 명의 사람들이 이용하는 건 아니다. 따라서 게임은 보편적인 경험이 아니다."라는 주장을 합니다. [6]

또 와이어드Wired에서는 'VR은 부유한 부모를 둔 백인 자녀와 비슷하다'라는 기사를 내보냅니다. 무슨 말일까요? 이 기사를 쓴 데이비드 카프David Karpf 기자의 견해는 이렇습니다. "VR은 항상 결과보다는 그 '잠재적 성장 가능성'에 근거하여 판단되고, 영원히 완곡한 성장곡선으로 평가되며, 실패에도 영향을 받지 않는다." 그래서 마치 부유한 부모를 둔 백인 자녀와 비슷하다는 겁니다. 재밌죠? 생각해 보면 VR은 대중화 측면에서 실패를 거듭해 왔습니다. 그럼에도 불구하고 실리콘밸리의 억만장자들과 벤처 투자자들은 계속 VR에 투자하고 있고, 많은 일반인들도 VR의 미래를 낙관적으로 판단하고 있다는 점이 흥미롭습니다. [7]

와이어드지의 기자는 또 이렇게 이야기합니다. "VR과 AR은 궁극적으로 3D 영화와 3D 텔레비전에 더 가깝다. 재미는 있지만 대중적 매력이 제한적이며 값비싼 장치이다. 나는 2026년의 장비와 헤드셋이 더 좋고 더 저렴해질 것이라고 확신한다. 하지만 (게임 외) 다른 용도로 사용할지 잘 모르겠다."

6 The washington post 'Big Tech wants to build the 'metaverse,' What on Earth does that mean?' 2021.08.30

7 Wired 'Virtual Reality Is the Rich White Kid of Technology' 2021.07.27

***

여러분은 VR에 대한 이런 단점과 회의적인 입장에 대해 어떻게 생각하십니까? 그래도 VR 산업은 이런 어려움을 모두 극복하고 대중화에 성공할 수 있을까요? 만약 미래에 VR 산업이 성공하게 된다면 그것은 무엇 때문일까요? 제조사의 놀라운 혁신? 세계적 ICT 기업이 가지고 있는 플랫폼의 힘? 엄청난 VR 콘텐츠의 등장? 그것도 아니라면, VR 산업은 3D 텔레비전과 마찬가지로 처참히 실패하거나 영원히 일부 게이머들을 위한 틈새시장으로 남게 될까요? 여러분은 VR 산업의 대중화에 있어 핵심 열쇠는 무엇이라고 생각하시나요?

뇌와 컴퓨터가
연결된다면?

지금까지 메타버스가 성공하기 위해서는 아직도 개선되어야 할 점이 많다고 말씀드렸는데요. 만약 '이 기술'이 발달하면 메타버스는 정말 확실하게 폭발적 성장을 하게 될 겁니다. 바로 뇌와 컴퓨터를 연결하는 BCIBrain-Computer Interface 기술입니다. 잘만 발달한다면 우리들은 가만히 누워서 생각만으로 메타버스 세계에 접속해 디지털 가상생활을 즐길 수 있겠죠. 그래서 많은 분들이 메타버스에 대해서 이야기할 때 '뇌와 컴퓨터가 연결되기 전까지 진정한 메타버스는 없다'는 의견을 주기도 합니다.

넷플릭스의 SF 드라마 시리즈인 '블랙미러Black Mirror'에는 이런 세계를 잘 묘사한 에피소드가 있습니다. 미래 사회에는 관자놀이 쪽에 동그란 칩을 붙이기만 하면 뇌와 컴퓨터가 연결되어 메타버스 세계로 접속할 수 있다는 설정입니다. VR 헤드셋을 낄 필요도 없는 거죠. 그러면 고령자와 장애인들도 메타버스에 접속해 아주 건강하게 세상을 누비며 제2의 인생을 살 수 있습니다. 노인들은 젊음을 되찾고, 장애인들은 건강한 신체를 얻을 수 있죠. 이쯤 되면 사람들은 실제 세상보다 디지털 가상생활을 더욱 선호하게 될지도 모르겠습니다.

물론 BCI 기술이 가상 세계에서만 활용할 수 있는 건 아닐 겁니다. 2009년에 개봉한 영화 '써로게이트'를 보면 미래 사회에 뇌와 컴퓨터를 연결해 나의 아바타 로봇을 제어하는 장면이 나옵니다. 나와 똑같이 생긴, 혹은 나보다 훨씬 매력적이거나 젊은 아바타 로봇이 실제 세상을 살아가게 되는 거죠.

BCI 기술, 어디까지 와 있을까?

기존의 BCI 기술은 뇌와 컴퓨터를 유선으로 연결했습니다. 기계와 연결된 거대한 장치를 머리 위에 얹어야 했기 때문에 상당히 불편하고 보기에도 좋지 않았죠. 그런데 최근에는 뇌와 컴퓨터를 '무선'으로 연결하는 실험들이 속속 성공하고 있습니다.

먼저 2016년 그레그와르 쿠르틴Gregoire Courtine 교수가 이끄는 연구진은 척수가 손상되면서 하반신이 마비된 원숭이를 다시 걷게 하는 데에 성공했습니다. 척수가 손상되면 뇌 신호와의 연결이 끊겨 그 아래에 있는 신체 부위를 움직일 수 없게 되는데요. 연구팀은 뇌의 신호를 파악하는 전극 장치를 머리에 삽입한 후, 끊긴 척수 아래에 또 다른 장치를 삽입해 무선으로 뇌의 신호를 수신하게 했습니다. 그 결과, 완벽하지는 않지만 원숭이가 다리를 움직이고자 생각하면 하반신의 장치에 신호가 전송되면서 신경을 자극해 다리를 움직일 수가 있었던 것이죠.

게다가 2021년에는 사람을 대상으로 한 무선 BCI 기술이 최초로 성공했습니다. 미국 브라운 대학, 스탠포드 대학, 매사추세츠 종합병원 등이 함께한 연구 그룹인 '브레인게이트 컨소시엄'의 성과물인데요. 척수 손상으로 사지가 마비된 35세, 63세 남성 2명에게 폭 5cm, 무게 약 42g의 작은 무선 송신기를 적용해, 생각만으로 태블릿 PC를 조작하게 하는 데에 성공한 것입니다. 게다가 이들은 실험실에서만이 아니라 자신들의 집에서도 이 시스템을 사용했다고 합니다. BCI 기술은 이제 뇌와 컴퓨터를 무선으로 연결하는 수준까지 발전된 것입니다. [8]

그림1 무선 BCI 장치를 삽입한 남성

일론 머스크의 뉴럴링크Neuralink

BCI 기술과 관련해서 세계적으로 가장 많은 주목을 받고 있는 회사는 일론 머스크Elon Musk가 만든 뉴럴링크Neuralink사입니다. 지난 2020년, 뉴럴링크는 머리에 삽입해 뇌의 신호를 파악할 수 있는 '링크 V0.9'라는 칩을 공

---

8 더사이언스타임즈 '무선 BCI, 인간에 최초 시연 성공' 2021.04.07

개했습니다. 이 칩을 머릿속에 심으면, 칩이 뇌의 신호를 파악해 이 정보를 컴퓨터에 무선 전송하게 됩니다. 칩의 크기는 23mm X 8mm로 동전만큼 작습니다. 하지만 두께가 1cm 정도이기 때문에 아직 머릿속에 심기에는 부담스럽습니다.

그림2 **뉴럴링크사의 링크 V0.9 칩**

2020년, 뉴럴링크는 이 링크 칩을 돼지의 머릿속에서도 감각기관을 담당하는 곳에 삽입했는데요. 돼지가 킁킁 냄새를 맡을 때마다 자극되는 뇌파 신호를 무선으로 전송하는 데에 성공했습니다. 그렇다면 만약 뇌에 심은 칩을 제거하면 돼지는 어떻게 될까요? 이 링크 칩은 뇌에 손상을 주지 않기 때문에 다시 제거를 한다고 하더라도 문제가 생기지 않는다고 합니다. 그래서 당시 뇌에 칩을 심었다가 제거한 돼지를 공개해 돼지가 건강하게 활동하는 모습을 보여주기도 했습니다.

그리고 2021년, 이번에는 원숭이를 대상으로 실험을 진행했습니다. 이번에는 좌뇌와 우뇌 양쪽 모두에 링크 칩을 삽입했는데, 이 결과가 상당히 놀랍습니다. 일단 원숭이 뇌에 심어진 링크 칩을 블루투스를 이용해 아이폰과 연결합니다. 우리가 무선 이어폰을 연결하듯이 간단히 연결을 하는 겁니다. 그리고 원숭이에게 조이스틱을 활용해 간단한 게임을 하도록 합니다. 원숭이가 조이스틱을 움직일 때마다 활성화되는 뇌의 신호를 무선으로 전송 받아 팔을 위로 올릴 때는 어떤 뉴런이 활성화되는지, 옆으로 움직일 때는 어떤 뉴런이 활성화되는지를 기록합니다. 이 전기신호들을 수집해 해석하면 이제 컴퓨터는 원숭이가 의도하는 손 움직임을 실시간으로 알 수 있게 되는 거죠. 이 과정은 놀랍게도 단 몇 분이면 완료된다고 합니다.

그리고 놀라운 일이 펼쳐집니다. 원숭이가 손으로 조이스틱을 움직이며 간단한 게임을 하고 있는데요, 자세히 보면 조이스틱의 선이 연결되어 있지 않습니다. 원숭이는 자신이 조이스틱을 움직여 게임을 하고 있다고 생각하겠지만, 사실 생각만으로 게임을 하고 있었던 겁니다. 원숭이가 '조이스틱을 오른쪽으로 움직여야지'라고 생각하면 그 신호가 무선으로 컴퓨터에 실시간 전송되어 게임 콘트롤에 반영되는 겁니다. 심지어 시간이 지나자 원숭이는 조이스틱이 없어도 아랑곳하지 않고 '생각만으로' 게임을 플

그림3 생각만으로 '퐁' 게임을 즐기는 원숭이

레이합니다. 바를 이동시켜 움직이는 공을 쳐내는 게임 '퐁'을 곧잘 해냈죠. 이제 사람에 대한 실험만이 남은 상태입니다.

뉴럴링크사는 아예 이 칩을 쉽게 삽입할 수 있는 수술 로봇까지 직접 제작했습니다. 이 수술 로봇을 이용하면 1시간 내에 전신마취 없이 뇌에 칩을 심을 수 있다고 합니다. 심지어 오전에 수술하면 오후에 퇴원이 가능하다고 합니다. 비용을 묻는 기자의 질문에 일론 머스크는 처음에는 비싸지만 나중에는 라식 수술 정도가 될 것이라고 답했습니다.

그렇다면 일론 머스크와 뉴럴링크는 왜 BCI 기술을 개발하고 있는 걸까요? 최근에 말하는 그들의 목표는 이렇게 뇌와 컴퓨터를 연결하는 기술을 통해 치매나 파킨슨병 환자, 그리고 전신마비 환자에게 도움을 주는 것이라고 합니다. 그런데 정말 이것이 그들 목표의 전부일까요?

처음 뉴럴링크를 설립할 당시만 해도 목표는 달랐습니다. 일론 머스크는 AI의 발달이 인류에 위협이 될 수 있다고 믿는 사람이죠. 한때는 북한의 핵무기보다도 AI의 발달이 더 위험하다고 말하고 다닐 정도였습니다. 그래서 인간이 AI와 대항할 수 있는 방법으로 생각해 낸 것이 뇌와 컴퓨터를 연결해 인간을 더 똑똑하게 만들겠다는 겁니다. 컴퓨터는 1초에 1조 비트의 속도로 대화를 하는데, 우리는 스마트폰을 사용할 때 엄지로 1초에 10비트나 100비트의 속도로밖에 대화를 하지 못한다는 겁니다. 그래서 뇌와 컴퓨터를 연결하지 않으면 AI에 비해 우리의 정보처리 속도가 너무 느리다는 것이죠. 이런 생각으로 뉴럴링크사를 만든 일론 머스크는 이제 생각만으로 게임을 할 수 있는 기술까지 개발해 버린 겁니다. 이제 뉴럴링크에서 또 어떤 실험을 선보일지 기대가 되면서도 한편으론 살짝 무섭기도 하네요.

***

이렇게 뇌와 컴퓨터가 무선으로 연결된다면 편하기는 하겠습니다. 컴퓨터 타이핑도, 게임 제어도, TV 채널을 바꾸는 것도 뭐든지 생각만으로 가능해질 테니 말입니다. 혹시 기억을 저장하거나 재생할 수도 있냐는 기자의 질문에 일론 머스크는 '그럴 수도 있을 것 같다'는 말을 했습니다. 뇌에 블랙박스가 생기는 것이죠.

또 이렇게 뇌의 신호를 출력만 하는 것이 아니라 나중에는 컴퓨터 속 정보를 뇌에 다운로드하는 것도 가능해질지 모릅니다. 그러면 공부를 하지 않더라도 지식들이 뇌에 자동 입력되는 겁니다. 이 정도가 되면 서두에 말씀드린 것처럼, 우리의 뇌가 메타버스 세계에 로그인해 생각만으로 메타버스 세상을 자유롭게 돌아다닐 수 있게 됩니다. 심지어 메타버스 공간에서 음식을 먹거나 사람과 포옹을 할 때도 뇌에 자극을 주어 그 느낌을 생생하게 느낄 수 있게 될지도 모르겠네요. (물론 아직까지는 SF영화와 같은 이야기입니다.)

그렇다면 질문입니다. 여러분이라면 뇌에 칩을 심으시겠습니까? 쉽지 않은 결정이겠죠. 만약 여러분이 치매나 전신마비와 같은 문제로 고생하고 있는데 뇌에 칩을 심는 것만으로도 문제를 해결할 수 있다고 한다면 결정은 매우 쉬울 겁니다. 하지만 여러분이 환자가 아닌 건강한 상태라고 했을 때, 어느 정도의 혜택을 제공한다면 뇌에 칩을 심으시겠습니까? 칩을 심었을 때 어떤 효과를 보면 좋을지 단계별로 정리해 봤습니다. 단계표를 보며 어떤 단계에서 '이 정도면 칩을 심을 만하겠다' 생각하게 되는지 살펴보시죠.

Level 1 뇌와 관련된 건강상태를 측정할 수 있다.

Level 2 외부장치 없이 음악을 들을 수 있다.

Level 3 내 기분과 감각을 조절할 수 있다.

Level 4 기억을 저장하고 재생할 수 있다.

Level 5 나의 뇌와 메타버스가 완벽하게 동기화(Sync)된다.

Level 6 정보와 기능을 뇌에 다운로드해 원하는 기능을 추가할 수 있다.

OTA와 스마트카

여러분은 어떤 기준을 가지고 자동차를 구매하시나요? 디자인? 연비? 주행성능? 브랜드? 혹시 OTA라는 기능의 유무를 자동차 구매의 중요한 기준으로 생각하시는 분 계시나요? 만약 OTA가 무엇인지 잘 모르신다면, 이번 장을 통해 꼭 기억해 두시길 바랍니다. OTA는 스마트카의 핵심 기능이거든요.

OTA란?

OTA는 Over The Air의 약자입니다. 우리말로 하자면 '무선 업데이트 기능'입니다. 무선 업데이트하면 스마트폰 업데이트가 먼저 떠오르시겠지만, 스마트카의 경우 무선 통신을 통해 차량의 다양한 기능이 업데이트 되는 것이 특징입니다.

OTA 서비스가 가장 화려한 대표적 사례가 바로 테슬라Tesla입니다. 사람들에게 가장 최첨단의 자동차 브랜드가 무엇이냐고 물어보면 이제 대부분의 사람들이 테슬라를 꼽을 텐데요, 테슬라를 최첨단으로 만들어 주는 주요 특징 중의 하나가 바로 이 OTA 기능이라고 할 수 있습니다.

테슬라를 보면 신기하게도 업데이트를 통해 기능이 계속 추가가 됩니다. 그것도 단순히 네비게이션 지도가 업데이트되는 정도가 아닙니다. 스마트폰에 새로운 앱을 설치하듯이 새로운 기능을 하나씩 추가하게 되는 겁니다. 어느 날부터 차량 내 디스플레이를 통해 넷플릭스와 유튜브를 시청할 수 있게 된다든가, 기존에 없던 레이싱 게임 기능이 추가된다든가 하는 겁니다. 자동차 핸들을 움직이고 브레이크와 액셀을 밟으며 레이싱 게임을 할 수 있게 되는 거죠. (물론 영상 시청과 게임 플레이의 경우 자동차가 멈춰 있을 때만 가능합니다.)

그림1 테슬라에서 즐길 수 있는 'Beach Buggy Racing' 게임

또 2019년에는 테슬라에 '도그 모드'가 생겼는데요, 이 기능을 실행하면 주인이 곧 돌아올 것이라는 메시지와 함께 반려견에게 적당한 차량 온도를 유지하는 기능이 활성화됩니다. 잠시 차 안에 반려견을 남겨두고 주인이 장을 보러 다녀오거나 할 때 사용할 수 있는 기능이죠.

이러한 사소한 기능뿐만이 아닙니다. 테슬라 차량에 달려 있는 외부 카

메라가 어느 날부터는 블랙박스의 기능을 한다든지, 심지어 차의 부품을 바꾼 것도 아닌데 무선 업데이트만으로 차량의 속도가 빨라지기도 하고 배터리 효율이 좋아지기도 합니다. 놀랍지 않나요?

OTA의 화룡점정은 바로 자율주행 기능의 업데이트입니다. 다들 아시겠지만, 테슬라는 소프트웨어 업데이트를 통해 FSD Full Self Driving라고 하는 자율주행 기능이 계속해서 향상이 됩니다. 초창기에는 오토파일럿이라고 해서 차선 유지와 앞차와의 거리를 유지하는 정도의 간단한 자율주행 기능을 제공했지만, FSD 기능이 활성화된 테슬라는 지나다니는 사람과 길가에 있는 쓰레기통을 파악해 디스플레이에 보여주더니, 현재는 업데이트를 통해 차량이 신호등을 보고 스스로 주행하거나 정지하는 것은 물론, 좌회전과 우회전까지 스스로 할 수 있을 정도로 성능이 향상되었습니다.

테슬라는 이미 판매되어 도로 위를 달리고 있는 테슬라들로부터 엄청난 양의 주행 데이터들을 수집해 중앙에서 인공지능 학습을 통해 성능을 향상시킨 뒤, 다시 테슬라의 OTA 업데이트를 통해 성능을 향상시켜 주는 방식을 사용합니다. 그래서 자율주행에 관련된 문제가 계속 개선이 되고 그

그림2 **주변 상황을 파악하는 테슬라 AI**

성능이 끊임없이 향상될 수 있는 것이죠.

이렇게 자율주행 기능이 향상되면 '스마트 서먼Smart Summon'이라고 하는 호출기능도 점점 향상됩니다. 서먼 기능은 스마트폰으로 호출하면 내 테슬라 자동차가 스스로 주차된 곳에서 빠져 나와 내가 있는 곳까지 운전해 오는 기능입니다. 사실 초기에 이 기능이 추가됐을 때만 하더라도 테슬라가 주인에게 오기까지 어려움이 많았습니다만, 이 기능 역시 점점 향상되어 보다 안정적으로 이용할 수 있게 되었습니다.

내 차의 부품을 교체하지 않고도, 서비스 센터에 가지 않고도, 심지어 새로운 차를 구매하지 않고도 OTA 무선 업데이트 기능으로 같은 차의 성능이 이렇게나 향상될 수 있다는 점이 놀랍지 않나요? 물론 일론 머스크가 공언한 놀라운 기능 업데이트가 계속 그가 약속한 시점보다 늦어진다는 아쉬움은 있지만, 그럼에도 불구하고 테슬라 소유주들은 '내 차는 앞으로도 기능들이 계속 향상될 것'이라는 기대감을 가지고 업데이트 소식이 들려올 때마다 설레어 할 수 있다는 점이 매우 흥미로운 부분입니다.

OTA가 없는 자동차를 탄다면

반면 OTA 기능이 없는, 즉 무선 업데이트 기능이 없는 자동차를 타면 어떤 단점이 있을까요? 만약 내 차의 기능을 향상시키고 싶다면 차를 바꿔야 합니다. 새로운 기능이 탑재된 신차를 구매해야 하는 것이죠. 차의 가격이 몇 천만 원 가량이라는 점을 생각하면 굉장히 부담스러운 일입니다.

제가 타는 자동차도 OTA 기능이 없는데요, 제가 이 차를 구매한 그 다음 해에 같은 차량 모델에 음성 명령 기능이 추가되어 판매되기 시작했습니다. 만약 새롭게 추가된 음성 명령 기능을 이용하고 싶으면 어떻게 해야 할까요? 네, 차를 바꿔야 합니다. 제 차는 기능을 업데이트 할 수 없거든요. 얼마나 억울합니까?

더 심각한 문제는 자율주행 기능입니다. 요즘 한국에서 구매 가능한 신차들의 경우 차량 구매 시 차선 유지와 앞 차와의 거리를 알아서 조절해 주는 레벨2 수준의 반자율주행 기능을 옵션으로 선택할 수 있습니다. 그런데 만약 얼마 후에 내 차의 자율주행 기능보다 더욱 향상된 성능을 갖춘 같은 자동차 모델이 출시된다면? OTA 기능이 없다면 역시 신차를 새로 구매하는 수밖에 다른 대안이 없습니다.

특히 자율주행의 경우 완벽한 자율주행이라는 것이 아직은 불가능하기 때문에 테슬라처럼 데이터 학습을 통해 그 성능을 약간씩 향상시키는 것이 최선입니다. 그래서 여러분이 자율주행 기능을 위해 신차를 구매하신다면, OTA를 통해 자율주행 기능이 계속 향상될 수 있는 자동차를 구매하시는 것이 필수라고 할 수 있습니다.

테슬라를 제외한 다른 자동차 브랜드들 중에서도 OTA 기능을 제공한다고 홍보하는 경우가 있는데요, 대부분은 네비게이션 지도 업데이트와 같은 사소한 수준의 OTA 기능들이었습니다. 자동차의 주행 성능이나 자율주행 성능이 향상되는 OTA가 아니죠.

국내 브랜드가 테슬라와 같은 OTA 기능을 탑재하지 않았던 이유는 '테슬라 정도의 스마트카 소프트웨어 기술을 갖추고 있지 못해서'이기도 하지만, 더욱 큰 이유는 국내에서 현행법상 OTA 기능이 불법이었기 때문입니다. 자동차관리법(66조)에 따라 무선 업데이트는 점검·정비로 분류되는데, 이런 작업은 정비사업장에서만 가능하도록 규제되고 있거든요. 누구나 와이파이를 통해 무선으로 어디에서나 자동차의 주요 기능을 업데이트할 수가 없었던 겁니다.

물론 이해가 가는 부분이기도 합니다. 자동차는 문제가 생겼을 때 생명과 직결될 수 있는 만큼, 전문가를 거치지 않고 일반인 누구나 자동차 성능을 업데이트 했다가는 주행 중 도로에서 큰 문제가 생길 수도 있기 때문입니다. 그래서 국내외 제조사에서는 이 OTA 기능을 굳이 적극적으로 탑재하지 않았던 것이죠.

하지만 테슬라가 이 관행을 바꾸어 놓았습니다. 자율주행과 스마트카의 시대에는 OTA 기능이 핵심적인 기술로 인식되게 만든 거죠. 그에 따라 한국 정부에서도 이 중요성을 인식해 규제를 유예해 주는 방식으로 2021년부터 임시적으로나마 국내 제조사의 OTA 서비스 탑재를 허용해 주기 시작했습니다. 그에 따라 국내외 자동차 제조사들이 테슬라와 같은 OTA 서비스를 탑재해 출시하기 시작합니다. 현재 현대기아자동차, 르노삼성, 볼보, BMW가 이미 국내 OTA 기능 탑재 승인 신청을 해 놓은 상태입니다. GM은 2023년까지 모든 차종에 OTA 기능을 탑재할 예정이며, 벤츠로 유명한 다임러 그룹은 2024년까지 OTA 기능을 탑재할 예정입니다.[9]

▌자동차를 살 것인가, 바퀴 달린 스마트폰을 살 것인가

지금 자동차 업계의 상황은 과거 스마트폰이 처음 보급되던 시기의 상

---

9 뉴스핌 'OTA가 뭐길래…현대차도 BMW도 '임시허가' 신청 행렬' 2021.06.07

황과 비슷한 것 같습니다. 당시 사람들은 전화, 문자, 카메라 기능 정도를 갖춘 피처폰을 사용하고 있었습니다. 그런데 애플의 아이폰이 등장하며 상황을 뒤집어 버렸죠. 애플의 아이폰은 피처폰이 아닌 '스마트폰'으로 불리며 앱 설치를 통해 기능을 계속 추가할 수 있었고, 심지어 폰의 운영체제인 OS 역시 소프트웨어 업데이트를 통해 성능을 개선해 나갈 수 있었습니다. 그리고 약 10년이 지난 현재, 거의 대부분의 사람들은 피처폰이 아닌 스마트폰을 사용하고 있습니다.

자동차의 OTA 유무는 결국 성능 업데이트가 되지 않는 기존 자동차를 살 것이냐, 아니면 기능을 추가 설치하고 업데이트를 통해 성능까지 향상시킬 수 있는 '바퀴 달린 스마트폰'을 살 것이냐에 대한 선택의 문제입니다.

▌신차를 구매하기 참 애매해진 이유

이렇게 보면 요즘은 신차를 구매하기 가장 애매한 시기라는 생각이 듭니다. 탄소 배출 규제에 따라 자동차 시장이 완전히 전기차나 수소전기차와 같은 친환경 자동차로 넘어가고 있기 때문에 지금 차를 바꾼다면 일단은 한 번 더 내연기관 자동차를 살 것인지, 아니면 당장 전기차를 살 것인지를 결정해야 합니다.

또 전기차와 관련된 배터리 성능, 충전 방식 등이 하루가 다르게 발전하고 있다 보니 앞으로 전기차로 바꾸기는 해야 할 텐데, 그 적합한 시기를 잡기도 참 어렵습니다. 만약 내가 1회 충전에 400km 정도를 갈 수 있는 차를 샀는데 몇 년 뒤에 500km정도를 갈 수 있는 차가 나온다면 억울하잖아요? 실제로 현대자동차에서 2016년에 출시한 아이오닉ev의 주행거리는 191km였습니다. 그리고 2021년에 출시된 아이오닉5의 주행거리는 400km가 살짝 넘습니다.

초기 스마트폰이 출시되기 시작했을 때를 생각해 보세요. 성능과 기능이 향상된 신형 스마트폰이 매년 계속 출시가 됐었습니다. 물론 스마트폰은 가격이 100만 원 이하였기 때문에 1~2년 후에 새로운 제품으로의 교체가 크게 부담스럽지 않을 수 있지만, 자동차의 경우 비용이 몇 천만 원 단위입니다. 쉽게 새로운 제품으로 바꿀 수가 없는 거죠. 그렇다고 구매를 늦추자니 전기차 보조금이 계속 줄어들고 있어 보조금을 더 많이 받기 위해서는 빨리 구매하는 것이 유리해 보여 또 한 번 고민이 깊어집니다.

게다가 여기에 스마트카로의 전환을 생각해 OTA 기능도 고려를 해야 하는데요, 문제는 테슬라의 OTA 기능에 비해 타 제조사의 OTA 기능은 아직까지 너무 뒤처져 있다는 점입니다. 이것은 스마트카 소프트웨어 개발 능력과 관련이 있는데요. 이미 수년간 서비스를 제공하던 테슬라와 그 격차가 상당히 벌어져 있는 것이죠. 게다가 자율주행 성능 역시 테슬라와 타 제조사의 격차가 굉장히 크다 보니 지금 당장 국내 자동차 업체에서 OTA 기능을 넣어 신차를 출시한다고 해도 구매하기까지는 많은 고민이 필요할 수밖에 없습니다.

그렇다면 당장 테슬라를 사면 되지 않는가? 테슬라는 자동차 제조의 역사가 길지 않다 보니 제조 역량이 아직 기존 자동차 업체에 비해 뒤떨어집니다. 자동차 결합 부분에 틈이 벌어져 있다든지 내부 인테리어의 마감이 좋지 않다든지 제조 완성도가 조금 떨어진다는 것이죠.

결국 기존 자동차 업체들은 소프트웨어와 OTA, 자율주행 기능을 향상시켜 나중에는 그 성능이 테슬라와 비슷해질 것이고요, 테슬라의 경우 기존 자동차 업체들만큼 자동차 제조 완성도를 계속 향상시켜 갈 겁니다. 그런데 문제는 그 시기가 언제일지를 알 수 없다는 것이죠. 이래저래 신차를 구매하기 참 애매한 시기인 듯합니다.

기대감 소비&기대감 마케팅

앞 장에서 소개한 테슬라의 OTA 기능을 통해 미래 소비와 마케팅에 있어 중요한 변화를 파악할 수 있습니다. 테슬라처럼 같은 제품임에도 불구하고 업데이트를 통해 지속적으로 고객에게 새로운 기능, 가치, 혜택을 제공한다면 소비자들은 '다음에 또 어떤 것이 업데이트될까?'하는 기대감을 갖게 되고, 소비자들은 그러한 기대감을 불러 일으키는 기업의 제품과 서비스를 구매한다는 것입니다. 그 결과 소비자들에게는 '기대감 소비'가 일어나고 기업들은 기대감을 판매하는 '기대감 마케팅'이 가능해지는 것이죠.

테슬라를 통해 배우는 기대감 마케팅

이 분야에 있어 가장 우수한 사례는 단연 테슬라입니다. 다음에 어떤 기능이 생길까 이렇게까지 소비자들을 설레게 하는 브랜드를 본 적이 있으신가요? 심지어 테슬라는 광고도 하지 않습니다. 보통의 마케팅 상식으로는 TV, 잡지, 유튜브 등 모든 매체들을 동원해 광고를 해야 상품이 잘 팔린다고 생각합니다. 하지만 첨단 자동차의 상징이 된 테슬라는 광고를 하지 않습니다. 사람들에게 다음 업데이트에 대한 기대감을 심어 두는 것만으로도 마케팅은 충분하거든요.

일론 머스크가 트위터를 통해 혹은 발표회를 통해 앞으로 어떤 업데이트가 가능할 것이라는 언급을 하면 사람들의 반응이 그야말로 폭발적입니다. 기자들뿐만이 아니라 테슬라에 관심있는 일반인들이 유튜브, 트위터, 페이스북 등을 통해 이 소식을 다루며 과연 일론 머스크의 말이 사실일지, 그것이 무엇을 의미하는지를 추측하며 업데이트를 기대합니다.

그리고 실제로 테슬라의 업데이트가 진행된 후에는 무슨 일이 펼쳐질까요? 테슬라 소유주들이 업데이트 기능을 너도 나도 리뷰하기 시작합니다. 실제로 사람들의 기대치를 충족시키는 업데이트를 제공하기 때문에 리뷰 영상에 대한 조회수도 높게 나옵니다. 그리고 사람들은 그에 대한 감탄 댓글을 달거나 관련 게시물을 공유하기 시작합니다. 이렇게 광고를 하지 않고도 그 어떤 브랜드보다 홍보가 잘 되는 것이죠.

▎요즘 잘나가는 기업은 기대감을 판매한다

테슬라뿐만이 아닙니다. 요즘 세계적으로 잘나가는 ICT 관련 기업들의 공통점은 바로 소비자들에게 기대감을 판매하고 있다는 겁니다. 동영상 스트리밍 업계의 최강자 넷플릭스Netflix를 생각해 보죠. 사실 넷플릭스는 볼 만한 콘텐츠가 떨어지거나 너무 바빠서 볼 시간이 없으면 매달 나가는 구독 요금이 조금 아깝습니다. '요즘 넷플릭스 보지도 않는데 그냥 해지할까?' 많이 생각해 보셨을 겁니다. 하지만 쉽게 해지할 수 없습니다. 그 이유는 넷플릭스가 고객들에게 항상 기대감을 심어주기 때문입니다. 바로 새로운 콘텐츠 업로드에 대한 기대감이죠. 내가 보던 시리즈의 새로운 시즌 혹은 유명 배우가 참여한 넷플릭스 자체 제작 콘텐츠 등이 계속 제작되고 그에 대한 홍보를 적극적으로 하고 있기 때문에 가입자들이 넷플릭스를 쉽게 해지하지 못하는 겁니다.

애플도 기대감 마케팅에 있어 빠질 수 없습니다. 애플은 이미 iOS 운영 체계와 스마트폰, PC, 태블릿, 스마트 워치 등 다양한 연동 기기들을 판매하며 애플의 생태계를 구축해 왔습니다. 그리고 그 생태계를 더욱 윤택하게 해줄 수 있도록 소프트웨어 업데이트를 꾸준히 제공하고 있죠. 기능, 성능, 혜택이 계속 추가되고 있는 겁니다. 게다가 애플TV, 무선 이어폰 등 새롭게 출시되는 제품과 서비스는 애플의 생태계에서만 작동을 하거나 최적화되어 운영되기 때문에 애플의 생태계를 빠져나가기도 쉽지 않습니다. 애플 제품만 썼던 사람들은 계속 애플 제품만 쓰게 되는 겁니다.

예를 들어 애플에서는 2020년에 '애플 피트니스 플러스Apple Fitness+'라는 구독형 피트니스 프로그램을 공개했습니다. 월 구독 요금 9.99달러를 지불하면 애플TV나 태블릿 등을 통해 지속적으로 업데이트되는 피트니스 코칭 콘텐츠를 제공받을 수 있고, 운동하는 내내 애플워치를 통해 파악된 심장 박동수가 콘텐츠 오른쪽 상단에 표시되어 나의 신체 상태를 보며 운동할 수 있게 됩니다. 이런 식으로 애플의 제품을 이것저것 사두게 되면 결국에는 이 제품과 서비스들이 연동되어 새로운 기능과 가치를 제공할 것이라는 '기대감'을 고객들에게 심어주고 있는 것이죠.

그림1 애플 피트니스 플러스

아마존의 경우도 마찬가지입니다. 먼저 아마존에서는 '에코Echo'라고 하는 AI 스피커를 2014년에 최초로 출시했는데요. 음악감상, 날씨알림, 쇼핑하기 등의 기능이 탑재되고 거기에서 끝나는 것이 아니라, 계속 소프트웨어 업데이트를 통해 기능이 향상되었습니다.

2019년에는 '알렉사 가드Alexa Guard'라는 홈 보안 기능이 추가됐는데 상당히 재밌습니다. AI 스피커에게 외출한다고 말을 하면 미리 설정해 놓은 보안 기능이 켜지는데요, 스피커의 마이크를 통해 화재경보라든지 창문 깨지는 소리가 감지되면 그 상황을 사용자의 스마트폰 앱으로 알려 줍니다. 그러면 사용자는 AI 스피커가 녹음하여 보내준 소리를 10초간 재생해 상황을 파악하거나, AI 스피커의 카메라를 켜 집안을 살펴볼 수 있습니다. 또 외출한 동안 스마트 조명을 스스로 껐다 켰다 해 줌으로써 마치 집안에 사람이 있는 것처럼 꾸며 외부로부터의 침입도 막을 수 있습니다.

아마존도 2020년 애플과 마찬가지로 '헤일로Halo'라고 하는 구독형 피트니스 서비스를 선보였는데요. 월 구독 요금 3.99달러를 내면 아마존의 피트니스 밴드인 '헤일로' 밴드와 스마트폰 앱 프로그램을 통해 건강을 관리할 수 있습니다. 처음에는 기본적인 운동, 수면 패턴 파악과 함께 스마트폰 카메라를 통한 체형 분석, 감정 상태 분석 서비스 정도를 내놓았는데요. 1년 뒤에는 구독 멤버들이 이용할 수 있는 운동 영상 콘텐츠가 제공됐고 영양 정보와 관련 레시피를 추천하며 레시피대로 요리를 할 때 필요한 식재료를 아마존에서 바로 구매할 수 있는 기능까지 추가되었습니다. 이러한 업데이트를 선보이며 아마존의 관계자는 이런 말을 했습니다. "우리의 목표는 헤일로 멤버들에게 새로운 기능, 혜택, 가치를 계속 추가 제공하는 것이다."

그 밖에도 페이스북META의 오큘러스 퀘스트2 VR 헤드셋의 경우 계속 이용할 수 있는 게임 콘텐츠들이 늘어날 뿐만 아니라, 처음에는 제공되지 않았던 핸드 트랙킹 기능손 위치 추적 기능이 생겨났습니다. 덕분에 사용자들은 콘트롤러를 이용하지 않고도 VR 공간에 구현된 자신의 손으로 가상 물체를 만지거나 이동시키며 콘텐츠를 이용할 수 있게 됐습니다.

또 피트니스계의 넷플릭스라는 별명을 가진 '펠로톤Peloton'의 경우 전문 코치에 의한 다양한 운동 콘텐츠들을 꾸준히 업데이트해 줄 뿐만 아니라 최근에는 운동을 위한 게임까지 콘텐츠에 추가하고 있습니다. 사용자들이 운동을 지루하지 않게 할 수 있도록 계속 새로운 방식의 콘텐츠를 업데이트하는 겁니다.

그림2 펠로톤

로블록스와 같은 메타버스 플랫폼도 마찬가지입니다. 가상생활 공간의 장점 중 하나는 사용자들의 의견을 받아 불편한 점을 개선하고 원하는 콘텐츠를 계속 업데이트해 줄 수가 있다는 점입니다. 그리고 메타버스 공간 안에 계속 새로운 장소가 생기고, 새로운 아이템이 추가되며 사용자들은 앞으로 또 어떤 것이 생길지 기대할 수가 있는 것이죠.

이렇게 요즘 잘나가는 기업과 서비스들은 고객에게 업데이트에 대한 기대감을 판매하는 기대감 마케팅을 진행하고 있습니다. 무선 통신 기술의 발달, 스마트폰의 보급, 클라우드 기술의 발달, 고객 데이터 분석과 개인 맞춤 서비스, 스마트 제품들의 증가와 연결, 구독 요금제 등의 요소들 덕분에 생겨난 21세기의 최첨단 마케팅이라고 볼 수 있습니다.

기대감 마케팅을 하지 않는 국내 기업

여기에서 불편한 사실이 하나 있습니다. 여러분은 위에 소개해 드린 사례처럼 기대감을 불러일으키는 국내 기업을 알고 계시나요? 찾기 쉽지 않을 겁니다. 삼성전자, LG전자, 현대자동차, SK텔레콤 등 국내 유명 기업들에서는 업데이트에 대한 기대감을 찾기 힘듭니다.

아직도 삼성전자와 LG전자는 새로운 기능과 서비스를 원한다면 새 제품을 구매하도록 권장하고 있습니다. 스마트 제품이라고 판매를 하기는 하는데, 제품의 기능과 서비스에 눈에 띌 만한 업데이트가 이루어지지 않습니다. 업데이트가 되어도 버그가 개선되는 정도일 뿐 사용자가 원하는 새로운 기능이 추가되는 경우가 거의 없습니다. 업데이트가 됐는데 제가 모르고 있는 것일 수도 있습니다. 하지만 이것도 문제입니다. 사람들에게 업데이트 내용을 잘 알리는 것도 기대감 마케팅의 중요한 요소입니다. 그래야 사람들이 업데이트가 됐다며 SNS를 통해 리뷰 영상을 찍어 올릴 테니 말입니다.

심지어 기대감을 처참하게 배신하기도 합니다. 우리 회사의 스마트 제품은 사용자의 생활에 맞춰 원하는 기능을 똑똑하게 수행해 준다고 광고하지만 실제로 써 보면 제대로 작동하지 않는 경우가 많죠. 스마트TV, 스마트냉장고, 스마트오븐, 전부 스마트라는 말이 붙어 있을 뿐이고, 정작 실구매자들은 기존의 기본적인 기능만을 이용할 뿐입니다.

또 SK텔레콤에서 출시한 최초의 스마트 디스플레이 제품인 '누구 네모'의 경우 제품 출시 당시 앞으로는 업데이트를 통해 다양한 기능이 제공될 것이라고 했지만, 몇 년이 지나도록 기능면에서 큰 차이가 없습니다. 처음 구매했을 때는 '처음 출시됐으니 아직 서비스가 없나 보다, 앞으로 나아지겠지'라고 생각했으나 그 기대감을 철저히 배신한 것이죠. 국내 기업들이 이런 식으로 제품과 서비스를 제공하다 보니 소비자 입장에서는 구매를 더 망설이게 되는 것 아닐까요?

요즘 시대를 흔히 '경험의 시대'라고 정의하기도 합니다. 이만큼 경제적으로 풍요로워진 사회에서는 단순히 필요한 특정 기능을 수행하는 제품과 서비스만으로는 부족하고, 소비자들에게 다양한 경험을 제공해 줄 수 있어야 한다는 것이죠. 그런데 국내 유명 기업들의 제품은 가격은 비싼 데다가 이렇다 할 기능의 업데이트도 없다 보니 괜히 샀다가는 오히려 더 많은 경험을 못하게 될지도 모른다는 우려를 심어줄 뿐입니다. '앞으로 더 좋은 제품 나올 텐데 뭐 하러 지금 사? 좀 더 기다리자', '괜히 약정으로 구매했다가 매달 돈만 나가니까 좀 더 생각해 보자' 이런 식인 거죠. 약정 기간이 있다면 그 기간 동안 업데이트를 통해 고객이 약정 금액 이상의 가치를 느낄 수 있도록 다양한 혜택을 제공해 준다면 좋을 텐데 말입니다.

대표적인 사례가 앞 장에서 말한 자동차입니다. 지금 자동차를 샀다가 나중에 더 좋은 자동차가 나오면 후회할 테니 구매를 망설이는 사람도 있을 겁니다. 하지만 테슬라처럼 기능과 서비스를 계속 업데이트해 준다면 이 문제를 상당 부분 해결해 줄 수 있겠죠. 과연 국내에서도 테슬라처럼 고객들의 기대감을 불러일으켜 다음 업데이트에 대한 설렘을 느끼게 해주는 브랜드가 탄생하게 될까요? 한번 '기대'를 해 보겠습니다.

인공지능이
창의 노동마저 가져갈까?

미래 사회를 이야기하며 인공지능 이야기를 빼놓을 수는 없겠죠.
인공지능은 꾸준히 발달해 곳곳에서 실제로 활용이 되고 있습니다. 자동
차의 자율주행을 가능케 하는 것은 물론, 우리가 매일 이용하는 SNS에서
는 AI가 사용자의 취향을 파악해 콘텐츠를 추천해 주고 있고, 스마트폰 카
메라를 이용해 꽃의 이름을 알아내거나, AI스피커나 스마트폰에 음성 명
령을 하여 다양한 기능을 수행하게 할 수도 있습니다. 또 앞서 말씀드린
스마트홈 제품들이나 서비스 로봇이 보다 제대로 된 역할을 수행하기 위
해서도 이 AI의 발달이 필수라고 할 수 있습니다.

그 밖에도 AI의 활약상에 대해서는 이미 많이 듣고 계실 텐데요. 그 여
러 AI의 활약상 중에서도 이번 장에서는 인간의 창의, 창작 능력에 도전하
는 AI의 최신 사례들을 통해 과연 AI가 인간의 창의노동마저 가져갈 수 있
을지, AI와 공존하는 방법에는 어떤 것들이 있을지에 대해 이야기하려고
합니다.

예술하는 AI

예술은 보통 인간만의 영역, 인공지능이 아무리 발달한다고 해도 대체할
수 없는 최후의 영역이라고 평가됩니다. 하지만 이미 수년 전부터 인공지
능이 예술에 도전하고, 또 그럴싸한 성과를 낸 사례들을 우리가 목격했죠.

먼저 음악 영역에서는 인공지능이 기존의 노래 스타일을 학습해 그와
비슷한 새로운 곡을 만드는 데에 성공한 바 있습니다. 2018년 엔비디아
NVIDIA사에서는 퀸의 음악 스타일을 AI에게 학습시켜 'Change the world'라
는 새로운 곡을 만들었는데요. 들어 보시면 퀸의 노래 스타일과 비슷하다
는 것을 느낄 수 있을 겁니다. 물론 이 경우 AI가 100% 곡을 자연스럽게 작
곡한 것이 아니라 AI가 작곡을 하면 사람 작곡가가 그 결과물을 수정하는
방식으로 이루어진 것이었습니다. 또 최종적으로 그 음악을 연주하고 노
래하는 것은 실제 사람에 의해 진행됐죠.

그보다 앞선 2016년에는 소니의 컴퓨터사이언스랩에서 AI에게 비틀즈
의 음악 스타일을 학습시켜 'Daddy's car'라고 하는 비틀즈 스타일의 음악
을 만들어 내는 데에 성공하기도 했습니다. 또 인공 인간 인플루언서로 활
동하고 있는 FN메카FN Meka의 경우 AI에게 미국의 유명 래퍼 트래비스 스
캇의 음악 스타일을 학습시켜 그와 유사한 랩 음악을 계속 만들어 내고 있
기도 합니다. 그렇게 FN메카는 세계 최초의 AI 래퍼라 홍보되며 활동을
하고 있지만, 아쉽게도 실제 랩은 AI가 아닌 사람이 녹음했다고 합니다.
그래도 어쨌든 이렇게 기존 스타일을 학습한 AI에 의해 새로운 곡들이 계
속 작곡되고 있는 것은 사실입니다.

예술 분야 중 AI에 의해 다양한 결과가 나오고 있는 건 역시 그림 분야인

데요, 초기에 가장 화제가 됐던 사례는 17세기의 화가 렘브란트의 그림 스타일을 학습해 새로운 창작물을 내놓은 '넥스트 렘브란트next Rembrandt, 2016' 프로젝트였죠. 실제 렘브란트의 그림 사이에 AI가 만든 가짜 렘브란트 그림이 섞여 있어도 구별이 어려울 정도였기 때문에 당시 큰 화제가 되었습니다.

그후 2018년에 AI에 의해 그려진 그림이 다시 한 번 세계적으로 화제를 모았습니다. 이번 그림은 '에드몽 드 벨라미Edmond de Belamy'라는 이름의 초상화인데요, 넥스트 렘브란트 사례와 달리 누군가의 스타일을 카피한 작품이 아니며, 보다 흐릿한 형태를 띄고 있는 초상화입니다. 이 결과물은 프랑스의 예술집단 '오비어스Obvious'에 의해 탄생했는데요. 이 그림이 화제가 된 이유는 크리스티 경매에서 무려 약 5억 원이라는 높은 가격에 낙찰이 되었기 때문입니다. 흥미로운 점은 같은 경매 행사에서 앤디 워홀의 작품은 약 8천5백만 원에 팔렸다는 것이죠.

물론 AI에 의한 작품이 최초로 유명 경매에 오른 사례이기 때문에 그림 자체의 예술적 가치보다는 '최초'라는 의미의 가치가 더해져 그렇게 높은

그림1 5억원에 낙찰된 에드몽 드 벨라미(Edmond de Belamy)

액수에 낙찰이 되었다고 볼 수 있겠습니다만, AI에 의한 예술 작품에 과연 가치를 부여할 수 있을 것인가에 대한 물음에 전 세계의 관심이 집중되었던 사례라고 볼 수 있겠습니다.

이런 본격적인 예술 창작뿐만 아니라 우리 일상에서 필요한 창의 노동에도 앞으로 AI가 많은 활약을 할 수 있을지 모릅니다. 특히 앞 장에서 소개해 드린 초거대언어 인공지능인 GPT-3를 기억하시나요? GPT-3에 의한 창작물의 결과도 상당히 놀랍습니다.

GPT-3는 기본적으로 언어 인공지능이기 때문에 자연스러운 글짓기를 통해 영화 시나리오를 작성할 수 있습니다. 실제로 '방문판매원Solicitors'이라는 짤막한 영화가 유튜브에도 게시가 되어 있는데요, GPT-3가 작성한 시나리오를 토대로 촬영된 영상입니다. 또 GPT-3를 이용해 지혜에 관한 명언을 창작해내는 것도 가능합니다. 'Wisdom by GPT-3'라는 트위터 계정에는 GPT-3가 만든 짧은 명언들이 게시되는데요. 그 중 가장 인상깊게 읽은 한 명언을 소개해 드리자면 이렇습니다. "음악에 대한 선호가 구체적일수록 음악에 대해서 모르는 것이다." 그럴싸하죠?

그런데 이 GPT-3 언어 인공지능에 이미지 생성 인공지능을 합쳤을 때의 결과물은 더욱 놀랍습니다. 이 프로젝트를 진행한 오픈AI사는 이렇게 결합된 인공지능에 '달·EDALL·E'라는 이름을 붙여 2021년 1월 세상에 공개했습니다. 스페인의 유명 초현실주의 화가 살바도르 달리에서 이름을 따온 것이죠. 방식은 이렇습니다. 사람이 어떤 그림을 그려 달라는 말을 입력하면 GPT-3가 그 말을 이해해 이미지 생성 인공지능을 이용해 그럴싸한 이미지를 합성해내는 겁니다.

그림2 달·E가 생성한 아보카도 모양의 암체어 이미지

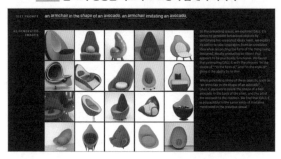

그림3 달·E가 생성한 펭귄 모양 이모티콘

　그림2는 '달·E에게 아보카도 모양의 팔걸이 의자를 그려 달라고 명령했을 때의 결과물입니다. 놀랍지 않나요? 웬만한 사람들보다 훨씬 좋은 디자인을 생성해 낸 것 같습니다. 이쯤 되면 AI가 창의 노동도 대신할 수 있겠다는 이야기가 나올 정도이죠. 또 **그림3**은 '파란 모자, 빨간 장갑, 녹색 셔츠, 노란 바지를 입은 아기 펭귄 이모티콘'을 그려 달라고 했을 때의 결과물입니다. 역시나 명령에 부합하는 다양한 결과물들을 합성해 냈습니다. 앞으로 이모티콘 제작자들은 어떻게 될까요? 그 밖에도 '달·E'는 미래에 있을 법한 휴대전화의 디자인부터 마네킹에 입히는 다양한 패션 디자인까지 자연스러운 결과물 이미지를 합성해내 세계를 놀라게 만들었습니다.

AI가 인간의 창의성을 대신할까?

이렇게 그림을 그리는 것부터 문서 작성, 디자인 분야에까지 AI가 활약하게 된다면, 앞으로 AI가 인간의 창의 노동을 대신하게 되는 것은 아닐까, 많은 사람들이 걱정을 합니다. 하지만 당분간은 그렇지 않을 것이라고 봅니다. AI가 사람이 명령한 결과물을 만들 수는 있지만 그 창작물이 좋은 건지 나쁜 건지는 판단을 할 수 없거든요. 퀸의 음악 스타일과 비슷한 음악을 하루에도 수백 곡씩 만들 수 있지만, 그것이 사람들에게 좋게 들릴 음악인지는 AI가 판단하지 않는다는 겁니다. 글쓰기와 그림에서도 마찬가지입니다. 아직까지 사람들이 좋아할 만한 결과물을 선택하는 능력은 AI가 갖추지 못한 상태입니다.

그렇기 때문에 여기에서 인간의 역할이 필요해집니다. AI가 수많은 결과물들을 내놓으면 인간은 그 결과물들 중에서 괜찮은 것들을 '선택'하고 '수정'하는 역할을 하는 것이죠. 예를 들어 달·E에게 '갈색 가디건과 빨강 트레이닝복을 입은 여성 마네킹'을 그려 달라고 하면 그림4 와 같은 결과물을 내놓습니다. 어때 보이나요? 결과물 중에서는 꽤 괜찮아 보이는 디자인

그림4 달·E가 생성한 마네킹 이미지

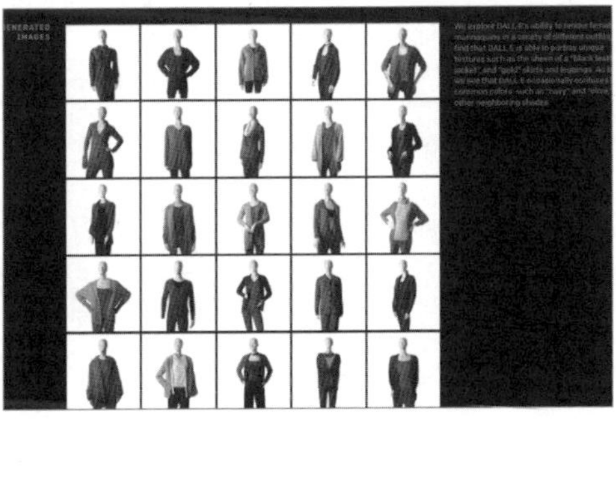

도 있고, 그냥 빨간 내복 같아서 절대로 판매할 수 없는 디자인도 있습니다. 사람 디자이너는 이 중에서 괜찮은 디자인을 선택하고 수정하는 역할을 하면 된다는 것이죠.

글쓰기나 작곡도 마찬가지입니다. AI가 수많은 결과물들을 만들어 주면 사람 창작자는 그 결과물들을 확인해 보다가 괜찮은 결과물을 선택하고 수정해 창작 작업을 이어갈 수 있습니다. 몇 날 며칠 동안을 새로운 소재와 스타일을 찾고자 혼자 고민하는 것보다 나을 수도 있습니다.

그런데 사실 이러한 기술의 발전이 새로울 것도 없습니다. 창작 작업을 할 때 인터넷 검색을 하거나 워드 프로세서를 활용하고, 또 디지털 그림 도구를 이용해 종이 대신 PC에서 그림을 그리고, 음악 작업 시 실제 연주자의 연주가 아니라 컴퓨터가 만들어 낸 가상의 악기로 작곡을 하는 것처럼 이미 우리는 창의 노동 영역에 어느 정도 기술의 도움을 받고 있었던 겁니다. 조금만 다르게 생각하면, 진화하는 AI의 창작 능력이 창작을 직업으로 삼은 사람들에게 위협이라기보다 꽤 도움이 되는 기술일 수 있다는 거죠.

▍코딩하는 AI의 등장

이렇게 AI가 곳곳에서 활약하고 기업과 국가의 최우선 기술 중 하나로 인정받다 보니 이미 전 세계에서는 코딩 교육 열풍이 불고 있습니다. 사교육의 나라 한국답게 이제는 학원가 건물에서 코딩 학원을 쉽게 찾아볼 수 있게 되었죠. 마치 약 20년 전 국제화 시대의 소통 수단인 영어가 교육에 필수적인 요소로 자리를 잡았던 것처럼, 이제는 디지털 시대에 기계와 소통할 수 있는 언어 수단인 코딩 교육이 필수적인 요소로 자리를 잡은 겁니다.

그런데 최근에는 이 코딩 역시 자동으로 해 주는 인공지능이 등장하고 있습니다. 현재 외국어의 경우 AI의 번역 성능이 굉장히 발달해 굳이 외국어를 공부하지 않아도 번역 앱을 이용해 해외에서 일상적인 의사소통을 할 수 있게 됐는데요, 외국어를 넘어 이제는 코딩까지 자동으로 해 주고 있는 겁니다. 과연 앞으로는 코딩 역시 AI가 대신하게 될까요?

GPT-3 CODEX 인공지능

여기에서도 놀라운 성과를 보여준 인공지능은 오픈AI의 GPT-3 인공지능입니다. 오픈AI사는 GPT-3 인공지능을 활용해 코딩 학습용 AI 모델 '코덱스CODEX'를 개발했는데요. GPT-3가 인터넷상의 수많은 언어 데이터를 학습해 사람이 쓴 것만큼이나 자연스러운 문장을 작성하는 것처럼, 코덱스 역시 인터넷상의 수많은 코딩 데이터를 학습해 코딩을 자연스럽게 대신해 줄 수 있는 겁니다.

먼저 2021년 개발자들이 코드를 공유하는 깃허브GitHub에 올라온 코드들을 GPT-3 코덱스가 학습해 탄생한 '코파일럿Copilot'이라는 도구가 공개됐습니다. 이 코파일럿은 코딩을 자동 완성하는 기능이 특징인데요, 우리가 스마트폰으로 문자를 입력할 때 이용하는 자동완성 기능과 유사하다고 보시면 될 것 같습니다. 사용자가 코파일럿을 이용해 코드를 작성하면 AI가 뒤에 이어질 적절한 후속 코드를 제안하는 방식이죠.

그리고 몇 개월 후에는 아예 오픈AI에서 코덱스 인공지능을 더욱 발전시킨 결과를 보여주는데요. 이번에는 단순히 코딩 자동완성에서 끝나는 것이 아니라 사람이 영어로 원하는 기능을 입력하면 그 기능을 구현할 수 있는 프로그램 코드를 자동으로 만들어 내는 겁니다. 그야말로 코딩하는 기능이 생겨난 거죠.

오픈AI에서 공개한 영상을 보면 말로 명령을 해서 간단한 게임을 만드는 시연이 진행됩니다. 이미지 파일의 크기를 작게 해 달라, 수평으로 움직이게 하라, 벽에 물체가 튕기도록 하라, 배경을 우주색으로 설정하라, 물체를 클릭하면 속도를 가속하라 등등의 명령을 영어로 입력해 주기만 했을 뿐인데 우주선으로 운석을 피하는 간단한 게임을 제작해 낸 겁니다. 놀랍죠?

그림5 **코덱스로 만든 게임**

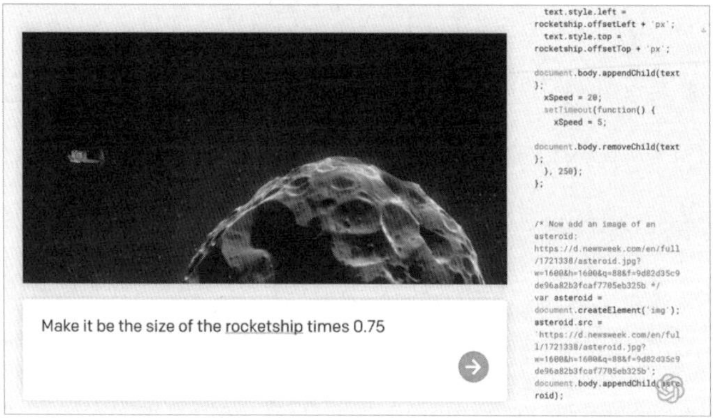

물론 아직은 초기 단계이기 때문에 2021년 기준으로 정확도가 37%에 불과합니다. 또 AI는 아직 눈치, 융통성이라는 것이 없다 보니 아주 정확하고 구체적으로 명령을 내리지 않는다면 원하는 기능을 만들어 낼 수 없죠. 실제로 오픈AI에서 시연한 영상을 보면 사람 아이콘을 왼쪽, 오른쪽으로 움직일 수 있게 했을 때 아이콘이 아예 화면을 벗어난다거나, 화면 밖을 벗어나지 못하게 하라고 명령했을 때는 아이콘에 오류가 생긴다거나 하는

불완전함을 확인할 수 있었습니다. 그럼에도 불구하고 '지금도 이 정도인데 앞으로 얼마나 발전할까?'를 기대하게 하는 인공지능 사례라고 할 수 있습니다.

사실 생각해 보면 제가 어렸을 때에는 컴퓨터 수업 시간에 MS-DOS라는 꽤 복잡한 컴퓨터 언어를 공부했습니다. 프로그램을 실행하거나 파일의 이름을 바꾸고 저장소를 이동할 때마다 직접 복잡한 명령어를 입력해야 했죠. 하지만 마이크로소프트에서 출시한 윈도우는 그 모든 상황을 바뀌 놓았습니다. 지금은 컴퓨터 코드나 명령어를 몰라도 프로그램을 설치하고 실행하는 등의 일상적인 컴퓨터 제어가 놀라울 정도로 간단해졌죠. 또 학교에서 '나모 웹 에디터'라는 홈페이지 제작 프로그램도 배웠습니다. 명령어를 입력해야 했고 홈페이지를 발행하는 것도 꽤나 복잡해 공부가 필요했습니다. 하지만 지금은 윅스Wix와 같은 서비스를 이용해 파워포인트 PPT 장표를 만들듯이 누구나 쉽게 홈페이지를 제작할 수 있습니다. 복잡했던 컴퓨터 사용이 점점 쉬워진다는 거죠.

이에 대해 엔비디아의 CEO인 젠슨 황도 2021년 소프트뱅크 손정의 회장과의 온라인 대담에서 이런 이야기를 합니다. "앞으로는 프로그래밍을 직접 하는 AI가 등장할 것이다." 사람이 AI에게 말로 '요구'를 해서 프로그래밍을 하는 시대가 올 것이라는 거죠.

과연 코딩도 AI가 대신하는 시대가 올까요? GPT-3 코덱스를 개발한 그렉 브록만Greg Brockman 오픈AI 공동설립자이자 CTO는 이런 말을 합니다. "프로그래밍에는 두 부분이 있습니다. 하나는 '문제에 대해 열심히 생각하고 이해하려고 노력하는 것'이고, 다른 하나는 '이런 요소들을 라이브러리,

함수, API 등 기존 코드에 매핑'하는 것입니다. 코덱스 AI는 이 중에서 두 번째 영역을 담당합니다. 그래서 전문 프로그래머의 작업 속도를 높여주고 아마추어가 코딩을 시작하는 데 도움을 줄 수 있습니다."

결국 여기에서 AI가 대신해 주는 것은 사람이 귀찮아 하는 역할입니다. 사람은 보다 효율적으로 문제를 해결하기 위해 여전히 다양한 아이디어들을 생각해내야 하는 것이죠. 그리고 그 아이디어를 현실화할 때 귀찮은 반복 작업들을 AI가 대신함으로써 효율을 높일 수 있는 겁니다. AI가 코딩을 도와줄 도구가 되어 사람의 창의 작업을 보다 쉽게 만들어 주는 것이죠.

***

'인공지능이 창의 노동마저 가져갈 것인가' 물론 조금 먼 미래에는 어떻게 될지 모르겠습니다. 하지만 당분간은 예술적 창의 작업에서건 프로그래밍에서건 AI와 인간이 '협업'을 하는 방식으로 창의 노동이 진행되지 않을까 싶습니다. 우리가 지금까지 도움을 받아온 각종 첨단 도구들과 마찬가지로 AI가 아이디어 도출부터 귀찮은 반복 작업까지 도와주며 사람의 일을 보다 수월하게 만들어 주는 것이죠.

영화 '아이언맨'을 생각해 보시면 됩니다. 주인공 토니 스타크는 원래 사람 한 명이 해낼 수 없는 엄청난 일들을 로봇과 인공지능의 도움을 받아 혼자서 해내잖아요? 이게 우리가 앞으로 일하는 방식이 아닐까 싶습니다. AI와 경쟁을 하는 것이 아니라 AI를 이용해서 더 많은 일을 쉽게 해내는 것이죠. 왜 경쟁할 생각을 합니까? 우리가 계산기와 암산 대결을 하지는 않잖아요? 그러니 인공지능이 필요할 때만 도움을 받으면 됩니다.

이러한 미래 사회의 변화와 관련해 소프트뱅크의 손정의 회장이 미래 사회에 가장 중요할 것이라고 뽑은 한 가지 역량이 떠오릅니다. 많은 사람들이 미래 사회에 필요한 역량으로 코딩이나 외국어 능력 등을 생각할 텐데요, 손정의 회장이 생각하는 미래에 가장 중요한 역량은 바로 '큰 꿈을 꾸는 것'입니다. '나는 이것을 하고 싶다'는 큰 바람을 가지면 나머지는 기술적인 것들이 도와줄 것이라는 겁니다.

생각해 보면 우리가 살아가는 요즘 세상은 내가 원하는 것을 현실로 만들기 위해 도와줄 첨단 도구들이 너무나 많습니다. 과거 수많은 사람이 필요했던 일을 이제 혼자 해낼 수 있게 됐잖아요? 그리고 그 도구들은 앞으로도 더욱 발달해 여러분의 꿈을 현실로 만드는 데에 도움을 줄 겁니다. 그래서 어찌 보면 미래 사회는 인간이 자아실현하기에 가장 좋은 시기일지도 모릅니다. 여러분은 어떤 큰 꿈을 가지고 계신가요?

직업

미래에 일자리는 사라질 수 있습니다. 저성장 시대인
데다가 자동화 기술도 발달하고, 산업 구조가 반도체
와 같은 첨단기술 위주로 개편된다면 기업이 제공하는
일자리는 미래에 줄어들 수도 있습니다. 그런데 미래
에 '일거리'도 사라질까요?

내가 좋아하는 일도
자동화로 대체될까?

마지막 5부에서는 미래 사회와 관련해 직업 이야기를 짧게 하려고 합니다. 먼저 첫 번째 장은 자동화 기술의 발달이 직업에 어떠한 영향을 미칠지에 대해서 이야기해 보겠습니다. 저는 강의 현장과 제 유튜브 채널 댓글을 통해 '앞으로 자동화 기술 때문에 사람의 일자리가 다 사라지겠네'와 같은 의견을 굉장히 자주 듣곤 합니다. AI, 로봇, 드론, 디지털 휴먼 등이 인간만이 할 수 있었던 일을 수행하는 것을 보면 충분히 그런 생각이 들 수 있죠. 만약 여러분도 마찬가지로 자동화가 나에게 도움이 되는 것이 아니라 나를 위협하는 두려운 존재로 느껴진다면, 제가 두 가지 질문을 드려 보겠습니다.

▌자동화가 대체하는 것은 직업인가, 직무인가?

첫 번째 질문입니다. 자동화로 대체되는 것은 '직업'인가요, 아니면 그 안에 포함된 일부 '직무'인가요? 상황을 제대로 파악하기 위해서는 '어떤 직업이 사라지는가'를 생각하기보다 '어떤 직무가 대체될 수 있는지'를 파악하는 것이 더 좋을 수 있습니다. 어떤 직업이 사라진다고 하는 언론 기사만 보고 진로를 정하기보다는 내가 지금 종사하고 있는 직업, 그리고 앞으로 내가 하고자 하는 직업에 자동화로 대체될 직무들을 파악해서, 대체가 가능한 부분들은 자동화에게 맡기고 대체 불가능한 영역들은 더욱 개발을 하며 변화에 대한 준비를 해야 하니 말입니다.

실제로 여러분이 하는 일을 생각해 보면, 어느 직업이라도 한 가지 직무만 포함된 경우는 거의 없을 겁니다. 머리를 써야 하는 창의적인 일부터 단순 반복 작업까지 다양한 직무들을 해 나가게 되어 있을 테니까요. 사실 자동화 기술은 나의 직무 중 몇 가지 과정을 대체할 수는 있겠지만, 나의 직업 자체를 대체하기란 어렵습니다.

▌자동화로 대체되는 직무는 여러분이 좋아하는 일입니까?

그렇다면 자동화로 대체되기 쉬운 직무들에는 어떤 특징이 있을까요? 보통 '단순 반복'하는 일, 자료를 수집하고 '계산'하는 일, 정보를 '암기'하는 일, '위험'한 작업들일 겁니다. 그렇죠? 그런데 여기에 중요한 포인트가 있습니다. 여기에서 여러분께 드리는 두 번째 질문입니다. 이렇게 자동화로 대체하기 쉬운 직무들은 여러분이 좋아하는 일입니까, 싫어하는 일입니까? 아마 보통 싫어하는 일들일 겁니다. 그러면 자동화가 발달하면 여러분이 좋아하는 일을 가져갈까요, 싫어하는 일을 가져갈까요? 이 부분을 우리가 놓쳐서는 안 된다는 겁니다.

물론 자동화 기술의 발달로 인해 크게 영향을 받는 직업들도 있습니다.

예를 들어 물건 계산원의 경우 AI가 아니더라도 셀프 계산과 같은 단순한 방법의 도입만으로도 그 필요 인원이 줄어들 수 있습니다. 또 전화 상담원의 경우 앞으로 GPT-3와 같은 언어 인공지능이 더욱 발달할수록 AI가 단순하고 반복적인 상담을 대신 처리함으로써 과거 100명이 필요했던 인력이 80명, 70명 이렇게 계속 줄어들 수도 있죠.

그런데 또 생각을 해 봅시다. 혹시 어릴 적부터 계산원이나 전화 상담원을 장래희망으로 삼았던 분들이 계신가요? 아마 거의 없을 겁니다. 이런 일들은 사회에 필요한 일이고 생계를 위해 해야 하는 일이기는 하지만 어릴 적부터 내가 너무 좋아해서 장래희망으로까지 삼는 직업은 아니라는 거죠. 만약 지금 내가 좋아하는 일을 하고 있다고 가정할 때, 나의 일이 자동화로 대체될 가능성은 얼마나 될까요? 잘 생각해 보죠. 지금까지 역사 속에서 사라진 직업들을 생각해 봤을 때, 자동화 기술이 인간이 좋아하는 일을 대체한 경우를 알고 계시나요? 거의 떠오르지 않을 겁니다. 그래서 좋아하는 일을 한다면 그 일이 자동화로 대체될 가능성이 확 낮아진다는 겁니다.

몇 년 전 MBC에서 방영되었던 '마이리틀텔레비전'이라는 방송에는 매주 흥미로운 직업을 가진 인물들이 출연해 자신들의 재능과 지식을 뽐냈습니다. 지금은 너무 유명해진 요리 연구가이자 외식 사업가 백종원, 작사가 김이나, 디자이너 황재근, 웹툰 작가 이말년, 이종격투기 선수 김동현, 스트리트 댄서 제이블랙 등이 출연했었는데요, 이 사람들의 직업에는 몇 가지 공통점이 있습니다. 일단 다른 직업들에 비해서 재미있어 보이나요, 지루해 보이나요? 아마 다른 직업들에 비해서는 상대적으로 재미있어 보일 겁니다. 그런데 이 딱 봐서 재미있어 보이는 이 직업들에 또 다른 공통점이 있습니다. 이 직업들이 다른 직업들에 비해 자동화로 대체될 가능성이 높아 보이나요, 낮아 보이나요? 아마 자동화로 대체될 가능성이 낮아 보일 겁니다. 보통 사람들이 재미있어 하는 일에는 자신의 흥미와 재능, 창의성, 감수성 등이 포함되어 있는데 그런 부분들은 아직 자동화로 대체되기가 어렵거든요.

게다가 위에 언급한 직업들의 경우에는 자동화의 발달이 오히려 더 좋을 수도 있습니다. 자동화 도구에 귀찮은 일들을 맡기고 나면 남는 시간에 자신만이 할 수 있는 일에 더 몰두할 수 있을 테니 말입니다. 요리 연구가는 더욱 편리해진 자동화 조리 도구로 요리를 더욱 쉽게 할 것이고, 작사가는 작사의 영감을 AI시나리오를 통해 얻을 수도 있고, 웹툰 작가 역시 소재 탐색부터 웹툰 작업까지 자동화 도구들이 도와줄 수 있을 테니 말입니다. 4부에서 살펴본 대로 아직까지 AI가 창의 작업을 완전히 대체하기란 어려운 일이거든요.

그래서 내가 좋아하는 일을 추구한다면 미래에 자동화 기술이 아무리 발전한다고 하더라도 나의 직업이 자동화로 대체될 가능성은 매우 낮아진다는 겁니다. 어쩌면 자동화 시대를 살아가는 우리들은 좋아하는 일을 찾아야 하는 이유가 한 가지 더 생긴 것일지도 모르겠습니다.

일자리? 일거리!

미래에는 자동화 기술의 발달로 인간의 일자리가 사라진다? 네, 맞습니다. 미래에 일자리는 사라질 수 있습니다. 저성장 시대인 데다가 자동화 기술도 발달하고, 산업 구조가 반도체와 같은 첨단기술 위주로 개편된다면 기업이 제공하는 일자리는 미래에 줄어들 수도 있습니다. 그런데 미래에 '일거리'도 사라질까요?

일자리와 일거리. 무슨 차이일까요? 일자리는 말 그대로 누군가가 다른 사람에게 일할 자리를 마련해 주는 겁니다. 기업에서 소프트웨어 개발자 몇 명을 뽑을 것이다, 인사 담당자 몇 명을 뽑을 것이다, 이렇게 일할 '자리'를 주는 겁니다. 그러면 사람들은 그 몇 안 되는 일자리를 차지하기 위해 기업이 원하는 스펙을 쌓고, 면접 기회가 주어지면 마치 그 회사에 뼈를 묻을 것처럼 엄청난 각오를 보여줘야 합니다. 일자리를 가지고 있는 기업이 갑이 되어 일자리를 얻으려는 구직자를 평가하고 선별하죠.

그런데 인간이 살면서 돈을 벌고 생계를 유지하려면 꼭 이렇게 누군가가 일자리를 만들어 주어야만 하는 건가요? 만약 일자리를 구하기 쉽지 않고 일자리를 얻기 위해 다른 사람들과 경쟁을 하는 삶에 회의감이 드신다면, 일자리 말고 일거리를 찾아 보시는 것도 좋은 방법입니다.

일거리는 말 그대로 내가 일할 만한 것을 의미합니다. 그것도 누군가가 제공해 주는 것이 아니라 내가 직접 주체적으로 찾는 것이죠. 그러면 미래에 할 일은 지나치게 많을 정도입니다. 1부에서 한국의 급격한 고령화와 인구 감소 상황을 전달드렸는데요, 그렇다면 '초고령 사회에 필요한 일거리는 무엇일까?'를 생각해 보세요. 이렇게 빠르게 인구구조가 바뀌면 부적응의 문제도 많이 발생하고, 타깃층 자체가 바뀌게 되며 너무나 다양한 일거리들이 새롭게 생겨날 겁니다.

표1 초고령 사회 관련 일거리

돌봄	헬스케어	자기개발	액티브 라이프
사회복지사 심리치료사 요양시설 데이케어센터 생활보조로봇 ICT 디바이스	의사, 간호사 물리치료 건강식 의료기기 연화식 외골격로봇 요실금 팬티	노인 대학 디지털 학습 노인 유학 생활 컨설팅 자산 관리 재취업	노인 운동 노인 게임 노인 연애 노인 여행 노인 봉사 노인 뷰티

표2 인구 감소 관련 일거리

죽음 관련	지방 활성화	지방 문제 해결
셀프 장례 사업 작은 장례식 시신 호텔 유골함 사업 유품 정리사 장례 기획자 종활 컨설턴트	도시 기획 축제 기획 지역 홍보 특산품 산업 라이브커머스	무인 택시 무인 상점 드론 택배 원격 진료 원격 수업 위성 인터넷

또 2부에서 전달드린 1인 가구의 증가와 인간관계의 변화를 생각해 보죠. 앞으로도 더욱 증가할 혼자 사는 사람들을 외롭지 않게 해 줄 일거리로는 어떤 것들이 있을지, 그들에게 필요한 것이 무엇일지, 달라지는 인간관계에는 어떠한 일거리가 필요할지, 가족을 대신하고 있는 반려동물에게 사람들은 또 무엇을 해줄지만 생각해 보더라도 할 일이 너무 많습니다.

표3 뉴노멀 인간관계 관련 일거리

엔터테인먼트	연예·기획사, 크리에이터, 게임 개발·플레이어, AI 동거 서비스, 로봇 가족 개발, 소셜 서비스 개발
1인 식사	1인 가구 식당, 간편식, 밀키트, 배달음식
New 인간관계	크루 문화 기획, 커뮤니티 운영, 관계(역할) 판매, 소개팅(데이팅) 앱 개발
가족 다양성	가족 상담사, 새로운 가족 법률 서비스
반려동물	수의사, 도그워커, 반려동물 유치원, 장묘시설, 반려동물 의상 디자이너, 반려동물 심리상담사, 행동연구원
홈IoT	고령자 안심 IoT, 여성 안전 IoT, 펫 케어

그리고 우리의 미래에 가장 걱정되는 요소인 환경 위기와 기후 위기는 어떻습니까? 탄소 배출 감축부터 일상 속 플라스틱 줄이기, 육류 소비 증가와 같은 부분까지 해결해야 할 문제들이 너무 많습니다. 이 문제들이 완벽히 해결될 때까지 새로운 일거리는 계속해서 생겨날 겁니다.

인공지능과 로봇이 일자리를 빼앗아 간다고요? 그러라고 하죠. 미래 사회의 변화와 관련해 필요한 일거리들은 지나치게 많을 정도이니까요. 자동화 기술을 총동원한다고 하더라도 미래의 문제들이 해결이 될까 말까입니다. 특히 한국의 인구 감소는 세계에서 가장 빠른 수준이기 때문에 부

표4 친환경 관련 일거리

2050 탄소중립	친환경 식품	기타
재생 에너지 친환경 자동차 그린 리모델링 그린 수소 탄소 포집기술 에너지 저장장치	식물성 고기 배양육 스마트팜 수직농장 친환경 농법 채식 관련 식용 곤충	대체 플라스틱 개발 제로 웨이스트샵 친환경 패션 재활용 산업 업사이클링 전문가 대기·수질 관리

족해지는 사람들의 자리를 채우기 위해서는 오히려 자동화 기술의 도입이 절실히 필요할지도 모릅니다.

일거리를 찾는 방법

사실 저도 어릴 적에 그랬고 지금도 많은 청소년과 청년들이 '뭘 해야 할지 모르겠어요'라는 말을 많이 하는데요, 정확하게 상황을 파악하기 위해서는 이 말의 본뜻을 제대로 이해할 필요가 있습니다. 보통 이들이 말하는 뭘 해야 할지 모르겠다는 말의 뜻은 '세상에 내가 할 일이 없어요'가 아니라 '선택권이 너무 많아서 못 고르겠어요'가 맞습니다. 어떤 공부를 해야 할지 어떤 대학에 가서 어떤 전공을 선택해야 할지, 아니면 대학을 가는 것이 맞을지, 어떤 회사에 들어갈지, 어떤 직업을 가져야 할지 등 선택할 것들이 너무 많은 겁니다.

그래서 프랑스의 실존주의 철학자 사르트르가 이런 명언을 남겼죠. "인생은 B와 D 사이에 C다." Birth탄생와 Death죽음 사이에 무수한 Choice선택들이 있다는 겁니다. 이 부분은 자유시장 경제를 살아가는 우리들이 짊어져야 할 숙제입니다. 누구도 해결해 줄 수 없는 외로운 싸움이죠. 만약 이렇게 선택의 어려움을 느끼기 싫다면 쉬운 방법도 있습니다. 북한으로 넘어가는 겁니다. 북한에서는 아직도 당에서 직업을 정해 준다고 하거든요. 하지만 그렇게 할 수는 없으니 제가 몇 가지 방법을 소개해 드릴까 합니다.

첫 번째 방법은 여러분이 살고 싶은 최고의 인생을 상상하는 겁니다. '한 번 살면서 이렇게 살면 진짜 좋겠다'를 황당해도 좋으니 가장 이상적으로 그려 보는 겁니다. 그러고 나서 그렇게 살기 위해서는 무엇을 해야 하는지 세부적인 계획을 세워 보면 됩니다. 예를 들어 '나는 매일 출근을 하지 않았으면 좋겠다'고 해 보죠. 어른들이 들으면 무슨 철없는 소리냐고 할 수 있겠지만, 괜찮습니다. 그러면 매일 출근하지 않아도 되는 직업을 찾아보면 되거든요. 그리고 직업을 갖더라도 여행 다닐 여유가 있으면 좋겠다고 생각하는 사람도 있을 수 있습니다. 그러면 어떤 일을 했을 때 주기적으로 쉴 수 있는지를 찾아보면 되는 겁니다. 이런 식으로 크게 상상하고 세부적인 디테일들을 정하면 됩니다.

이 방식은 큰 풍경화를 그리는 과정과 비슷합니다. 우리가 큰 풍경화를 그릴 때 보통 스케치로 구도부터 잡나요, 아니면 나뭇잎과 같은 작은 디테일부터 그리기 시작하나요? 보통 스케치로 구도부터 잡을 겁니다. 그런데 우리가 진로를 정할 때는 어떻게 하죠? 개발자, 선생님, 운동선수 이렇게 디테일부터 그려 나갑니다. 그러니 인생의 큰 그림이 그려지지 않고, 내가 어떻게 살고 싶은지도 모른 채 직업을 가졌다가 '이게 아니야'하면서 그만두는 거죠.

상황을 이렇게 만든 범인들은 어른들입니다. 어릴 때부터 우리들은 "너 커서 뭐가 되고 싶니?" 이렇게 디테일부터 선택하라고 강요받거든요. 그래서 저는 청소년과 청년들에게 대신 이렇게 질문하기를 권장합니다. "넌 어떻게 살면 행복할 것 같아? 너는 어떤 사람이 되고 싶어? 넌 어떤 세상에서 살고 싶어?" 이렇게 인생의 큰 스케치를 잡기 위한 질문들을 하는 겁니다. 그리고 이 질문들 뒤에 또 이렇게 물어보면 좋겠죠. "그렇게 되려면 지금 무엇을 해야 할까?" 스케치로 구도부터 잡고 디테일을 그리는 방식입니다.

일거리를 찾아내는 더 쉬운 방법도 있는데요, 바로 '불만 노트'를 작성하는 겁니다. 여러분의 생활을 생각해 보세요. 일상 속에서도 불만들이 많을 겁니다. 사실 불만 노트를 적으면 하루에도 몇 페이지씩 채워 넣을 수가 있겠죠. 그렇게 불만들을 정리하다가 '이것만큼은 내가 살면서 꼭 해결하고 싶다'하는 문제가 눈에 들어온다면 그것이 여러분의 일거리가 될 수 있습니다.

그리고 그 일거리를 내 인생의 미션으로 삼게 된다면 살면서 여러분이 실업자가 되기도 쉽지 않을 겁니다. 그 미션을 달성하기 위해 일거리를 스스로 찾아다니기 때문에 그 과정에서 취업을 하기도, 창업을 하기도, 유튜버가 되기도, 작가가 되기도, 블로거가 될 수도, 사회운동가가 될 수도 있거든요. 미션 달성을 위해 여러 가지 역할을 수행하게 되는 겁니다.

물론 여기에서 돈을 많이 벌 수 있는가, 없는가는 또 다른 이야기입니다. 그 부분은 경영의 부분이기 때문에 또 새롭게 공부를 해야겠죠. 하지만 이번 장에서 제가 드리고자 했던 이야기는 일자리만 생각하는 것이 아니라 일거리를 생각했을 때 여러분의 닫혀 있던 진로에 대한 시야가 확 넓어질 수도 있다는 가능성을 말씀드리는 겁니다. 오늘부터는 일자리만 생각하기보다 나의 일거리도 함께 생각해 보는 게 어떨까요?

창직의 세계

창직이란?

보통 장래 나의 진로를 생각할 때 대부분의 사람들은 취업이나 창업 가운데 하나만 고려하는 것 같습니다. 하지만 만약 여러분이 하고 싶은 직업과 일자리가 세상에 없다면 어떡할까요? 네, 나의 직업을 내가 직접 만드는 수도 있습니다. 이를 '창직'이라고 합니다.

창직은 내가 스스로 만드는 직업이기 때문에 일하는 분야, 일하는 시간, 일하는 장소까지 다 본인이 정하는 겁니다. 보통 취업을 할 때는 회사가 원하는 인재상에 맞춰 나를 바꾸어야 하지만, 창직은 반대로 나의 특성에 맞춰 직업을 맞춤 제작하는 것이죠. 그래서 기성복이 아니라 맞춤 의복과 같다고 볼 수 있습니다. 더 쉬운 예를 들자면, 여러분이 새로 스마트폰을 구매하시면 앱들의 나열 순서부터 바탕화면, 케이스까지 전부 바꿔 나에게 최적화를 시키잖아요? 직업도 마찬가지로 나의 특성과 장점에 맞게 모두 최적화를 시키는 겁니다.

이런 이야기를 들으면 보통 사람들은 '그게 말이 쉽지, 가능해?'라고 생각을 하실 겁니다. 맞는 말입니다. 직접 직업을 만들어 돈을 번다는 것은 쉬운 일이 아닙니다. 하지만 실제로 저를 포함해 창직을 통해 직업 생활을 이어가고 있는 사람들도 분명히 있습니다. 물론 모든 사람들이 창직에 어울리지는 않겠지만, 이 글을 읽고 계신 여러분 중에는 사실 창직이 더 어울리는 사람도 분명히 있을 겁니다.

창직 사례

창직에는 특별하게 정해진 방법이 없습니다. 그래도 크게 3가지 유형으로 창직 사례를 나누자면 첫 번째는 나만의 관점을 담아 기존 직업을 살짝 변형하는 겁니다. 예를 들어 '관점 디자이너'로 활동하고 있는 박용후 대표가 있습니다. 관점 디자이너는 무엇을 하는 사람일까요? 사실 박용후 대표는 카카오, 배달의 민족, 뽀로로, 애니팡 등에서 홍보·커뮤니케이션 전략과 관련된 일을 하셨던 분입니다. 그런데 왜 자신의 직업을 홍보·커뮤니케이션 전문가라 하지 않고 관점 디자이너라고 소개할까요? 박용후 대표는 자신이 하는 홍보·커뮤니케이션 일에 대해서 곰곰이 생각해 봤습니다. 그리고는 '아, 내가 하는 일은 제품이나 서비스에 대한 고객들의 관점을 바꿔주는 일이구나?'라는 결론을 내렸다고 합니다. 그렇게 창직을 하여 현재는 관점 디자이너로서 수많은 국내 유명 기업들의 자문을 맡아 일을 하고 계십니다. 자신만의 관점으로 기존의 직업을 재정의한 덕분에 기업에 색다른 가치를 전달할 수 있었던 거죠.

또 '소통 테이너'라는 직업을 창직한 오종철 대표도 있습니다. 원래 오종철 대표는 SBS 공채 5기 개그맨으로 활동을 했었는데요, 역시 본인이 하는 일의 가치가 무엇인지를 곰곰이 생각해 본 결과, 본인은 '소통을 통해 사람들을 즐겁게 해 주는 사람'이라는 결론을 내려 '소통 테이너'라는 직업을 창직하게 된 겁니다. 그래서 본인이 진행하는 쇼를 직접 만들어 사람들과 소통할 기회를 만듭니다. 제가 기억하기로는 한 달에 무려 8개의 쇼를 직접 만들어 진행했던 것 같습니다. 오종철 대표는 이런 말을 합니다. "저는 개그 콘서트에서 불러주지 않는다고 그냥 좌절하고 가만히 있지 않았어요. 제가 할 수 있는 쇼를 직접 만들었어요."

보통 우리들은 남들이 기회를 주지 않는다고 불평하고 좌절합니다. 하지만 자신만의 관점으로 직업을 재해석해 새로운 기회를 만든 두 분의 사례를 보며 저는 큰 영감을 받았습니다. 이를 계기로 저 또한 '미래 캐스터'라는 직업을 창직해서 활동할 수 있었던 겁니다.

두 번째 창직 방법은 기존의 직업들을 합치는 겁니다. 예를 들어 '푸듀케이터'라는 직업을 창직한 노민영 대표가 있는데요, 푸듀케이터란 도대체 무슨 일을 하는 직업일까요? 푸듀케이터는 음식을 뜻하는 푸드food와 교육자를 뜻하는 에듀케이터educator가 합쳐진 말입니다. 그래서 푸듀케이터는 음식과 관련된 생산, 유통, 소비 분야를 다루는 식생활 교육 전문 강사입니다. 식생활 캠페인과 교육 기획, 식생활 교육도구 제작, 오감활용 미각체험, 먹거리 강연 기획 등 그 활동 분야는 계속해서 넓어지고 있는 중입니다. 또 노민영 대표는 푸듀케이터 양성 과정을 만들어 보다 많은 푸듀케이터를 양성하며 그 교육을 통해 수익을 얻고 있기도 합니다.

그 밖에도 제가 좋아하는 사례는 3D프린터를 활용해 독특한 모양의 케이크를 만드는 우크라이나의 디나라 카스코Dinara Kasko라는 이름의 파티세입니다. 이분은 먼저 컴퓨터로 케이크 틀을 디자인한 뒤 3D프린터로 출력해 안에 실리콘을 발라 직접 케이크 틀을 제작합니다. 그리고 이렇게 직접 만든 케이크 틀을 활용해 아주 독특한 모양의 케이크를 제작하고 있죠. 사실 이분이 자신의 새로운 작업 방식에 이름을 붙이지는 않았지만, 만약 자신을 '3D프린팅 파티세'라고 부른다면 어땠을까요? 이런 식으로 자신이 하는 일에 새로운 요소가 결합되어 있다면 그 두 요소를 합쳐 창직 네이밍을 하는 방법도 있겠습니다.

표1 디나라 카스코가 제작한 예술적인 케이크들

세 번째 창직 방법은 세상이나 나에게 필요한 일을 직접 만든 후 창직 네이밍을 붙이는 겁니다. 1부에서 메이크업과 마사지를 통해 노인들의 기분을 좋게 만들어 주는 '뷰터 터치 테라피스트'라는 일본의 직업을 소개해 드렸는데요. 마찬가지로 고령사회에 필요한 일거리, 1인 가구 증가와 관련해 필요한 일거리, 친환경 분야와 관련된 일거리 등에 나만의 관점을 담아 새로운 이름을 붙인다면, 그 역시 창직이 될 수 있습니다. 어렵지 않죠?

미래 캐스터 창직 경험담

저는 이러한 사례들을 보며 2015년 '미래 캐스터'라는 직업을 창직했습니다. 창직을 위해 제가 먼저 했던 일은 저 자신에 대해서 분석하는 것이었습니다. 내가 좋아하고 싫어하는 것, 잘하고 못하는 것, 나의 학창 시절 특징들과 회사 다닐 때의 경험들, 각종 적성검사들을 워드 프로세서에 닥치는 대로 정리했습니다. 그랬더니 약 88페이지 정도로 정리가 되더군요. 그리고 그렇게 정리된 저에 대한 기록을 다시 읽으며 마치 시험 공부를 하듯이 밑줄을 긋고 동그라미를 치며 공부했습니다. 그랬더니 제가 어떤 사람인지 정리가 되는 느낌이 들더군요.

제가 분석한 황준원이라는 사람은 연구하는 성향이 강하고 새로운 것에 대한 호기심이 있는 사람이었습니다. 그리고 학교나 회사에서 발표 잘 한다는 소리를 가끔 들어 스피치 재능을 활용해 보자는 생각을 하게 됐습니다. 그리고 이러한 저의 특성 분석 결과를 토대로 '미래 소식을 쉽게 전달하는 역할을 해 볼까?'라는 생각을 하게 됐습니다. 왜냐하면 저도 미래에 뭐 먹고 살까 고민하며 미래 트렌드, 미래 기술 강의를 들으러 다녔는데 그때마다 전문가의 입장에서 너무 어렵게만 설명을 해주는 겁니다. 그래서 이러한 저의 '불만'을 해소할 만한 일을 직접 해 보면 어떨까 생각을 한 것이죠.

그런데 미래소식을 그냥 전달한다고 하면 심심하니, 여기에 기상 캐스터의 역할을 접목해 보면 어떨까 하는 아이디어를 떠올렸습니다. 사람들이 뉴스는 어려워서 보지 않더라도 일기예보는 꼭 챙겨 보잖아요? 우리 일상에 직접적인 정보를 쉽게 전달하니까요. 그래서 저도 미래 소식을 기상 캐스터처럼 쉽게 전달하겠다는 의미로 미래 캐스터를 창직한 겁니다. 직업명 자체가 신선하다 보니 방송국이나 각종 강연에서 저를 섭외하는 계기가 되기도 했습니다. 창직 자체가 나를 홍보하는 마케팅 수단이 될 수 있다는 이야기죠.

이렇게 창직은 누구나 할 수 있습니다. 문제는 저에게 누군가 일을 맡겨야 돈을 벌 수 있을 텐데 방송국에서 갑자기 저를 미래 캐스터로 고용하지는 않잖아요? 그래서 저는 저를 홍보하기 위해 페이스북에 먼저 페이지를 개설해 영상 콘텐츠를 찍어서 올렸습니다. 물론 처음에는 아무도 보지 않았습니다. 그래도 여러 게시물을 만들어 계속 업로드를 했습니다. 이렇게 하면 많이 보나? 저렇게 하면 관심을 주나? 여러 시도들을 진행했습니다. 그 결과 페이스북 페이지의 팔로워가 늘어났고, 유튜브가 대세로 떠오르면서는 유튜브에 강의 위주의 영상 콘텐츠를 올렸습니다. 앞서 사례로 말씀드린 오종철 대표가 직접 본인의 쇼를 만들어 활동한 모습이 저에게는 큰 공부가 됐던 것이죠.

그렇게 페이스북과 유튜브로 미래 캐스터로서의 역량을 홍보하다 보니 점차 저를 찾는 사람들이 많아졌습니다. 그래서 처음에는 청소년들을 위한 작은 강의부터 시작해, 중소기업, 대기업, 관공서, 각종 방송국에서 미래 캐스터로서 일을 할 수 있게 되었습니다. 저도 솔직히 처음부터 제가 이렇게 돈벌이를 할 수 있을 것이라는 확신이 없었습니다. 그래서 지금까지도 '정말 이렇게 해서 돈을 버는 게 가능하네?'라는 생각을 합니다. 결국 시도를 하지 않으면 아무것도 일어나지 않는다는 거죠. 특히 저에게 창직의 가능성을 보여준 박용후 대표님, 오종철 대표님에게 아직도 감사하는 마음을 갖고 있습니다.

과거와 달리 창직이 가능한 이유

저는 요즘과 앞으로의 미래 사회가 창직을 하기에 가장 적합한 시대라고 생각합니다. 과거에는 창직을 한다고 하더라도 사람들에게 알릴 기회가 없었거든요. 사람들을 일일이 만나고 다니면서 내가 하는 일이 무엇인지 설명할 수도 없으니까요. 신문이나 TV에 소개가 되지 않는 이상 창직은 좋은 선택이 아니었을 겁니다.

그런데 지금은 다르죠. 우리에게는 SNS가 있습니다. 누구나 자신을 홍보할 수 있는 공간이 생긴 겁니다. SNS를 이용한 창직 과정은 다음과 같습니다. 먼저 나만이 할 수 있는 일을 찾아 창직을 합니다. 그리고 수년간 그 일을 더 잘할 수 있도록 갈고 닦으며, 그 과정을 꾸준히 유튜브, 인스타그램, 블로그, 페이스북 등 SNS에 게시합니다. 그렇게 시간이 흘러 나만이 할 수 있는 일에 관심을 갖는 사람이 늘어나게 된다면 그때부터는 수익을 창출할 수 있는 기회가 열리는 겁니다. 만약 SNS가 없었다면 저는 창직을 통해 돈을 벌 기회가 없었을 겁니다.

창직의 장점과 단점

세상 모든 것이 그렇듯이 창직에도 장점과 단점이 있습니다. 하지만 창직을 한 사람들의 경우 각 직업마다 업무 내용과 방식이 모두 다르다 보니 공통적인 장단점을 언급할 수는 없겠죠. 대신 제가 미래 캐스터로 일하면서 개인적으로 느낀 창직의 장단점을 말씀드리려 합니다.

먼저 장점입니다. 첫째, 근무 시간과 장소를 내 마음대로 정할 수 있습니다. 제 일의 특성상 노트북만 있으면 작업이 가능한 부분이 많다 보니 비행기에서건 카페에서건 제주도 게스트하우스에서건 원하는 공간에서 원하는 만큼 일을 할 수 있는 자유가 있는 거죠.

둘째, 직장 상사의 눈치를 보지 않아도 됩니다. 저는 워낙에 내향적인 성격이라 조직 생활에 재능이 없다 보니 이 장점은 저에게 굉장히 중요한 요소였습니다. 셋째, 경쟁 없는 직업 생활이 가능합니다. 이 일은 제가 만든 일이고 저만 하는 일이기 때문에 다른 사람과 일자리 경쟁을 할 필요가 없는 것이죠. 물론 앞으로 저보다 미래 소식을 더 쉽고 정확하게 전달하는 사람이 계속 나올 수는 있을 텐데요, 만약 그렇다면 저는 그들과 경쟁을 하기보다는 저만이 할 수 있는 장점을 찾아서 차별화를 할 겁니다. 저는 경쟁을 싫어하거든요.

넷째, 내가 원하는 일을 하는 인생을 살 수 있습니다. 직장 상사나 고객이 원해서 '을'의 입장이 되어 일을 하는 것이 아니라, 저는 제가 관심 있는 미래 트렌드를 연구하고 SNS를 통해 공개하면 그에 공감하는 사람들이 저에게 강의, 방송, 칼럼 등의 일을 맡겨 주십니다. 관심 없고 귀찮은 일을 굳이 억지로 해야 할 필요가 없는 거죠.

다섯째, 남들이 하지 않는 나만의 일을 하다 보니 이 능력을 가지고 취업을 할 수도, 창업을 할 수도, 프리랜서가 될 수도 있습니다. 창직을 하면 오히려 길이 넓어지는 것이죠. 특히 제가 대학생들을 대상으로 강의를 할 때는 취업을 준비할 때도 창직을 해 보는 것이 어떻겠냐고 추천합니다. 예를 들어 영업직에 지원할 때도 "저는 '고객 마인드 컨설턴트'를 창직했습니다. 왜냐하면 저는 영업이란 일의 본질이 고객들의 마음을 보듬어주는 일이라고 생각해 이런저런 활동을 해 왔습니다."라고 하면 어떨까요? 고용될 확률이 확 높아지지 않을까요? 이처럼 창직은 프리랜서가 되어 혼자 일할 때만 도움되는 것이 아니라 직업 생활의 모든 영역에서 유용한 역할을 해 줄 겁니다.

이렇게 장점만 있으면 얼마나 좋겠습니까만 그만큼 단점도 존재합니다. 첫째, 근무 시간과 장소를 내가 정해야 하고, 상사가 없기 때문에 모든 결정과 책임 역시 다 나의 몫입니다. 매우 외로운 싸움이 될 것이고 자기 관리에 철저해야 합니다. 그래서 혹시 여러분이 '나는 누가 정확하게 일을 지시해 주는 게 속 편해'라고 생각한다면 창직은 절대 추천드리지 않습니다.

둘째, 월급을 받는 게 아니기 때문에 수입이 불안정합니다. 이 부분 때문에 거의 대부분의 사람들이 창직에 도전하지 않는 것이겠죠? 어떨 때는 적게, 어떨 때는 많이 받다 보니 재정적으로 계획을 세우기가 어렵습니다. 저도 창직 후 처음 3년간은 한 달에 백만 원도 벌지 못했던 것 같습니다. 그래도 버틸 수 있었던 이유는, 젊을 때 도전해야지 나이 먹어 도전하면 더 힘들 수 있기 때문에 빨리 여러 경험을 해야 한다고 생각했기 때문입니다. 나만의 능력을 기르지 못하고 계속 누군가가 고용을 해 주어야만 돈을 벌 수 있다면, 앞으로의 인생이 힘들어질 것 같았거든요.

참고로 저희 집에 돈이 많은 것도 아닙니다. 저는 생계유지 곤란이라는 이유로 군대까지 면제될 정도로 가정 형편이 넉넉하지 않았습니다. 창직을 하고 3년간은 직장 생활로 벌어 놓은 돈을 활용했고, 영어 과외도 짬짬이 진행하며 창직 생활을 이어갔습니다. 사실 창직이야 누구나 할 수 있습니다. 하지만 그렇게 내가 만든 직업으로 돈을 벌기 위해서는 이렇게도 해 보고 저렇게도 해 보고 다양한 방식으로 자신만의 방법을 찾아야 하는 힘든 시기를 버텨내야 할 가능성이 높습니다.

셋째, 사람들이 나의 직업을 모릅니다. 우리들은 누군가를 만났을 때 직업을 통해 그 사람을 파악하는 경향이 있는데요, 만약 제가 삼성전자에서 반도체 연구원을 하고 있다고 소개하면 사람들은 저라는 사람의 정체가 파악이 됐다고 느낄 겁니다. 그런데 "저는 미래 캐스터입니다."라고 하면 상대방으로부터 "네? 그게 어떤 일이죠?"라는 답변이 돌아올 것이고 저는 구구절절 저의 직업을 소개해야 합니다.

넷째, 나의 직업이 언제든 쉽게 사라질 수 있습니다. 창직을 한 사람은 그 일을 혼자 하기 때문에 협회가 있는 것도 아니고 노동조합이 있는 것도 아닙니다. 그렇기 때문에 내가 그 일을 관둔다면 그 일은 언제든 세상에서 사라질 수 있다는 의미이기도 합니다. 특히 건강이 안 좋아져 일을 할 수 없게 된다면 바로 밥줄이 끊기는 위험한 상황에 처하는 것이죠. 그야말로 야생에서 홀로 생존을 위한 외로운 싸움을 해야 하는 것이 제가 경험하고 있는 창직입니다.

그럼에도 불구하고 저는 창직을 추천하는 편입니다. 창직에는 돈이 들지 않거든요. 그리고 SNS 덕분에 홍보에도 돈이 들지 않습니다. 누구나 도전할 수 있다는 것이죠. 한 번 사는 인생인데 나에게 꼭 맞는, 나를 가장 빛내 줄 내 직업을 직접 만드는 경험은 해 볼 만하지 않을까요?

또 앞으로 인공지능이나 로봇에 의해 일자리가 사라지지 않을까 걱정하는 분들이 계시는데, 가져가라고 하죠. 왜냐하면 내 직업은 내가 직접 만들면 되니까요. 그래서 창직이 미래 자동화 시대를 살아가기 위한 하나의 전략이 될 수도 있습니다. 앞 장에서 이야기한 것처럼 일자리 말고 일거리를 생각해 보면 창직할 거리는 너무나 넘쳐나거든요. 만약 여러분이 창직을 하신다면, 어떤 직업을 만들어 보고 싶으신가요? 오늘 한번 곰곰이 생각해 보시죠.

성실함의 미래

성실함의 시대는 끝났을까?

"성실하게 일해야 성공한다." 여러분은 이 말에 동의하시나요? 과거의 고성장기, 평생 직장의 시대에서는 말이 될 수도 있습니다. 그런데 요즘은 상황이 많이 달라졌죠? 먼저, 평생 직장이라는 개념이 사라졌습니다. 공무원이 아닌 이상 아무리 좋은 기업에 들어간다고 하더라도 50살을 넘기기가 쉽지 않죠? 게다가 IMF 사태 이후로 비정규직의 비율은 계속 늘어났습니다. 회사가 나를 책임져 주는 시대는 이미 오래 전에 끝났죠. 또 한 회사에 충성하며 열심히 일한다고 하더라도 그렇게 받는 월급으로는 서울에 집 한 채를 살 수도 없습니다. 그뿐만이 아니라 우리의 기대수명이 늘어나며 노후자금 역시 많이 필요해졌습니다. 장수는 공짜가 아니잖아요? 예전처럼 성실하게 일해야 성공한다고 하기에는 상황이 녹록치 않아진 겁니다.

이러한 상황에서 현대인들은 어떤 선택을 하고 있을까요? 바로 주식, 부동산, 코인 등의 투자 수익을 노리고 있습니다. 이렇게라도 하지 않으면

답이 안 나오기 때문입니다. 성실하기만 해서는 집을 살 수도 없고, 노후 준비도 되지 않으니까요. 그리고 이러한 상황을 아이들도 보고 있습니다. 부모님이, 선생님이 그리고 인터넷 기사나 유튜브만 보더라도 어른들이 열심히 일해서 성공할 생각을 하는 것이 아니라 모두 투자에 빠져 있거든 요. 그렇다면 이 아이들에게 "학교 공부 열심히 해야 성공한다.", "안정적 인 회사에 들어가야 성공한다." 이런 이야기를 할 수 있을까요? 쉽지 않은 것 같습니다.

그래서 많은 사람들이 이렇게 이야기합니다. "성실하게 돈 버는 시대는 끝났다." 그렇다면 만약 성실하게 공부하고 일하는 것에 대한 가치가 무너 지게 된다면 어떻게 될까요? 갑자기 투자로 엄청난 자산을 얻게 된 소위 '대박'이 난 주변 사람들을 보며 허무함을 느끼지 않을까요? 이미 '내가 여 기서 도대체 뭐 하고 있는지 모르겠다'라고 이야기하는 직장인들을 쉽게 만날 수 있습니다. 자기 일과 회사에 대해 애착을 갖지 못하는 사람이 늘 어나는 것이죠. 직장은 그저 투자를 위한 종잣돈을 벌기 위해 다닐 뿐입니 다. 이 상황이 지속된다면 돈벌이라는 것이 도박처럼 되어 버릴지도 모릅 니다. 단 한 번의 투자 성공으로 역전이 가능하기 때문에 인생 자체가 도 박이 되어 버리는 것이죠.

앞서 4부에서 NFT와 블록체인이 접목된 메타버스, Play to earn에 대해 설명 드렸는데요, 만약 이것이 미래의 새로운 정상 상태가 된다면 사람들 은 그저 돈 될 디지털 자산을 찾기 위해 가상 세계를 방황하고 다닐 겁니 다. 그렇다고 '현실을 봐라, 그렇게 가상 세계 속에서 시간만 보내다가 어 쩌려고 그러냐'라며 가상 세계에 빠진 사람들을 한심하게 볼 수도 없습니다. 한심하게 여기던 그 사람이 어느 날 대박이 나서 나보다 훨씬 많은 돈을 벌 수도 있으니까요. 실제로 가상화폐 투자로 갑자기 직장을 다닐 필요가 없어진 사람들이 생겨나잖아요? 상황이 이렇게 된다면 회사에서 성실하게 일을 하는 사람은 그저 운이 없는 사람, 가난한 사람, 불쌍한 사람 취급을 받을지도 모르겠습니다.

미래의 새로운 성실함

그렇다면 정말 성실함의 시대는 끝난 걸까요? 그렇지 않습니다. 미래에도 성실함은 중요한 덕목이라고 봅니다. 다만 과거의 성실함이 아니라 변화된 사회에 어울리는 '새로운 성실함'이 필요해진 겁니다.

첫 번째 새로운 성실함은 생각의 성실함입니다. 일찍 일어나는 새가 먹이를 잡는다는 말이 있죠? 이 말은 과거에 중요했던 몸의 부지런함, 육체노동의 부지런함을 강조하는 말입니다. 하지만 지금은 몸만 부지런하다고 성공하는 시대가 아니죠? 이제는 '깊고 멀리 생각하는 새가 먹이를 잡는 시대'가 된 것 같습니다. 몸의 성실함보다는 생각의 성실함이 중요해진 것이죠. '지금 발생하는 이 일은 왜 일어날까, 다음에는 어떤 현상이 나타날까, 이것이 의미하는 것은 무엇이며 나는 지금 무엇을 해야 할까' 등등 꼬리에 꼬리를 물고 생각을 이어갈 수 있는 성실함이 바로 생각의 성실함입니다.

이는 앞으로 진행될 자동화 시대에도 중요한 덕목입니다. 자동화는 계속 인간이 했던 단순 반복 노동을 대체할 것이기 때문에 내가 몸만 성실하다고 내세워봐야 소용이 없거든요. 로봇에게 시키면 24시간 쉬지 않고 일할 수 있으니 말입니다. 그래서 현대를 살아가는 사람들은 자동화 기술 덕분에 몸은 편해졌을지 몰라도 생각은 더욱 바빠졌습니다. 잠깐만 정신을 놓으면 세상이 확확 변해 있거든요.

그래서 필요한 두 번째 새로운 성실함이 업데이트 성실함입니다. 지난 100년 동안 있었던 일을 생각해 보죠. 두 번의 세계전쟁이 있었고, 대한민국이 독립했고, 소련이 붕괴되어 냉전 체제가 끝나고, 개개인들의 자가용 시대가 열리고, 개인 컴퓨터의 시대를 지나 스마트폰의 시대, 그리고 지금은 인공지능과 자율주행자동차의 시대를 살고 있습니다. 세상의 변화가 너무 빠르고 거대해서 진득이 시키는 일만 해서는 안 되는 세상이 된 겁니다. 그렇기 때문에 세상이 어떻게 바뀌고 있는지에 대한 업데이트를 놓치지 않고 틈틈이 진행해야 할 겁니다.

세 번째 새로운 성실함은 투자의 성실함입니다. 물론 투자를 하기 위한 종잣돈을 만들기 위해 내가 임하고 있는 직장이나 직업에 성실한 것이 선행되어야겠지만, 그렇게 모은 돈을 어디에 투자할 것인지도 중요한 시대입니다. 투자 정보를 얻고, 좋은 부동산 투자를 위해 직접 발품을 팔고, 관련된 사람을 만나거나 관련 정보를 곳곳에서 찾아보는 것도 미래에 필요한 성실함입니다.

제 지인의 경우 유명한 외국계 기업에 정규직으로 다니고 있는데요, 투자 정보를 얻느라 잠을 거의 자지 못한다는 겁니다. 언뜻 생각하면 투자라는 것은 돈이 돈을 벌게 하는 일이라 사람은 가만히 있으면 되는 것 같지만, 돈이 돈을 벌게 하려면 그 돈을 투자하는 사람도 엄청나게 성실히 정보를 수집하고 상황을 분석해야 한다는 것이죠.

네 번째 새로운 성실함은 영향력의 성실함입니다. 2부에서 말씀드린 대로 사람들은 이제 초연결 관계를 맺고 있습니다. 그리고 이러한 시대에서 다른 사람들의 관심을 얻고, 그들에게 영향력을 행사할 수 있다는 것은 곧 돈으로 연결이 됩니다. '관종'이란 말이 있죠? 사실 관심을 받고 싶어 하는 욕구가 지나치게 높은 병적인 상태를 말하는 신조어로, 다소 부정적인 의미를 담고 있지만 어찌 보면 관종이란 디지털 사회에서 관심의 중요성을 아는 사람이라고도 볼 수 있지 않을까요? 팔로워나 구독자수가 많은 사람들은 수익도 자연스럽게 늘어나게 됩니다. 여기서 알 수 있듯이 사람들의 관심을 끌기 위해 꾸준히 노력하는 것, 그래서 그들에게 영향력을 행사할 만한 사람이 되는 것 또한 새로운 성실함인 겁니다.

마지막 다섯 번째 성실함은 실행의 성실함입니다. 사실 아무리 생각이 성실하고 세상 변화에 대한 업데이트를 열심히 한다고 하더라도 실행을 하지 않으면 늘 나중에 '아, 그때 그거 할 걸, 거기에 투자할 걸'이라며 뒤늦게 후회만 할 뿐입니다. 여러분도 이미 수년 전부터 유튜브가 각광받을 거라는 것을 다 알고 계셨을 겁니다. 또 네이버의 스마트 스토어라든지 공유 주방 같은 분야가 성장하고, 구글, 페이스북, 아마존과 같은 빅테크 기업의 주가가 더욱 오를 것이라는 것도 어느 정도는 예측을 하셨을 겁니다. 하지만 중요한 건 그 생각을 실행에 옮긴 사람은 극히 드물다는 겁니다. 그래서 과거처럼 시키는 일만 하는 수동적 성실함이 아니라 내가 판단한 것을 적극적으로 실행에 옮기는 능동적인 성실함이 중요해질 것이라고 할 수 있겠습니다.

*** *** ***

시간이 흐르며 인구구조, 가구구조, 인간관계, 환경, 첨단 기술만 바뀌는 것이 아닙니다. 그 환경 속에서 생활하는 인간의 가치관 역시 영향을 받아 조금씩 변화합니다. 그리고 우리가 불변할 것이라고 생각했던 '성실함'이라는 덕목도 그 모습이 달라질 수 있습니다. 시대가 바뀌며 성실함의 시대가 아예 끝났다기보다는 새로운 성실함이 필요한 시대가 된 것이죠.

제가 이번 장에서 언급한 새로운 성실함 외에 여러분이 생각하시는 요즘 시대에 필요한 성실함은 무엇인가요? 그리고 여러분은 '성실한' 사람인가요? 만약 성실하시다면 과거의 성실함과 새로운 성실함 중 어느 성실함이 더 발달되어 있는 것 같나요?

당신은 소모품이 되고 있는가, 작품이 되고 있는가

몇 년 전 동대문 DDP에서 열린 백남준 전시회에 다녀온 적이 있습니다. 오프라인으로 백남준 작가의 작품을 그렇게 많이 본 것은 처음이었는데요. 신기하게도 그 작품들의 제작 연도가 70~90년대임에도 불구하고 전혀 촌스러워 보이지 않았습니다. 분명히 과거의 브라운관 TV와 나무 가구들이 소재로 사용됐는데, 그 앤티크한 소재들과 현란한 영상들의 조합이 너무나 세련되게 느껴진 겁니다. 심지어는 굉장히 미래지향적이라는 느낌까지 받았는데요. 아마 앞으로 시간이 더 많이 지나더라도 여전히 대중들에게 세련되게 느껴지지 않을까 하는 생각이 들더군요.

그 작품들을 보며 저에게 이런 질문을 했습니다. "내가 지금 하고 있는 일은 시간이 지날수록 촌스러워질 일일까, 아니면 이 작품들처럼 시간이 지날수록 가치 있게 느껴질 일일까?" 여러분은 어떠신가요?

이 책에서 담고자 하는 내용들은 미래 사회의 변화와 그 미래 사회의 새로운 상식들입니다. 세상이 너무나 빠르게 바뀌다 보니 이러한 변화들을 놓치는 사람들이 많아 그 변화의 주요 내용들을 정리해 책 한 권에 담은 것이죠. 그리고 이 책을 읽고 많은 분들이 미래 사회에 대한 준비를 잘해서 보다 쉽게 적응할 수 있기를 바랍니다.

그런데 미래 사회를 대비하는 방법이 이렇게 변화에 계속 적응하는 것뿐만은 아닌 것 같습니다. 한 분야의 장인처럼 나의 능력과 커리어를 부단히 갈고 닦아 나의 능력, 나아가서는 나의 인생을 '작품'처럼 만드는 것도 미래를 대비하는 방법이라고 봅니다.

예를 들어 미술 학원에서는 기본기를 기르게 하기 위해 아그리파라는 조각상을 두고 그 조각상을 똑같이 묘사하는 연습을 합니다. 그러면 학생들의 실력에 따라 누가 더 잘 따라 그렸고 누가 못 따라 그렸는지를 비교할 수 있습니다. 그리고 이게 우리가 살아온 방식인 듯합니다. 선진국이라는 정답이 있고 누가 더 정확하고 빠르게 따라할 수 있는가에 포커스가 맞춰진 사회를 살아온 겁니다. 하지만 이 경우 내가 아무리 잘 그리더라도 나를 대신해 조각상을 똑같이 그릴 수 있는 사람들은 얼마든지 넘쳐납니다. 경쟁을 피할 수 없는 것이죠. 게다가 자동화 기술의 발달로 인공지능 로봇이 나보다 더 빠르고 정밀하게 조각상을 그려낼 수도 있을 겁니다. 정답이 너무 분명하니 기술과도 경쟁을 해야 하는 겁니다.

반면 피카소, 반 고흐, 모네의 그림을 한 곳에 놓고 어느 그림이 더 잘 그린 그림인가를 비교할 수 있나요? 비교가 되지 않습니다. 서로 각각의 가치를 담고 있어 비교가 불가능하죠. 아마 어느 그림이 더 잘 그린 것이냐고 묻는 사람이 바보 취급을 당할 겁니다. 마찬가지로 우리의 능력, 직업, 인생도 나만의 가치를 담아 작품으로 만든다면, 다른 사람과의 경쟁은 물론, 자동화 기술과의 경쟁도 피할 수 있지 않을까요?

또 다른 예를 들어 보겠습니다. 19세기 초반에 사진 기술이 발달하게 되는데요, 이렇게 사진 기술이 발달하면 어떤 직업이 위험해질까요? 네, 사람이나 풍경, 사물 등을 그대로 묘사해야 했던 화가들이 위험에 처해졌을 겁니다. 그런데 모든 사람이 손 안에 사진기를 들고 다니는 지금, 화가라는 직업은 사라졌나요? 그렇지 않습니다. 화가들은 그때부터 '추상화'를 그리기 시작합니다. 보이는 것을 그대로 묘사하는 것이 아니라 자신만의 관점을 담아 그림에 '표현'해내는 것이죠.

저는 우리들 직업에도 추상화의 과정이 필요하다고 봅니다. 나만의 관점을 담아 나의 직업을 정의하고, 나의 특성을 담아 나의 직업을 독특하게 표현하는 것이죠. 그러면 나의 직업은 누군가가 바로 대체할 수 있는 소모품이 아니라 나만이 할 수 있는 단 하나의 작품이 될 겁니다. 그리고 그 작품을 꾸준히 갈고 닦는다면 작품의 가치는 시간이 지날수록 더욱 높아질 겁니다. 빠르게 세상에 적응하는 것만이 아니라 이렇게 세상의 변화에 크게 휘둘리지 않고 나만의 작품을 완성하는 것도 미래 사회를 살아가는 한 가지 방법이 될 수 있다는 것이죠. 그러면 여러분에게 마지막 질문을 드리며 이 책을 마무리 지으려 합니다.

여러분은 소모품이 되고 계신가요,
작품이 되고 계신가요?